Homero Batista Mateus da Silva

CURSO DE DIREITO DO TRABALHO APLICADO

Parte Geral, vol. 1

Jornadas e Pausas, vol. 2

Segurança e Medicina do Trabalho e

Trabalho da Mulher e do Menor, vol. 3

Livro das Profissões Regulamentadas, vol. 4

Livro da Remuneração, vol. 5

Contrato de Trabalho, vol. 6

Direito Coletivo do Trabalho, vol. 7

Justiça do Trabalho, vol. 8

Processo do trabalho, vol. 9

Execução Trabalhista, vol. 10

Parte Geral

01

Homero Batista Mateus da Silva

CURSO DE DIREITO DO TRABALHO APLICADO

Parte Geral

ELSEVIER

CAMPUS
JURÍDICO

Editoração Eletrônica
SBNIGRI Artes e Textos Ltda.

Copidesque
Livia Maria Giorgio

Revisão Gráfica
Emidia Maria de Brito

Projeto Gráfico
Elsevier Editora Ltda.
A Qualidade da Informação
Rua Sete de Setembro, 111 — 16º andar
20050-006 — Rio de Janeiro — RJ — Brasil
Telefone: (21) 3970-9300 Fax (21) 2507-1991
E-mail: info@elsevier.com.br
Escritório São Paulo
Rua Quintana, 753 – 8º andar
04569-011 – Brooklin – São Paulo – SP
Telefone: (11) 5105-8555

ISBN: 978-85-352-2923-3

Central de Atendimento
Tel: 0800-265340
Rua Sete de Setembro, 111, 16º andar – Centro – Rio de Janeiro
E-mail: info@elsevier.com.br
Site: www.campus.com.br

CIP-Brasil. Catalogação-na-fonte.
Sindicato Nacional dos Editores de Livros, RJ

S578d v.1

Silva, Homero Batista Mateus da
Curso de direito do trabalho aplicado, vol. 1: Parte Geral / Homero Batista Mateus da Silva. – Rio de Janeiro: Elsevier, 2009.
-(Curso de direito do trabalho aplicado; v.1)

Inclui bibliografia
ISBN 978-85-352-2923-3

1. Direito do trabalho – Brasil. I. Título. II. Série.

08-3310. CDU: 349.2(81)

O Autor

Homero Batista Mateus da Silva

Mestre e doutor em Direito do Trabalho pela Universidade de São Paulo. Juiz Titular da 88ª Vara do Trabalho de São Paulo.

Sumário

Introdução ao Curso de Direito do Trabalho Aplicado

Quem conhece sabe que o direito do trabalho não é um simples segmento das ciências jurídicas ou apenas mais um conjunto de leis a justificarem a aquisição de mais livros e de mais códigos.

Antes disso, o direito do trabalho é um encantamento e um fascínio exercido sobre corações e mentes.

Desse mal de amor, contido, discreto, quase imperceptível, pacedem profissionais dos mais variados segmentos que em torno dele orbitam, como estudantes, professores universitários, sindicalistas, empregados de departamentos de pessoal, advogados, consultores, contabilistas, magistrados e procuradores do trabalho.

Do contrário, não haveria explicação, ao menos no mundo dos homens, para uma pessoa promover mesa redonda de negociação sindical até uma hora da manhã, um juiz comandar vinte audiências unas de conciliação e julgamento, um advogado ter vinte prazos processuais a cumprir em 48 horas, um estudante deixar de comparecer à festa da tangerina para ouvir a palestra de um vulto do direito do trabalho ou um procurador trabalhista comparecer às 04h00 para aferir as condições de vida num depósito de lixo com mão-de-obra infantil.

Isso não significa, evidentemente, que o direito do trabalho tenha sido concebido para um mosteiro de frades trapistas.

Muitos equívocos foram cometidos no longo caminho percorrido entre os primeiros sinais do nascimento desse novo ramo jurídico, entre o final do século XIX e o começo do século XX, e seu completo desprendimento do direito civil, do qual é oriundo, firmando-se as bases para uma reflexão independente e autônoma, com princípios e métodos próprios.

Esses equívocos, como o excesso de paternalismo em determinados estágios de sua formação e a forte ingerência estatal, que chegava a ponto de não permitir a estipulação de uma cláusula contratual que fosse altamente benéfica ao trabalhador, sem que o governante a ela anuísse, provocaram e provocam uma relação de amor e ódio dos estudantes de direito com a matéria – e, depois, da sociedade brasileira para com a Justiça do Trabalho, o principal espelho do direito do trabalho.

Diz-se relação de amor e ódio porque normalmente os temas são mal compreendidos ou mal assimilados. Há muita pressa nos estudos e muita cobrança por resultados. Perde-se a essência da matéria quando prevalecem a versão sobre o fato, a aparência sobre o conteúdo. Em direito do trabalho, nada é o que parece.

Nota-se um supreendente distanciamento dos operadores do direito das autênticas fontes do ramo trabalhista, preferencialmente as leis fundadoras da matéria e os princípios mais abrangentes, que norteiram a interpretação e a integração dessas normas. O resgate dessas fontes é primordial.

Assim sendo, o propósito deste Curso é, sobretudo, desmistificar o direito do trabalho e colocá-lo no patamar de destaque que sempre mereceu no cotidiano das relações sociais.

Esse binômio desmistificar/enaltecer vale tanto para as atividades econômicas que produzem e distribuem bens e serviços com uso intenso de mão-de-obra, quanto nas atividades não econômicas, como casas de caridade, clubes recreativos, lares, condomínios e membros da administração pública, que, conquanto não se dediquem à produção de bens ou à obtenção de lucros, necessitam igualmente do trabalho humano para maior conforto ou atingimento de seus interesses sociais.

Desmistificar não é tarefa fácil, mas nem por isso se deve esmorecer. Aliás, de esmorecimento o direito do trabalho já está farto.

De geração em geração, os textos explicativos do direito do trabalho são reformulados, lançando-se novas luzes sobre velhos temas, ante o impacto das alterações sociais e, no caso de nossa geração, o vendaval que foi a revolução da microinformática, com a inserção de comandos eletrônicos em praticamente todos os espaços vitais do ser humano, da residência à escola, do lazer ao trabalho, da paróquia à biblioteca. Surpreendente seria se o direito em geral e o direito do trabalho em particular ficassem incólumes a uma onda de mudanças tão profundas sobre a condição humana, sobre o modo de pensar o universo e, enfim, sobre os mecanismos de comunicação entre as almas.

A geração futura está autorizada a promover as adaptações que se fizerem necessárias para o alcance da finalidade da norma trabalhista, contanto que não se afaste do rico acervo já conquistado pelas gerações anteriores e jamais perca de vista que a dignidade do ser humano é o fundamento derradeiro de toda e qualquer interpretação. Não cabe negociar esse núcleo duro do direito do trabalho.

Há uma passagem deste Curso em que o autor comenta o motivo pelo qual o direito comparado – análise de normas jurídicas promulgadas por outros países, como uma troca de experiências, entre acertos e desacertos – encontra mais referências nos estudos trabalhistas do que em outros ramos do direito. A passagem é feita em meio ao estudo do art. 8º da CLT, foco de meios interpretativos muito apropriados para o direito do trabalho.

A conclusão a que se chega, a propósito dessa observação do papel do direito comparado no direito do trabalho, é que o segmento trabalhista compartilha um sentimento universal de raro consenso nos outros braços das ciências jurídicas. Enquanto cada sociedade pode aspirar a um conjunto de valores para a educação de suas crianças e para a congregação de suas famílias, fazendo oscilar a tipificação penal de acordo com suas experiências vividas e amoldando os fatos geradores para fins de tributação de acordo com sua coloração regional, no caso do direito do trabalho sempre haverá por trás um ser humano a empreender sua energia – expressão que este Curso deve repetir por centenas de vezes – e, de outro lado, um empreendedor buscando auferir a justa retribuição por sua organização produtiva.

Mudam os governos e os ideais, mas não mudam os corações, as cabeças e os estômagos que compõem, de jornada em jornada, de angústia em angústia, o direito do trabalho. Há muito mais pontos em comum entre a colhedora de arroz nos campos do Laos e o defumador de peixe da Groelândia e entre o dono de uma pousada em Honolulu e o rico fazendeiro do Outback australiano do que supõe nossa vã filosofia.

O direito do trabalho, com esse viés universal, clama por soluções simples e eficazes, mostrando-se já um tanto exausto dos debates excessivamente teóricos e um tanto dissociados da realidade dos fatos.

Passado um século desde sua afirmação como segmento autônomo do mundo jurídico, o direito do trabalho parece andar em círculos, não se admitindo o retrocesso das conquistas realizadas, mas tampouco se conseguindo um incremento sensível de sua qualidade como instrumento de promoção e de desenvolvimento da sociedade.

Uma forma de sensibilizar os estudiosos para esse impasse – e, portanto, tornar o direito do trabalho tema agradável, dentro de sua aspereza, e acessível, dentro de seus signos impenetráveis – é fazer o cotejo dos temas controvertidos com os exemplos colhidos da experiência cotidiana. Eis a tônica principal deste Curso de Direito do Trabalho, justificando-se a adoção do termo Aplicado para frisar a urgência do dinamismo e da efervescência das relações humanas voltadas para o trabalho.

Desmistificar o direito do trabalho corresponde igualmente à desmistificação do próprio trabalho, que, longe de ser emblema de um castigo divino sobre a raça humana, está profundamente ligado à realização pessoal e profissional de cada um de nós. Gostar do que se faz é mais do que metade da fórmula para a vida longa e próspera sonhada pelo poeta e pelo prosador.

Se já é ambiciosa a primeira parte do intuito deste Curso, no tocante à disseminação das informações trabalhistas, a segunda parte se mostra quase utópica, ao se dizer que o direito do trabalho deve ser colocado em patamar de destaque que lhe é natural. Enaltecer o direito do trabalho para os estudiosos dos outros ramos do direito e para os leigos é uma missão à qual o trabalhista não se deveria furtar. Um projeto contínuo e duradouro, enfim.

Entretanto, essa tarefa, humildemente, parece caber mais ao leitor do que ao escritor.

Em seguida, seja permitida uma rápida apresentação do visual adotado pela série.

O Curso de Direito do Trabalho Aplicado segue uma estrutura enxuta, esperando o autor que ninguém tenha um compromisso inadiável ao começar a leitura de um capítulo, que o telefone celular não toque na hora em que se demonstrarem os cálculos de reflexos das horas extras em descansos semanais remunerados e, sobretudo, que ninguém alegue mau humor (do autor) na explicação de temas tão alegres e convidativos como a natureza jurídica da complementação de auxílio doença previdenciário ou a falta que a vírgula faz no artigo que cuida da ajuda de custo.

Como se trata de um Curso destinado a aliar os temas controvertidos aos exemplos colhidos diretamente da horta do processo do trabalho, pareceu conveniente tomar as seguintes estratégias.

Em primeiro lugar, seguir o fluxo de arts. da CLT.

Não se trata nem da melhor nem da pior lei trabalhista já escrita pela humanidade, mas é seguramente a mais conhecida e a mais arraigada na consciência de nossa coletividade, de tal forma que, ao menos geograficamente, os estudantes têm uma noção de seu início, meio e fim. Desse modo, dispensa-se a bula, pois o leitor saberá de antemão qual o conteúdo de cada volume e, dentro dele, o conteúdo de cada capítulo, desde que saiba onde está o índice da CLT.

Em segundo lugar, dividir o Curso por volumes.

Grosso modo, a CLT pode ser dividida nas seguintes grandes etapas: a) artigos introdutórios; b) normas de proteção para todos os trabalhadores em geral, como salário mínimo e férias; c) normas de proteção para alguns trabalhadores em particular, bem como para o trabalho da mulher e do adolescente; d) formação, desenvolvimento e extinção do contrato de trabalho; e) direito sindical; f) negociação coletiva; g) organização da Justiça do Trabalho; h) processo do trabalho na fase de conhecimento, fase de execução e recursos. (Um volume pode agrupar ou dissociar um ou mais temas, para facilitar o entendimento, claro.)

O objetivo de tecer comentários mais detalhados e de oferecer exemplos individuais inviabiliza o agrupamento de todas essas informações num único volume.

Em terceiro lugar, abolir seções, subseções e sub-subseções, por se entender que o capítulo é um fluxo contínuo de determinada idéia. Os capítulos, de dez a vinte páginas, têm todos uma seqüência lógica de apresentação, agravamento dos problemas e premissas para reflexão. Como não se pode esperar por soluções fáceis, o melhor é colecionar os grãos de sal e saber solucionar, à luz dos melhores ensinamentos do direito do trabalho, os casos cada vez mais mutantes.

Uma pequena concessão do autor, para não tornar o fardo assim tão pesado: palavras e expressões são negritadas para chamar a atenção da vista mais cansada para algum pensamento determinante sobre o tema.

A partilha em muitos volumes não deve assustar, se o intuito é honesto, a linguagem relativamente acessível e o espírito irrequieto. O tempo passa para todo mundo e, sem que se perceba, a coleção estará completa e as informações, sedimentadas.

Ótima oportunidade para o início de outra série.

Introdução ao Volume 1

O Volume 1 deste Curso de Direito do Trabalho Aplicado reúne o que há de mais expressivo no Título I da Consolidação das Leis do Trabalho, denominado de Introdução.

Sob aparência de simplicidade, o título introdutório da CLT alcança os conceitos de empregado e empregador, a noção de tempo à disposição do empregador, o combate à discriminação no acesso e no desenvolvimento do contrato de trabalho, os trabalhadores análogos aos empregados urbanos, que ficaram de fora da proteção da Consolidação das Leis do Trabalho, os meios de interpretação e de integração das normas trabalhistas, as nulidades e as prescrições aplicáveis às relações trabalhistas. Ou seja, quase todo o universo.

Para dar conta dessa tarefa, são propostos capítulos cuja estrutura se apresenta agora.

Ao longo dos nove primeiros capítulos, **o personagem central é o empregado**.

O primeiro capítulo seria suficiente se o intuito fosse um conhecimento superficial do que seja o empregado, com suas características da subordinação, pessoalidade, onerosidade e habitualidade na prestação dos serviços, razão pela qual ele se chama Generalidades.

Porém, logo se vê a necessidade de aprofundamento de cada um desses temas, de tal sorte que as quatro características acima mencionadas ganham cada qual seu capítulo em separado e, ainda, a subordinação ganha dois capítulos adicionais, um para tratar especificamente do caso do representante comercial autônomo, de tantas controvérsias na Justiça do Trabalho, e outro para tratar das diversas figuras análogas, como o avulso, o eventual, o voluntário, o autônomo, enfim, todos quantos operem uma atividade sem necessariamente serem considerados empregados.

Além desses temas, foram separados capítulos específicos para cuidar do trabalhador doméstico e do trabalhador rural, devido à insistência do art. 7º da CLT de não lhes estender os benefícios por ela criados, impondo-se saber com precisão que rumo suas vidas tomaram ao longo dessas décadas.

Finalmente, não se pode falar em trabalhador sem falar em identificação do trabalhador, representada especialmente pela célebre Carteira de Trabalho, documento dos mais importantes na vida do empregado que não dispõe de currículo impresso a *laser* nem se submete a entrevistas bilíngües em processo de seleção.

Após o empregado, vem o empregador.

A inversão da seqüência, quando comparada com a lógica da CLT, é amplamente justificada no texto, porque a definição de empregado é relativamente objetiva – basta que se agregem as características estudadas –, ao passo que a definição de empregador é polissêmica e multifacetada. Considerando que o Curso adotará a definição de empregador como aquele que contrata trabalhadores como empregados, é preferível que primeiro se entendam os empregados para depois se assimilarem os empregadores.

Todas as vezes que se fala em empregador, a força das mudanças sociais exige que se estudem simultaneamente os agrupamentos econômicos, o regime de terceirização e os processos de sucessão empresarial.

Grupo econômico não é figura nova, encontrando raro tratamento já na CLT, mas não resta dúvida de que a concentração de capitais foi incrementada amplamente com a mundialização, tudo a impor desafios crescentes ao direito do trabalho quanto ao compartilhamento de mão-de-obra e de recursos financeiros. O fenômeno é analisado do ponto de vista do direito material e do direito processual do trabalho.

O regime de terceirização também não deve ser considerado novidade, podendo ser citado o próprio art. 455 da Consolidação das Leis do Trabalho, que falava na divisão das responsabilidades entre empreiteiro e subempreiteiro. Porém, nada se compara ao que o direito do trabalho assistiu na década de 1990 em termos de subcontratação de serviços ditos especializados. O que começou com serviços de vigilância e limpeza hoje permeia toda a atividade produtiva, no campo ou na cidade, no setor primário ou terciário, na administração pública ou na iniciativa privada, clamando por rápida resposta a temas escorregadios.

A sucessão de empregadores, que igualmente é lembrada pela CLT em dois dispositivos, viveu seu esplendor com a alienação do capital de bancos e instituições financeiras nos anos 1990 e ainda hoje deixa sua marca indelével nos processos de fusão, cisão e incorporação tão freqüentes no mundo corporativo.

Cada qual ganha seu própria capítulo, portanto.

O art. 8º da Consolidação das Leis do Trabalho mereceu dois capítulos em separado.

O primeiro cuida das formas mais conhecidas de interpretação e de integração do direito do trabalho, que são a jurisprudência – destaque para o impacto das Súmulas do Tribunal Superior do Trabalho e Orientações Jurisprudenciais da Seção Especializada em Dissídios Individuais –, a analogia, a eqüidade, os usos e costumes e o direito comparado, ao passo que o segundo capítulo desse tema é dedicado especificamente aos princípios gerais do direito e aos princípios do direito do trabalho.

Salvo melhor juízo, o volume 1 encontra aqui seu ponto alto, dada a indispensabilidade do tema dos princípios, espinha dorsal do direito do trabalho.

Conclui a obra um estudo diferente sobre a prescrição. O leitor poderá encontrar estudos mais requintados sobre os fundamentos, a gênese e as controvérsias da prescrição, inclusive aqueles sugeridos no campo da bibliografia, mas deve tirar proveito da seqüência de 28 questões eminentemente trabalhistas, do fundo de garantia ao empregado doméstico, do expurgo inflacionário aos danos morais, ao encerramento do capítulo e do livro.

Encerramento?

Não: convite à leitura do segundo volume, aquele para ser lido no chá da tarde, mas com uma calculadora à mão para decifrar, enfim, o enigma das horas extras, adicional noturno e outras flechas de nossos pesadelos.

Capítulo 1

Generalidades sobre a figura do empregado

É melhor ser empregado ou ser profissional liberal autônomo?

Depende.

Quando as coisas vão mal, ser empregado representa a garantia de que os salários serão pagos, acrescidos dos "benefícios", porque os riscos da atividade pertencem ao empregador. Quando as coisas vão bem, o empregado não consegue esconder a vontade imensa de compartilhar os lucros com o empregador ou de, pelo menos, dispor de uma remuneração móvel capaz de lhe proporcionar uma retirada maior nas épocas de colheita farta. Há, também, a questão ligada ao orgulho próprio de poder dizer "não tenho patrão" quando se quer afirmar que ninguém lhe controla horários e ninguém lhe traça o destino.

Foi assim que aos poucos se firmou a diferença entre trabalhadores de maneira geral, assim entendidos todos aqueles que prestem algum tipo de serviço ou de atividade humana, e empregados em particular, assim considerados apenas os trabalhadores que preencham alguns requisitos, dentre os quais o mais expressivo corresponde ao conceito de subordinação. Pode-se dizer, então, que os trabalhadores compõem um conjunto maior dentro do qual se insere o conjunto menor formado pelos empregados, como trabalhadores subordinados e contemplados com maior grau de proteção.

Aqui reside uma primeira crítica que normalmente se formula contra o direito do trabalho, a saber, a dedicação de todas as energias, os estudos e as diversas formas de proteção unicamente para um grupo não tão majoritário de trabalhadores, que são os empregados, e a pouca atenção que se devota às demais formas de labor humano, que incluem vastos segmentos da sociedade, como os autônomos de diversos segmentos – taxistas, motoristas carreteiros, médicos, dentistas, advogados e demais profissionais liberais, bem como representantes comerciais, vendedores, corretores e agenciadores –, os avulsos – normalmente associados com a movimentação de cargas em portos e armazéns – e, ainda, os eventuais, os voluntários e os estagiários.

Outra observação inquietante acerca da área de concentração do direito do trabalho diz respeito à série de exigências feitas pela lei para que o trabalhador seja considerado empregado. Existem quatro requisitos básicos para que um trabalhador possa ser enquadrado na categoria toda especial de empregado, mas a ausência de um único desses requisitos põe tudo a perder, ou seja, descaracteriza a qualidade de emprego e devolve o trabalhador para o limbo das atividades laborais desguarnecidas pelo direito do trabalho. Desse modo, não é a qualidade dos atributos que tornam o trabalhador um empregado, mas a quantidade.

Os requisitos são normalmente resumidos pelas palavras subordinação, habitualidade, pessoalidade e onerosidade, muito embora a própria escolha das palavras esconda, em cada uma delas, algumas armadilhas e variações em torno do mesmo tema, conforme se verá em capítulos dedicados, na seqüência, a esses quatro requisitos separadamente. Por vezes a subordinação é chamada de dependência, a habitualidade é considerada como continuidade, a pessoalidade tende a ser confundida com a exclusividade e a onerosidade, por fim, exige que se afira também o grau de risco assumido pela parte contrária e não apenas a contraprestação pelos serviços prestados.

Além disso, cabe notar que os requisitos para a configuração de uma relação de emprego são dinâmicos e intimamente interligados.

Dinâmicos porque seus perfis evoluem de acordo com a oscilação do comportamento social e das atividades produtivas. O que era considerado como subordinação do empregado nos primórdios, como a dependência econômica, já não o é nos estudos contemporâneos. Ao revés, atividades prestadas com pouco ou nenhum contato físico entre empregado e empregador, como na consultoria a distância ou no assessoramento remoto, são atraídas para a esfera do direito do trabalho dada a interpretação mais ampla e aguçada que se faz dos mesmos requisitos de outrora.

Interligados também são os requisitos porque, à proporção que um deles perde importância, também os demais são esvaziados. Por exemplo, se a atividade produtiva tolera que o trabalho seja prestado por qualquer pessoa enviada pelo agente ao local, de início ficará mitigado o conceito de pessoalidade, por não se tratar de um contrato direcionado precipuamente a um trabalhador em particular, mas, simultaneamente, será observada uma queda do grau de subordinação, pois não haverá ordens e procedimentos impostos a este ou àquele trabalhador, assim como, por óbvio, menor será a freqüência de trabalho de cada indivíduo separadamente considerado, o que implica menos volume de habitualidade.

Tome-se como exemplo, ainda, a questão da **exclusividade**.

Considerada de modo isolado, a exclusividade nunca foi requisito de formação da relação de emprego, nem para o bem, nem para o mal. Tanto podemos ter contratos de trabalho com cláusula de exclusividade, muito conhecida no meio artístico, na classe teatral, nas atividades desportivas e em determinados níveis de magistério, como podemos ter contratos de trabalho sem cláusula de exclusividade, como o atendente de enfermagem ou o médico com duas ou três ocupações em horários distintos da semana, sem que isso tenha influenciado na análise das demais exigências para a formação de uma relação de emprego.

No entanto, a exclusividade pode influenciar diretamente na leitura das demais exigências legais em torno do contrato de trabalho. Se a atividade era dotada de exclusividade, vislumbra-se aí um requisito muito próximo da subordinação, pois o trabalhador estava submetido a uma condição toda especial para a prestação daquele serviço. Uma vez configurada a presunção relativa em prol da subordinação, competirá à parte que negar a relação de emprego o encargo de demonstrar que, nada obstante a exclusividade, a relação era meramente comercial ou autônoma. Ao revés, um representante comercial autônomo, digamos, que não tenha exclusividade na atuação perante aquele empresário e possa simultaneamente agenciar mercadorias de diversas empresas concorrentes terá contra si a presunção relativa de que sua atuação era marcada pela independência e pela liberdade de escolha de métodos e de procedimentos.

Há uma questão de lógica por trás dessa afirmação porquanto aquele que representa duas ou três empresas concorrentes de forma simultânea não representa a nenhuma delas de forma permanente, mitigando o conceito de habitualidade e indiretamente a qualidade da subordinação. Repita-se que o conceito de exclusividade não desempenha papel relevante nem na doutrina especializada nem na legislação trabalhista, mas compreende-se o motivo de tanta insistência por parte dos advogados na investigação desse assunto quando da realização de audiências de instrução no processo do trabalho, como forma de se atraírem, indiretamente, indícios favoráveis ou desfavoráveis à tese da relação de emprego.

O assunto da distinção entre trabalhador, como gênero, e empregado, como uma de suas espécies, achava-se adormecido quando voltou a ser despertado pela Emenda Constitucional 45, de 8 de dezembro de 2004, que alterou a redação do art. 114 da Constituição Federal de 1988 para ampliar a competência material da Justiça do Trabalho.

Foram diversos os assuntos contemplados pela Emenda 45, desde a introdução do tema das ações de executivos fiscais decorrentes de multas impostas pela fiscalização trabalhista até a referência expressa às formas de indenização por danos morais e materiais, passando pela discussão sobre conflitos inter e intra-sindicais.

A principal controvérsia, porém, reside no próprio inciso I do art. 114, porque a redação anterior falava em conflitos entre trabalhadores – ou seja, já utilizava o vocábulo mais genérico – e empregadores – ou seja, restringia a atuação apenas para o caso de os trabalhadores prestarem serviços para empregadores, assim entendidos aqueles que contratam trabalhadores como empregados. Dessa forma, muito embora o uso da palavra trabalhadores tenha sido louvado como um avanço em busca de ampliação de competência, a restrição vinha logo em seguida ao exigir que num dos pólos da lide figurasse o empregador, fosse ele pessoa física, pessoa jurídica de direito privado ou pessoa jurídica de direito público.

Ao revés, a nova redação do art. 114 menciona apenas o objeto dessa relação e não mais seus sujeitos, passando a se valer da locução "relações de trabalho" sem especificar os agentes envolvidos. Pode-se questionar a pertinência da alteração legislativa, assim como são levantadas severas objeções à descaracterização da Justiça do Trabalho como um ramo especializado e destinado a uma rápida solução dos conflitos envolvendo empregados. Não se pode ignorar, porém, que entre a expressão "trabalhadores e empregadores" e a expressão "relação de trabalho" concentra-se nítida diferença.

Foi assim que num primeiro momento a interpretação mais aceita para a exegese da Emenda 45 foi aquela que ampliou a competência material da Justiça do Trabalho a fim de albegar todas as formas de relação de trabalho e não apenas aquelas formas clássicas de relação de emprego – a saber, o trabalho subordinado, pessoal, oneroso e habitual. Dessa forma, um representante comercial autônomo poderia se valer do processo do trabalho de maneira geral, assim como um trabalhador eventual que tenha prestado serviço ocasional para um restaurante e não tenha recebido sua diária e, ainda, um trabalhador voluntário que tenha sido ofendido em sua dignidade numa casa de assistência social e assim sucessivamente.

A principal diferença encontra-se na petição inicial, que já não precisa postular a declaração da relação de emprego – e, com ela, assumir o pesado fardo da comprovação da fraude ou do desvirtuamento da relação do autônomo ou do voluntariado – para, somente depois de alcançado esse patamar, poder aspirar às vantagens da legislação social. Agora, o trabalhador está autorizado a simplesmente postular a diária sonegada ou as comissões pendentes da representação autônoma, sem necessariamente ter de criticar a forma pela qual a relação se desenvolveu.

Problemas não vão faltar nessa interpretação ampliativa. Podemos resumi-los em duas grandes frentes. De um lado, haverá problemas de ordem processual, representados pela aplicação ou não dos beneplácitos de um empregado também para um trabalhador autônomo ou eventual, como as vantagens da justiça gratuita, a capacidade postulatória, o impulso oficial pelo juiz, o direito de ajuizar reclamação verbal, a inexistência da figura da sucumbência recíprova no processo do trabalho e assim por diante.

De outro lado, haverá problemas de delimitação exata sobre o momento em que cessa o trabalho humano e começa a atividade comercial, especialmente no tocante às formas de atividade autônoma, que tanto podem ser desempenhadas sob a roupagem de uma pessoa física como normalmente é feito pelos profissionais liberais e pequenos artífices, quanto podem ser desempenhadas sob a forma de pessoas jurídicas, unipessoais ou não, microempresas ou não. Via de regra, a passagem da pessoa física para a pessoa jurídica, quando a atividade econômica do profissional liberal começa a prosperar, é impulsionada por questões de ordem tributária, pois notoriamente os encargos da pessoa jurídica são menores do que os encargos incidentes sobre folha de pagamento ou sobre os rendimentos do trabalho de qualquer espécie, não assalariado, mesmo que incluamos todos os tributos de cunho nacional, estadual e municipal.

Assim é de indagar se essa propalada ampliação da competência da Justiça do Trabalho, que passa a acolher todos os trabalhadores de maneira geral, tem o alcance de atingir também os pequenos empresários e demais pessoas jurídicas congêneres e, se afirmativa a resposta, qual o limite do porte da empresa para se fixar competência trabalhista.

A situação chega a ser temerária, pois o processo do trabalho não pode e não deve se afastar de seu propósito e dar ensejo às discussões de direito comercial e tributário, por exemplo, e tampouco haveria estrutura, salvo alteração profunda em todas as relações judiciárias inviável no médio prazo, para atender simultaneamente a todos os anseios, dos operários e dos empresários.

Por esse ponto de discórdia, nota-se uma certa hesitação da jurisprudência trabalhista de escancarar suas portas para toda e qualquer atividade laboral.

Uma solução razoável para esse impasse pode ser encontrada na fixação de um conceito novo, de subordinação em grau médio, conforme será analisado ao término do capítulo dedicado à subordinação. Em poucas palavras, cuida-se de exigir que o trabalhador que bata às portas da Justiça do Trabalho, não sendo empregado, deve guardar ao menos alguns laços com o conceito de relação de emprego, com algum nível de subordinação, de habitualidade e de pessoalidade, como é o típico caso do representante comercial autônomo. Sem apresentar a subordinação em grau máximo necessária para a configuração da relação de emprego, ele detém diversos elementos que o aproximam do empregado em geral, como o submetimento a normas e condições de trabalho impostas pelo tomador dos serviços. Mesmo que a lei trabalhista tenha sido mais rigorosa na configuração da relação de emprego, não se pode negar que muito parecidas são as vicissitudes e os anseios de ambos os trabalhadores, o vendedor subordinado em grau máximo e o representante subordinado em grau médio. Passa por aí uma forma intermediária de aplicar a novidade do art. 114, I, da Constituição Federal de 1988, admitindo-se algumas formas de trabalho não subordinadas e ou não habituais, sem se abrir mão do foco de especialização da Justiça do Trabalho.

Até o presente momento se afirmaram quatro requisitos para a configuração da relação de emprego, a saber a subordinação, a habitualidade, a pessoalidade e a onerosidade, como consta da norma trabalhista e como se verá em separado nos capítulos que seguem.

No entanto, é comum ouvirmos que são cinco os requisitos, pois o quinto elemento seria a **qualidade de pessoa física**.

Na verdade, nem ao menos se poderia chamar a pessoa física de um quinto requisito para a configuração da relação de emprego, pois é da essência do contrato de trabalho que haja um ser humano por trás da prestação de serviços. Nem se pensou que pudesse ser diferente, como se fosse possível a extensão do direito do trabalho para animais irracionais ou para supercomputadores. O objetivo do legislador, ao estipular a indispensabilidade da pessoa física, foi apenas advertir que as pessoas jurídicas estão fora da proteção do direito do trabalho, ainda que se trate de um ente modesto, uma empresa unipessoal, um microempresário ou simplesmente uma associação sem fins lucrativos.

É comum observarmos pessoas jurídicas de pequeno porte sofrerem as mesmas aflições dos empregados em geral, como os problemas decorrentes de retração de mercado, atraso no pagamento das contas básicas do ser humano, como o fornecimento de água e luz, pela demora no pagamento de algum cliente, discussão de preços e condições de pagamento com fornecedor e assim por diante. Essa similitude de condições de vida gera inclusive alguns debates interessantes no direito do trabalho, como o pedido insistente de se alargarem os benefícios da justiça gratuita também para os encontra empregadores, o que sofre resistência da Justiça do Trabalho, ou de aceitar-se a prova testemunhal para a demonstração de pagamentos, porque a empresa de pequeno porte não conseguiu manter a escrita contábil e a documentação em ordem. Saliente-se, por oportuno, que essas e outras matérias processuais serão apreciadas em profundidade por este Curso de Direito do Trabalho Aplicado, em volume próprio, quando da abordagem dos arts. 763 e seguintes da CLT, que compõem o título do processo judiciário do trabalho.

Isso significa que, caso o empregado constitua uma pessoa jurídica, normalmente uma empresa prestadora de serviços, e passe a sacar nota fiscal de prestação de serviços para um tomador, estará impedido de reivindicar eventual declaração de relação de emprego? Operou-se alguma forma de presunção absoluta de que a relação ocorreu entre duas pessoas jurídicas? Certamente que não.

A norma trabalhista contempla os benefícios de uma relação de emprego exclusivamente ao trabalhador pessoa física e não se sensibiliza com as relações comerciais e empresariais entre duas pessoas jurídicas, por mais modestas que sejam. Sendo assim, caso algum profissional se tenha sentido lesado pelo desvirtuamento de uma relação comercial, entre sua pessoa jurídica e a pessoa do tomador dos serviços, poderá reivindicar na Justiça do Trabalho a ineficácia daquela forma de contratação e, ato contínuo, a declaração da relação de emprego nos moldes tradicionais. Por óbvio, a personalidade jurídica não pode servir de obstáculo ou de redoma para a fraude.

Essa conclusão não é inédita no direito do trabalho nem representa uma peculiaridade das pessoas jurídicas, sendo fruto direto da aplicação prática do **princípio da primazia da realidade**, assim entedida a absoluta prioridade dispensada pela norma trabalhista aos fatos sobre os documentos, ao conteúdo sobre a forma. O princípio, oriundo de complexa elaboração doutrinária, pode também ser encontrado na linguagem sintética do art. 9º da CLT, segundo o qual "*são nulos de pleno direito os atos praticados com o objetivo de desvirtuar, impedir ou fraudar a aplicação dos preceitos contidos na presente Consolidação*".

Em suma, não se trata de declarar relação de emprego entre uma pessoa jurídica prestadora de serviços e o tomador, mas entre a pessoa física que estava por trás da pessoa jurídica, normalmente seu proprietário, e o tomador, beneficiários dos serviços, impondo-se, assim, que preliminarmente o intérprete tome por ineficaz o modelo utilizado.

Semelhante situação ocorrerá com o pedido de declaração de relação de emprego formulado por (a) sócio quotista de sociedade limitada, (b) representante comercial autônomo e (c) cooperado. Nas três hipóteses, que serão mencionadas ao longo dos próximos capítulos, especialmente naquele destinado ao estudo da subordinação jurídica, é possível encontrar um divórcio entre a realidade – pessoas trabalhando de forma subordinada e habitual, como empregadas – e a roupagem jurídica – pessoas consideradas, no papel, como sócias da empresa da qual são empregados, como representantes autônomos desvinculados do empreendimento ou como operários agremiados em torno de uma entidade cooperativa da qual recebem mais ordens do que as emitem.

O ponto em comum a todas essas situações e demais figuras análogas é a aplicação concreta do princípio da primazia da realidade: onde houver uma relação de emprego – ou seja, onde estiverem reunidos os elementos configuradores de uma relação de emprego – ali haverá de atuar o direito do trabalho, com todos os efeitos em cascata – registro profissional na Carteira de Trabalho, recolhimentos previdenciários e fiscais, benefícios trabalhistas e o mais – independentemente da vontade manifestada pelas partes e independentemente das palavras utilizadas em documentação conflitante, se documentação houver.

Justifica-se, assim, o motivo pelo qual a Consolidação das Leis do Trabalho se preocupou em frisar que empregado deve ser necessariamente pessoa física, cunhando um quinto elemento, por assim dizer, para a definição da relação de emprego, muito embora essa condição já fosse sobejamente esperada pelo operador do direito. Em havendo uma pessoa jurídica ou um ente despersonalizado no caminho até a declaração da relação de emprego, este obstáculo deve ser contornado em caso de fraude, sem necessidade de grande esforço hermenêutico.

Ao encerramento deste capítulo sobre generalidades em torno da figura do empregado, convém voltar um pensamento sobre a segregação que alguns empregados sofrem em torno da aplicação da **Consolidação das Leis do Trabalho**.

Há um senso comum – falso – no sentido de que ser empregado significa ter acesso aos benefícios constantes da Consolidação das Leis do Trabalho e legislação complementar, como a lei dos descansos semanais remunerados, a lei do décimo terceiro salário e a incidência das normas sobre fundo de garantia e

Previdência Social. É para esse acesso que tanto se disputa a configuração de uma relação de emprego.

O direito do trabalho, porém, convive com diversas situações particulares, como é o caso dos estagiários – que a Lei nº 6.494/1974 admite serem subordinados, mas que ficam alijados dos direitos trabalhistas por uma suposta compensação em termos educacionais – e dos servidores públicos ditos estatutários – que guardam muita semelhança com os empregados, mas que são atraídos para o âmbito do direito administrativo por disciplina legislativa.

Em outros casos, o legislador reconhece que a situação é tipicamente de trabalho subordinado dentro de uma relação de emprego, mas opta por retirar apenas o acesso à Consolidação das Leis do Trabalho, como foi a situação do trabalhador doméstico e do trabalhador rural.

Quem afirma sua exclusão das normas da Consolidação das Leis do Trabalho é o próprio art. 7º desse Decreto-lei, sob o singelo argumento de que leis específicas deveriam cuidar do tema.

Ocorre que essas leis específicas demoraram décadas para ficar prontas, deixando vastos segmentos da população economicamente ativa num limbo jurídico que, à falta de melhor solução, passava pela aplicação do Código Civil de 1916, sinônimo de desamparo legal.

O destino reservado ao trabalhador doméstico, que obteve uma curta lei em 1972, e alguns direitos assegurados pela Constituição Federal de 1988, e ao trabalhador rural, que teve uma vida tumultuada em termos legislativos até chegar ao texto constitucional, será apreciado em capítulo próprio, após a análise dos elementos configuradores de uma relação de emprego, mas por ora é relevante frisar que, na verdade, não basta ser empregado para ter acesso à Consolidação das Leis do Trabalho, sendo necessário que sua ocupação não tenha sido expelida pela própria norma, particularmente no mencionado art. 7º. Esse corpo de normas deveria se chamar, por conseguinte, **Consolidação das Leis do Trabalho Urbano**, para evitar o mau entendimento.

Capítulo 2

Subordinação

Sem desmerecer os demais requisitos configuradores de uma relação de emprego – habitualidade, onerosidade e pessoalidade –, não resta dúvida alguma de que a subordinação exerce papel central neste estudo. Isso pode, aliás, ser facilmente constatado nas lides forenses, em que o número de defesas que alegam trabalho autônomo, para rebater a alegação de relação de emprego, é muitas vezes superior ao somatório das defesas que alegam trabalho ocasional, trabalho voluntário e trabalho impessoal. Some-se a isso o fato de que a própria legislação cuida, às vezes em minúcias, de variadas formas de trabalho autônomo – corretores de seguros, representantes comerciais, motoristas de cargas, taxistas e o mais – e quase nunca lança fundamentos sobre as atividades eventuais ou não onerosas.

Por essa presença marcante nas atividades econômicas, o trabalho autônomo se torna tão estudado quanto o trabalho subordinado, assim como o próprio entendimento do sentido da subordinação ganha uma dimensão inesperada e bastante expressiva. Dominar o conceito da subordinação ajuda a separar com maior clareza o grupo de trabalhadores que atuam com independência do grupo de trabalhadores submetidos ao comando central do empregador. Dessa diferença surgem impactos no campo dos encargos tributários e dos benefícios trabalhistas, por certo.

Outra conseqüência relevante diz respeito ao mau uso que se faz da **palavra trabalhador**. Não é preciso constrangimento no uso da palavra trabalhador, expressão muitas vezes associada a atividades de baixo rendimento ou à classe operária no sentido de atividade braçal. No campo jurídico, trabalhador se tornou um conjunto maior, em que cabem todas as espécies de atividade humana – trabalho autônomo, ocasional, voluntário, impessoal – dentre as quais se inclui o trabalho prestado sob a forma de uma relação de emprego, ou seja, o trabalho subordinado e habitual. Nem todo trabalhador é empregado, mas todo empregado certamente é um trabalhador.

Se pensarmos bem, a expressão direito do trabalho deveria ser revista ou, melhor, seu objeto de estudo deveria ser ampliado. Ao se denominar direito do trabalho, o ramo da ciência jurídica dá a entender que se concentra no estudo de todas as formas do trabalho humano, mas isso não é verdade quando se sabe que a prestação de serviços sob a égide de contratos contemplados pelo Código Civil de 2002, como a gestão de negócios e o mandato, fogem de seu escopo. Uma solução intermediária seria passar a incluir no objeto do estudo as outras formas de trabalho que não unicamente a atividade do empregado, o que parece ser o espírito da Emenda Constitucional nº 45, de 8 de dezembro de 2004, ao associar o conceito de Justiça do Trabalho com toda a atividade laboral e não apenas com a atividade do empregado, como veremos ao final deste capítulo.

A discórdia sobre esse assunto sempre estará presente no direito do trabalho, porque o alargamento proposto não é ilimitado e decerto alguns campos de atuação do trabalho humano continuarão de fora dos estudos, como é o caso da atividade empresarial, ainda que feita por pequenos empreendedores, a área de atuação do direito do consumidor, bem como outras formas de trabalho humano, como o serviço público estatutário, o agente político eleito pelo cidadão e o trabalho prestado nas lides domésticas em ajuda mútua pelos integrantes da entidade familiar.

Como se falou na Justiça do Trabalho, é pertinente fazer sobre ela o mesmo comentário quanto à expressão direito do trabalho, ou seja, ela carrega no nome a falsa promessa de que apreciará e julgará todo conflito atinente às relações de trabalho, quando, na verdade, sua história e sua área de concentração são apenas os conflitos de trabalho subordinado, isto é, conflitos de emprego, com algumas exceções que apenas confirmam a regra. A exceção mais conhecida nas origens da Consolidação das Leis do Trabalho era a competência sobre o trabalho do pequeno artífice ou artesão, que constava do art. 652, *a*, III, do diploma legal, o que significava a existência de pelo menos um caso de trabalho autônomo, mas que, prestado em situação tão modesta e tão rudimentar, muito se assemelhava à condição do empregado propriamente dito e sensibilizava o legislador para a fixação da competência na Justiça do Trabalho.

O sentido da finalidade da norma do art. 652, *a*, III, da CLT permeou doutrina e jurisprudência ao longo dos anos, inflenciando diretamente o art. 114,

I, na redação dada pela Emenda n. 45, de 8 de dezembro de 2004, como forma de autorizar, ao menos em tese, a atração da competência da Justiça do Trabalho para casos análogos àqueles dos empregados. O que se deve entender por casos análogos – se todo e qualquer trabalho ou apenas os trabalhos feitos mediante repetição e algum grau de submetimento do trabalhador – torna-se o objeto principal da investigação sobre a competência trabalhista.

A fim de serem evitadas repetições exaustivas, cabe observar que a crítica feita à ambigüidade das expressões direito do trabalho e Justiça do Trabalho são igualmente aplicáveis ao termo Consolidação das Leis do Trabalho – que corresponde a uma Consolidação das Leis do Trabalho Urbano e Subordinado – e à figura do contrato de trabalho – que corresponde a um contrato de emprego, locução preferida por boa parte da doutrina, mas que normalmente é preterida pelo legislador, fiel às expressões mais antigas como contrato de trabalho. É em homenagem à história que este Curso de Direito do Trabalho Aplicado segue a utilizar as expressões no sentido genérico, sem ignorar que nesses quatro exemplos a palavra trabalho claramente queria dizer emprego – no nome da matéria, no nome da Justiça Especializada, no nome popular da lei trabalhista e no nome do contrato. Aliás, a crítica poderia valer também para o próprio nome deste livro – que talvez devesse se chamar Curso de Direito do Trabalho Subordinado Aplicado –, mas desse pecado o livro estará perdoado, se mantiver o compromisso de abordar todas as figuras análogas e não análogas à relação de emprego.

Com relação ao **termo subordinação**, existem pelo menos três grandes formas de abordagem de seu significado, do ponto de vista econômico, técnico e, finalmente, jurídico. Os dois primeiros pontos de vista tendem a ser abandonados, pois pertencem a uma realidade histórica superada, em que os trabalhadores eram necessariamente mais pobres e mais ignorantes do que o empregador, realçando-se a importância de se entender a subordinação do ponto de vista eminentemente jurídico.

Por **subordinação econômica** se entendia que o contrato de trabalho era formado por um empregado desprovido de bens materiais, de um lado, e por um empregador, afortunado e enriquecido pela atividade empresarial, de outro lado. Essa dicotomia lança sementes inclusive para uma luta de classes e para uma separação dissociada da realidade entre os que se servem da relação de emprego para a retirada de alimentos de subsistência e aqueles que dela se servem para um enriquecimento imoral às custas da energia humana alheia. Olvidava-se essa premissa de que o empobrecimento do trabalhador e o enriquecimento do empregador constitui apenas uma presunção e, ainda assim, relativa, havendo diversas dúvidas em torno de sua base científica.

Ainda hoje parece ser voz corrente que todos os créditos resultantes da relação de emprego têm **natureza alimentar**. É bom mesmo que não se altere esse mantra, a fim de não prejudicar os trabalhadores na fila do recebimento de seus haveres na massa falida ou na infâmia dos precatórios estatais nunca pagos, dentre outros momentos de profunda aflição na vida do trabalhador humilde ou do alto empregado. Também é graças à fixação desse conceito de natureza alimentar que se conseguiu um mínimo de proteção aos salários contra os credores do trabalhador – por exemplo, ávidos pela penhora de 100% de seus rendimentos –, contra os credores do empregador – que podem penhorar o capital de giro da empresa e a privar dos rendimentos necessários para quitação da folha de pagamento – e contra o rebaixamento ou o atraso salarial que o empregador pretendesse promover contra seus empregados. É sempre em torno da natureza alimentar dos salários que se fundamentam as posições jurídicas mais ou menos contrárias à penhora e demais formas de constrição salarial. Remete-se o leitor para discussão aprofundada sobre a matéria no Livro da Remuneração, desta mesma coleção editorial.

Porém, esse mantra não é perfeito.

Há pelo menos duas falhas na premissa de que todos os créditos oriundos de uma relação de emprego têm natureza alimentar. Uma falha diz respeito à natureza jurídica da parcela paga dentro de um contrato de trabalho, se de natureza salarial ou indenizatória. Outra falha diz respeito à inserção de todos os empregados no mesmo patamar, misturando aqueles que passam por privações de necessidades básicas com aqueles que conseguem poupar seus rendimentos no todo ou em parte. Vejamos os dois cenários.

Em primeiro lugar, observe-se que um trabalhador jamais poderá dizer que contava, digamos, com a multa pelo atraso na quitação prevista no art. 477 da CLT para fechar as contas do mês, nem que estava certo de que a empresa iria atrasar a concessão das férias e, assim, gastou o dinheiro equivalente à dobra das férias, de que cuida o art. 137 da CLT, e agora precisa saldar as dívidas. Esses exemplos objetivam alertar para o fato de que mesmo que o salário contratado seja destinado exclusivamente ao consumo seus acréscimos legais e os complementos de natureza indenizatória previstos pela legislação não seguem necessariamente a mesma ordem.

Compreende-se o que o trabalhador quer dizer quando afirma que as multas e as indenizações assumem natureza salarial: dados os valores relativamente baixos dos rendimentos no Brasil, quando comparados com os países industrializados, e dados os altos índices de custo de vida, o recebimento de multas, indenizações e encargos, tudo é canalizado para a satisfação de necessidades vitais básicas, embora o sentido da norma fosse muito mais de punição ao empregador do que de contemplação ao empregado.

De toda sorte, é pertinente a crítica que se faz ao conceito de que 100% dos créditos oriundos da relação de emprego assumam necessariamente a natureza alimentar, quando o empregado nem ao menos podia contar com esta ou com aquela parcela indenizatória.

Em segundo lugar, muito embora a maioria dos trabalhadores dependam do salário para sobrevivência no curto e no médio prazo, essa não é uma presunção absoluta. Alguns empregados dispõem de mais de uma fonte de renda e outros conseguem poupar largas quantias de seus salários, como os jovens que trabalham e estudam, sem responsabilidades familiares prementes, ou os altos executivos que auferem rendimentos extraordinários não necessariamente ligados a suas necessidades mais urgentes.

O objetivo dessa advertência é lembrar que a natureza alimentar atribuída comumente aos salários, ou melhor, a todos os créditos resultantes da relação de emprego, configura uma presunção relativa e não uma presunção absoluta, pois não pode ser generalizada a 100% das parcelas nem a 100% dos empregados, independentemente de quantas parcelas tenham sido consumidas em alimentos, nem em quantos empregados tenham o privilégio da escolha do melhor emprego e das melhores condições de vida.

Verifica-se, assim, a obsolescência da tese segundo a qual a subordinação capaz de configurar uma relação de emprego é aquela de natureza econômica. Talvez isso fosse verdadeiro nos primórdios do direito do trabalho, quando ainda não se havia conquistado o atual conjunto de parcelas e rubricas devidas ao empregado e quando a classe operária era mais uniforme em suas necessidades e patamares de desenvolvimento, havendo pequena variação entre eles.

Outrossim, situações inusitadas acontecem no cotidiano das relações econômicas, em que por vezes o empregado se encontra em condições financeiras melhores do que o empregador insolvente, inadimplemente ou falido, por exemplo, antes, durante ou depois de um possível processo trabalhista.

Não auxiliando o conteúdo econômico para delinear o conceito da subordinação, as atenções se voltam para o **conteúdo técnico**. Acredita-se, por este estudo, que o empregador opta por determinada linha de produção porque domina aquele ciclo da economia e o maquinário ou os procedimentos nele envolvidos. Poderá, assim, passar aos empregados os comandos necessários ao desenvolvimento da profissão e ditar a forma pela qual pretenda ver elaborados os produtos e serviços. Dentre os vários caminhos existentes para chegar a um determinado objetivo, o empregador será caracterizado como sendo aquele que escolheu as opções e elaborou o roteiro, que pode ser tanto a operação de uma complexa máquina de última geração até a singela forma de atender o telefone ou um cliente com necessidades especiais, desde uma decisão arriscada de abertura ou fechamento de filiais até a simples maneira de apertar um parafuso.

Novamente estamos diante de uma presunção relativa, entretanto.

É relativamente presumível que o empregador detenha maiores conhecimentos sobre o campo em torno do qual milita, assim como se presume igualmente de forma relativa que o empregador conhece melhor o mercado consumidor e a concorrência que o cerca, respeitando-se de forma absoluta suas diretrizes. Afinal, como veremos no tema da onerosidade, o empregado tem assegurado seus salários e pode até concorrer com os lucros, mas jamais com os prejuízos ou com os encargos decorrentes de má estratégia empresarial ou do fracasso do plano de expansão. Mesmo que um empregado tenha tido participação direta com a bancarrota da empresa, ele o fez por conta e risco do empregador, que lhe delegou poderes para tal mister.

Não se trata, contudo, de uma presunção absoluta.

Se a presunção fosse absoluta, nunca poderíamos encontrar empregador contratados para a operação de máquinas sofisticadas que detivessem esse conhecimento com exclusividade dentro da empresa. Isso acontece e não é raro. O empregador precisou adquirir máquina cujo funcionamento desconhece e se vale de empregado para operá-la. Se, então, o empregado detém maior conhecimento técnico do que o empregador – ou, em determinados casos, o empregador não detém nenhum conhecimento técnico – acaso perderíamos o conceito de relação de emprego? Poderia o empregado muito capacitado para operar o maquinário ser expelido da proteção trabalhista justamente por ser mais ativo ou mais inteligente? É óbvio que não.

A subordinação técnica, como era chamada nos primórdios, corresponde novamente a uma simples presunção relativa de que empregador deve ser aquele que domina a atividade e empregado aquele que acata as ordens, mesmo que com elas não concorde e mesmo que tenha idéias melhores e mais eficazes para o desenvolvimento da produção. No entanto, é fácil perceber que o empregador pode se valer das idéias do empregado, contemplá-lo com participação nos lucros e resultados, compartilhar em certos casos a própria gestão da empresa e, ainda assim, ser o detentor da palavra final sobre o empreendimento e o único responsável pelos prejuízos ou pela derrocada da atividade.

Se quisermos manter o conceito de subordinação técnica na configuração de uma relação de emprego, assim como acima mencionado quanto ao conceito da subordinação econômica, podemos fazê-lo com a ressalva expressa de que se trata de uma presunção relativa. Mesmo que ao intérprete pareçam remotas as chances de um empregado não necessitar de todo seu salário para a sobrevivência e de um empregado deter melhor conhecimento sobre a atividade econômica do que seu empregador, ainda assim a simples plausibilidade de um emprego preencher essas exigências mais sofistificadas requer que o direito do trabalho reformule sua posição para não desnaturar uma relação de emprego certa e evidente, com o simplório argumento de que os empregados abastados e polivalentes deixam de ser empregados.

Uma última advertência sobre esse binômio: não há conhecimento humano que não possa tornar-se obsoleto em 24 horas. Essa insistência em dizer que o empregado de alta qualificação intelectual deveria ter tratamento diferenciado dos demais e talvez pudesse ficar alijado dos direitos trabalhistas – como, aliás, claramente sugere a Lei nº 11.196/2005, abaixo referida – parte da falsa crença de que todo conhecimento acumulado servirá de respaldo para o trabalhador exigir mais e melhores condições de trabalho, mas esquece a possibilidade de esse conhecimento, amanhã, ser inútil. Vulnerabilidade é ponto comum a todos os trabalhadores, braçais ou intelectuais, e o conceito de subordinação técnica, assim, não serve para a ciência jurídica.

O verdadeiro núcleo do conceito em questão é a **subordinação jurídica**.

Por ela, mesclam-se todos os procedimentos que o empregador queira adotar na atividade, o método a ser utilizado e a forma de organização produtiva. Como acontece em qualquer empreendimento, a fluência dos serviços dispõe de variações infinitas, mas é o perfil do empregador que será impresso naquele ambiente de trabalho, a ele cabendo com exclusividade o exercício do poder diretivo.

Para muitos, o fundamento desse poder diretivo reside no próprio conceito de direito de propriedade, que, exercido de forma equilibrada, permite que naquele âmbito de trabalho as ordens do empregador sejam respeitadas. Por exemplo, contanto que não se afaste das regras de decência e de dignidade compreendidas pela sociedade, o uniforme deve ser utitilizado pelos empregados sem direito de oposição, porque naquele meio de trabalho assim foi estipulado em caráter soberano pelo empregador. Também será o empregador o único responsável pela fixação dos horários de trabalho e das funções atribuídas a cada empregado.

A Consolidação das Leis do Trabalho, na seqüência, estipula uma grande quantidade de situações em que o empregador define o essencial, ainda que o empregado possa ou deva ser ouvido em determinados casos. É claro que o próprio objeto social do empreendimento já havia sido anteriormente estabelecido pelo empregador. É ele quem define a pessoa que irá contratar, que irá promover e que irá dispensar. Detém a quase totalidade das definições sobre a escala de férias, o pagamento da primeira parcela do décimo terceiro salário e a opção quanto à data do pagamento dos salários, desde que obedeça aos limites máximos impostos pela lei quanto ao conceito de período concessivo de férias, antecipação de metade do décimo terceiro salário até o dia 30 de novembro de cada ano e limita do quinto dia útil do mês subseqüente para a quitação salarial.

Se pensarmos bem, mesmo as leis de cotas reservadas para menores aprendizes, que dizem respeito às empresas que usam mão-de-obra especializada em escolas de formação técnica, e as cotas reservadas para as pessoas portadoras de deficiência, que dizem respeito às empresas de grande porte, mantêm com o empregador esse poder diretivo, pois a ele caberá a escolha da pessoa a ser contratada, ainda que a lista agora se mostre mais restrita quanto ao leque de opções. Também as leis de combate à discriminação ou eventualmente de exigência de fundamentação da rescisão contratual ajudam a algum grau de restrição sobre o poder diretivo do empregador, mas não o eliminam nem o transferem para o empregado. O tema das cotas, por sua relevância, merecerá destaque no comentário à proteção do trabalho do menor, relativamente ao art. 429 da CLT.

Entende-se por subordinação jurídica, assim sendo, o conjunto de ordens emitidas pelo empregador e que devem ser respeitadas pelo empregado, mantidos os padrões civilizatórios da dignidade e da decência e supondo-se que as ordens digam respeito à organização e aos métodos a serem adotados naquele ambiente de trabalho, quer se trate de uma atividade econômica, quer se trate de um lar ou de uma casa de caridade, por exemplo.

Insere-se no conceito de ordem também a ordem de aguardar a próxima ordem, ou, em outras palavras, a legislação é bastante enfática quanto à contagem normal dentro da jornada do tempo em que o empregado fica à disposição do empregador no aguardo das ordens ou das próximas atividades, ou, ainda, o tempo que o empregado gasta no deslocamento de uma atividade para a outra. O primeiro tema consta do art. 4º da CLT e o segundo, conhecido por jornada itinerária, decorreu de longa elaboração jurisprudencial e hoje se encontra referido no art. 58 da CLT – ambos a serem devidamente esmiuçados no volume 2 deste Curso.

Tanto num caso como noutro, o legislador lembra que a subordinação jurídica vai além da execução direta e primordial dos serviços, porque abrange também o tempo à disposição do empregador. Neste conceito podem ser incluídas diversas situações: a) os empregados ociosos por falta de matéria prima, falta de energia elétrica, falta de alvará de autorização de funcionamento da casa ou situações análogas; b) empregados ociosos no aguardo da chegada de mais um cliente ou pedido; c) empregado em deslocamento interno na fábrica de grande porte ou empregado exercente de serviço predominantemente externo, em trânsito de um cliente para o outro; d) empregado em trânsito entre a residência e o trabalho, desde que, neste caso, o local de trabalho seja desprovido de transporte coletivo público, por se entender que, no particular, não se transfere para o empregado o risco dessa decisão empresarial, assim entendida a deliberação de se fixar em local distante da comunidade, tanto em zona urbana como em zona rural.

A subordinação jurídica, destarte, não corresponde apenas à execução das ordens diretas, mas também à submissão aos períodos de interrupção e de suspensão contratuais, durante os quais os trabalhos não são prestados fisicamente, mas os deveres de obediência e zelo são preservados.

Feita a abordagem sobre o sentido da palavra subordinação, é importante notar que **alguns graus de submetimento** de uma parte em relação a outra existem em todas as relações civis e comerciais, não se tratando de uma exclusividade do direito do trabalho. O que diferencia a subordinação jurídica trabalhista das demais formas de subordinação é exatamente sua dimensão, a que chamaremos de grau de subordinação. Propõe-se que, para definir a relação de emprego, seja utilizada a expressão subordinação em grau máximo ou em grau maior, ao passo que as formas de trabalho autônomo se mostram dotadas de subordinação em grau médio e algumas formas de contratos civis mais fugazes se revestem de subordinação em grau mínimo. Explica-se.

Todos os seres humanos se submetem a comandos e diretrizes uns dos outros. Dentro de um lar, os filhos se submetem às relações afetivas parentais e os cônjuges se submetem às responsabilidades do matrimônio. Numa escola, os alunos se sujeitam aos horários e aos procedimentos de disciplina interna, assim como numa congregação religiosa ou altruística aqueles que quiserem seguir a filosofia devem se adequar a algumas normas básicas de conduta e de postura.

Não seria diferente, então, quando o assunto são os contratos entre particulares, em seus diversos estágios, até chegarmos ao contrato de trabalho.

Posta a questão por esse ângulo, apenas um alienado não se submeteria a nenhuma das normas de vida em sociedade, nem a leis de trânsito, nem às posturas municipais, nem às regras de convivência humana. No caso do ser humano privado de suas faculdades mentais, teríamos a subordinação em grau zero.

De outro espectro, há quem argumente que a relação de emprego não corresponde ao grau máximo de subordinação de um ser humano em relação a outro, pois acima desse patamar ainda teríamos a redução à condição análoga à de escravo, a servidão humana e a própria escravidão, mas em defesa da expressão subordinação em grau máximo deve-se observar que se trata de uma subordinação jurídica e, ainda assim, dentro de um contrato válido segundo o direito local. Então, quando dissermos subordinação em grau máximo teremos em mente o maior grau de sujeição a que uma pessoa pode se submeter em relação a outra dentro do patamar civilizatório mínimo e das normas permissivas do direito. Caso haja degradação humana ou escravidão, teremos uma subordinação não jurídica e uma situação patológica do direito. Por esse raciocínio, a subordinação lícita dentro de um contrato de trabalho pode ser chamada de grau máximo.

Entre o alienado, de uma banda, e o empregado, de outra banda, residem diversos e diversos contratos ou relacionamentos humanos envoltos em alguns graus de subordinação.

Subordinações em graus menores costumam ser marcadas pelos contratos de efeito mais instantâneo nas relações civis e comerciais, como a compra e venda, em que uma parte se sujeita às condições de pagamento e ao preço fixado pela outra parte, mas dispõe de algum espaço de manobra, como protelar ou evitar a aquisição, negociando este ou aquele item.

Acima desse grau singelo de subordinação encontramos outros mais elaborados, como na gestão de negócios e no mandato, que já envolvem o emprego de energia humana, uma duração maior no tempo, além de espaço para maior detalhamento de cláusulas e condições. Essa subordinação do mandatário em relação ao mandante, porém, permanece no plano genérico e não se confunde com o contrato de trabalho.

O contrato de locação também é citado como exemplo de um relacionamento duradouro, que pode ter como objeto não apenas bens imóveis como também móveis e a própria atividade humana, guardando mais semelhanças com o contrato de trabalho do que se poderia supor – além da possibilidade de elenco de cláusulas minuciosas, observe-se o ponto em comum do trato sucessivo entre a locação e o contrato de trabalho, isto é, a premissa da continuidade e o desejo da longa duração.

Como exemplos de **subordinações em graus médios** encontramos, ainda, o contrato de agência ou distribuição, tratado pelo Código Civil de 2002, bem como o contrato de representação comercial autônoma – de longe, o que mais confusão apresenta com o contrato de trabalho e o que mais é submetido à apreciação da Justiça do Trabalho para aferição de validade – o qual abarca algumas figuras congêneres, como a corretagem de negócios.

Se fôssemos representar a subordinação geometricamente, teríamos círculos concêntricos: o núcleo duro desses círculos seria a subordinação mais intensa, própria do contrato de trabalho, a partir do qual surgiriam outros círculos com maior quantidade de pessoas incluídas mas menos intensidade de subordinação, até o desaparecimento completo da subordinação de acordo com a natureza jurídica do contrato em questão. A propósito, é comum se ver o uso do neologismo **parassubordinação** para se identificar esse grupo de trabalhadores no segundo ou no máximo no terceiro círculo, assim entendidos aqueles que, conquanto não tenham sido considerados empregados pelos ditames da legislação social, guardam com eles os mesmos aspectos de vulnerabilidade, de necessidade do trabalho como fonte de subsistência e características como a habitualidade na prestação dos serviços e a pessoalidade em sua apresentação.

É importante que se analise melhor a subordinação em grau médio, particularmente a representação comercial autônoma, para se comparar com o contrato de trabalho e sua subordinação em grau máximo – matéria de nosso próximo capítulo.

Antes, todavia, convém uma observação sobre a existência de **variação de grau de subordinação mesmo dentro de um contrato de trabalho**.

Partindo da premissa de que, para configurarmos um contrato de trabalho, se faz necessária a subordinação em grau elevado, que não se sensibiliza com simples respeito a preços e tarifas, mas envolve uma série de padrões de comportamento e disciplina, poderíamos pensar que em princípio todos os empregados estão sujeitos às mesmas ordens e à mesma hierarquia, mas essa afirmação não é verdadeira.

Desnecessário grande esforço para observar que nem todos os empregados sofrem idêntico grau de comando. Dentro do grupo de empregados haverá também ali uma gradação de subordinação das mais intensas às mais leves, como se, agora, a pirâmide fosse invertida. Fora da relação de emprego se encontram diversos graus de subordinação jurídica, leve e moderada.

Chegando-se à subordinação intensa teremos de reconhecer uma relação de emprego. Reconhecida a relação de emprego, teremos na base do grupo de trabalhadores aqueles que a sofrem mais diretamente, incluindo obediência a uniformes, realização de hora extraordinária, procedimentos, disciplina, advertências e suspensões. No meio da pirâmide, encontraremos aqueles escalões intermediários compostos por encarregados, chefes de serviço, gerentes setoriais e líderes, que continuam sujeitos aos humores do empregador mas agora livres de algumas amarras próprias dos empregados subalternos, como o rigor no controle de jornada, a própria forma de pagamento salarial e outros assuntos conexos. No topo da pirâmide, a seu turno, encontraremos altos empregados desprovidos de controle de jornada, não sujeitos às normas de conduta ou ao uso de uniformes e com relativa liberdade de atuação, desde que evidentemente mostrem resultados e assumam responsabilidades, pois, afinal, ainda são empregados.

Mal comparando, é como se a subordinação intensa exigida para a configuração da uma relação de emprego se fosse mitigando dentro da evolução da carreira de um empregado no seio de uma empresa até desaparecer por completo, se e quando ele atingir o topo, seja na forma de um diretor eleito pela assembléia de uma sociedade anônima, a fim de se tornar o executivo dirigente, numa hipótese que a jurisprudência do Tribunal Superior do Trabalho considera de sobrestamento do contrato de trabalho, seja na forma de aquisição de quotas da empresa, tornando-se o sócio proprietário.

Note-se, porém, que nem ao menos se faz necessária tanta sofisticação, pois nem todos empregados trabalham em sociedades anônimas e poucos vão se tornar sócios do patrão. Muito antes que isso aconteça, uma vasta quantia de trabalhadores já deixou no passado a sujeição aos escalões intermediários e já faz seus próprios horários e sua própria rotina de trabalho. Normalmente auferem remuneração superior – que o art. 62 da Consolidação das Leis do Trabalho sugere da ordem de 40% acima do salário dos subalternos – e normalmente não desfrutam de vantagens como a estabilidade – conforme expressa negativa do art. 499 da CLT – além de se exporem mais ao risco da transferência de cidade – conforme art. 469 – e, claro, acharem-se na linha de frente dos cortes quando a empresa passar por crise financeira aguda por má gestão.

Um dia, quem sabe, o alto empregado, que galgou todos os postos da empresa, pode dela se desligar e se tornar seu consultor jurídico ou artístico, mediante contrato civil de prestação de serviços caracterizado pela subordinação... em grau mínimo – e o ciclo completo da atividade humana ter-se-á aperfeiçoado.

A ironia toda se encontra no fato de que, ao cabo de uma curva ascendente de patamar de subordinação, encontra-se uma classe de trabalhadores, que serão chamados de empregados e receberão especial proteção do legislador, dentro da qual existe uma curva descendente de subordinação, mais intensa entre os operários braçais e menos qualificados e mais suave entre os empregados intelectuais e mais qualificados ou de maior responsabilidade.

Justifica-se, assim, por que a doutrina falava em empregado *alter ego* do empregador – empregado que faz as vezes do próprio empregador e representa seu "outro eu" – sem que, com isso, corresse o risco de desnaturar a relação de emprego. Afinal, se bem entendida a expressão, ninguém poderia ser empregado e "outro eu" do empregador ao mesmo tempo, porque o primeiro é subordinado e o segundo é subordinante. Existe, sim, a subordinação, que precisou ser intensa para a configuração de uma relação de emprego, quando comparada com os outros contratos e as outras formas de manifestação da subordinação, mas que, comparativamente com os outros empregados dentro do mesmo contexto, mostrou-se mais tênue e pontual.

Basta que se lembre que, mesmo um alto empregado, com conhecimento profundo sobre a matéria produzida e com influência na estratégia empresarial, terá de se submeter à palavra final do empregador no tocante às grandes decisões de expansão ou retração da atividade e alocação de recursos. Recorde-se, ainda, o tema da vulnerabilidade, acima referida, quando o conhecimento do empregado se tornar obsoleto ou sua função se tornar prescindível na estrutura da empresa.

Capítulo 3

Peculiaridades do representante comercial autônomo

Retomemos o curso do raciocínio da subordinação leve, moderada e intensa – repita-se: o contrato de trabalho pressupõe a subordinação intensa, mas subordinação em sentido amplo não é característica única e exclusiva do contrato de trabalho –, para que seja enfrentada a tormentosa questão do **representante comercial autônomo**. Servirá ele como exemplo da linha tênue que separa a intensidade da subordinação das relações civis e da subordinação nas relações de trabalho.

O caso do representante comercial autônomo é emblemático, porque envolve atividade empresarial em meio a diversos requisitos da atividade laboral, como a durabilidade, a onerosidade e a sujeição do prestador de serviços a uma gama muito ampla de normas, conceitos e métodos por parte da empresa, dita representada.

Há quem argumente que a profissão do representante comercial autônomo já se encontra em declínio, se comparada ao apogeu verificado na década de 1960, quando diversos chefes de família tinham na representação comercial sua principal fonte de renda. Eram conhecidos por pracistas, se se dedicavam a uma praça de atuação específica, e também podiam ser chamados de viajantes dada a freqüência dos deslocamentos dentro do setor de atuação – aliás, o art. 9º da Lei nº 3.207, de 18 de julho de 1957, que cuida do trabalho do vendedor empregado, determina que as viagens não passem de seis meses de duração, o que hoje soa como um evidente exagero para qualquer atividade profissional. É verdade que os pracistas e viajantes também podiam ser empregados, com contrato de trabalho regido pela CLT, mas não raro a contratação era feita sob a forma de prestação de serviços autônomos, o que levou o legislador a sistematizar algumas orientações sobre a profissão através da Lei nº 4.886, de 9 de dezembro de 1965 – a qual veio a sofrer uma alteração expressiva pela Lei nº 8.420/1992.

Hoje, porém, muitas transações comerciais prescindem da atividade de convencimento dos representantes e, queimando etapas, podem ser feitas diretamente pelos meios eletrônicos, o que concorre para a depreciação deste mister que tanto marcou as relações comerciais do país e do mundo. Ainda assim, convém estudar com cautela a referida Lei nº 4.886, até mesmo para que se extraiam algumas conclusões acerca da distinção entre a relação de emprego e a relação de trabalho autônomo, para fins de distinção prática, para a apreciação dos casos de fraude ou de simulação e, ainda, para fins de análise da competência da Justiça do Trabalho, como abaixo se verá.

Inicialmente, vejamos se a autonomia propalada do representante comercial é realmente plena.

Nenhuma empresa aceitaria confiar seus produtos para divulgação e inserção no mercado se não tivesse garantias de que o profissional fosse qualificado para a função, fizesse uma abordagem sensível e pudesse definir o público alvo e as condições de pagamento. Se o representante fosse realmente autônomo, ele poderia em tese se rebelar contra os procedimentos da empresa, praticar a concorrência, sabotar os produtos e difamar o empreendedor. Ocorre que, nesse caso, também ele não auferiria rendimento algum, sejam as comissões sobre as vendas, sejam algumas bonificações ou premiações. A relação é de pura simbiose.

Deste modo, as próprias relações comerciais criaram a figura de um agente que, simultaneamente, submete-se a uma série de exigências da empresa e, de outro lado, desfruta de alguma independência de prospeção e na manutenção dos clientes e interessados nos produtos ou nos serviços da empresa. No rol das figuras análogas à do empregado, o representante comercial autônomo desfruta lugar de destaque, sendo responsável por diversos casos limítrofes.

À primeira vista, ser representante comercial autônomo só acarreta desvantagens para o trabalhador, que preferiria sempre ser empregado, caso estivesse a seu alcance essa escolha. Como representante comercial autônomo, deixa de auferir o décimo terceiro salário, as férias e o fundo de garantia, o que na matemática simples significa um desfalque de 8,33% pela ausência do primeiro, se considerarmos que se conquista 1/12 de décimo terceiro salário a cada mês, idêntico percentual acrescido de um terço no caso das férias e mais 8%, acrescidos ou não de 40% em caso de rescisão por iniciativa do empregador, no caso do fundo de garantia. Além disso, não participa das vantagens da Convenção Coletiva, acaso existente, nem faz jus a hora extraordinária e direitos noturnos, se assim atuar.

Ocorre, porém, que a opção entre a contratação via CLT ou via atividade autônoma faz muito tempo deixou de ser uma concepção teória por parte dos sujeitos e passou a ser uma definição econômica. Os encargos tributários, assim englobados os recolhimentos previdenciários e fiscais, desempenham papel preponderante nesta definição, inclusive quanto aos anseios do empregado. Basta que se lembrem as alíquotas do imposto de renda retido na fonte da pessoa física empregada, entre 15% e 27,5%, em contrapartida a uma tributação bem menor incidente sobre a pessoa jurídica, a qual, mesmo somando-se os tributos locais e as alíquotas variáveis de acordo com a atividade econômica, podem representar metade da tributação da pessoa física, sem que isso configure fraude ou elisão fiscal.

A diferença entre a atividade prestada sob a forma de representação autônoma ou sob a forma de vendedor empregado é tão pequena que muitos acreditam servir o processo do trabalho como uma espécie de vingança do representante que perdeu sua área de atuação ou que teve algumas comissões retidas pela representada: nestes casos, em lugar de discutir a questão no campo comercial, pedindo a aplicação da lei da representação autônoma, o representante faz questão de se dizer um empregado lesado numa relação fraudulenta, ainda que não tenha sido este o caso.

Em meio a um cotidiano tão rico de informações, existem alguns elementos mais importantes **na configuração do representante comercial autônomo**:

- existência de escritório próprio para atuação;
- auxílio de prepostos ou pessoas interpostas, inclusive membros da família, tanto no trato com os clientes como no trato com a empresa representada, mantendo-se leve o grau de pessoalidade; o art. 42 da Lei nº 4.886/1965, aliás, prevê a figura do "representante do representante", figura absolutamente incompatível com um contrato de trabalho, por exemplo;
- inexistência de remuneração mínima assegurada, para que não se aperfeiçoe a assunção do risco unicamente por uma das partes;
- inexistência de número mínimo de visitas a serem efetuadas por dia ou semana, assim como ausência de metas de vendas por volume ou por rendimento, a fim de que fique mitigado o conceito de subordinação;

- ausência de roteiro predeterminado, novamente para não se falar em elevação da subordinação;
- formação ou incremento da carteira de clientes de acordo com seus contatos e conhecimento sobre o mercado, a fim de se enaltecer sua independência de atuação;

Ao revés, labora em erro a empresa que, tendo admitido trabalhador como representante comercial autônomo, faz as seguintes exigências ou adota os seguintes procedimentos, todos tendentes à **configuração de uma relação de emprego**:

- proíbe que o serviço seja prestado por prepostos do representante ou que este se valha de um portador no trato com a representada, pois isso salienta a pessoalidade;
- estipula uma remuneração mínima garantida em caso de não-atingimento de vendas satisfatórias em determinado mês, assumindo, portanto, os riscos da atividade;
- fixa metas a serem atingidas, em unidades, em preços ou em vendas, e, simultaneamente, estabelece as punições pelo não-atingimento desses patamares, como retirada de alguns clientes expressivos, oscilação do percentual de comissões, desligamento do trabalhador, freqüência forçada a cursos de requalificação, ou simplesmente a advertência verbal, especialmente quando em reuniões entre seus pares;
- estebelece quantidade mínima de visitas ou de contatos a serem concluídos no dia, na semana ou no mês, ainda que as vendas deixem de ser efetuadas, no que claramente se delineia uma subordinação mais intensa; pior ainda se a empresa exigir comprovação dessas visitas, como se nota na prática de alguns segmentos empresariais de cobrar o visto ou o carimbo do cliente no relatório a ser apresentado pelo representante;
- determina o roteiro a ser percorrido.

Entre os primeiros elementos, que podemos chamar de excludentes da relação de emprego, e os segundos, a que chamaremos de definidores da relação de emprego, encontram-se alguns que são praticamente indiferentes, não servindo nem mesmo como indícios de um ou de outro cenário quando isoladamente considerados, a menos que acompanhados de alguma anomalia. Entre os **elementos indiferentes**, destacam-se a existência de tabela de preços, apresentação de relatórios, a cláusula de exclusividade e o comparecimento às instalações físicas da empresa para fins de prestação de contas ou reuniões, o que passa a ser analisado separadamente.

Fixação de **tabela de preços** é altamente esperada na maioria dos empreendimentos comerciais, a fim de que se evitem desentendimentos futuros, reclamação de clientes que se sentiram lesados ou simplesmente assunção de prejuízos. Logo, não cabe ao empregado nem ao representante comercial autônomo a opinião sobre custos operacionais, estipulação de preços, política de parcelamento e de crediário ou descontos praticados para pagamentos à vista. É a empresa que estabelece contato com as financeiras e administradoras de cartão de crédito, outrossim.

Desse modo, mostra-se equivocado o raciocínio de que, sendo o representante comercial autônomo impedido de variar o preço, para mais ou para menos, tornou-se subordinado juridicamente à empresa e, como tal, assume a posição de empregado. Há regra explícita sobre o tema, no art. 29 da Lei nº 4.886/1965, segundo a qual "salvo autorização expressa, não poderá o representante conceder abatimentos, descontos ou dilações, nem agir em desacordo com as instruções do representado".

É verdade que, como nenhum ramo comercial pode se dar ao luxo da excessiva rigidez, muitas empresas praticam pequenas margens de variação e podem estabelecer uma lista de clientes preferenciais, que desfrutam vantagens como parcelamento ou desconto maior, mas, ainda assim, a faculdade se insere no comando da empresa e não permite definir nem o empregado, nem o autônomo.

Exigência de **relatórios periódicos** é também um elemento neutro, pois os relatórios podem ser exigidos do mandatário ou do gestor de negócios, sobretudo quando houver reembolso de gastos executados por força da atividade. Cuida-se de uma forma singela de o mandante ou representado tomar ciência dos acontecimentos, podendo assumir a forma verbal ou escrita, a qual pode ser feita atualmente por diversos meios eletrônicos com relativa facilidade e sem que se possa invocar um excessivo gasto de tempo e de energia do trabalhador, passível de caracterizar uma relação de emprego. O relatório, porém, deixa de ser indiferente se se fizer acompanhar de exigência de horários e locais, visto ou carimbo do cliente como já mencionado ou, ainda, se sua omissão acarretar punições ou perda de oportunidades para o representante;

A **exigência de exclusividade** contém um mito em seu conteúdo.

Para alguns, a própria palavra exclusividade já significa um apego excessivo da empresa em torno de um representante, capaz por si só de definir a relação de emprego; para outros, a CLT foi sábia em omitir a exclusividade da definição da relação de emprego, pois muitos empregados podem conciliar dois ou mais empregos, em jornadas compatíveis, e, ao contrário, a cláusula de exclusividade pode ser firmada em diversos contratos, com ou sem subordinação. No âmbito trabalhista, como já mencionado, a exclusividade não é uma claúsula corriqueira e somente costuma ser encontrada entre altos empregados, empregados de elevado conhecimento científico ou na classe artística, por ligações atinentes ao assédio da concorrência ou à formação de um grau especial de atração da audiência. Mas a cláusula de exclusividade pode surgir, por exemplo, no mandato, em que um cliente contrata um advogado para determinada causa cujas peculiaridades lhe pareçam suficientes para justificar a proibição ao substabelecimento. É possível que o contrato de honorários, fixos ou *ad exitum*, seja igualmente renegociado, mas a cláusula de exclusividade não tornou o advogado empregado do mandante automaticamente.

No caso do representante comercial autônomo, a cláusula de exclusividade aparece de forma expressa no art. 27, *i*, da Lei nº 4.886/1965, sobre o conteúdo do contrato, e também em seu art. 41, sobre a prevalência da não exclusividade em caso de omissão do contrato.

O ponto a ser observado é se a exclusividade – ou sua ausência – foi capaz de acarretar alguma outra conseqüência. Por exemplo: ao exigir a exclusividade, o empregador traçou diversas exigências de apresentação do produto, uso de uniforme pelo representante, duração mínima da visita ao cliente e proibição de exercício de qualquer outra atividade, mesmo que não relacionada com o segmento empresarial. A exclusividade, que era um elemento indiferente, atingiu o patamar da subordinação.

Por outro lado, situações existem em que a empresa admite liberdade ampla de atuação do representante, a tal ponto que a ausência da exclusividade lhe proporcionou atuar para várias empresas, dispersando sua energia e seu tempo. Dificilmente obterá êxito na tese de que está simultaneamente subordinado a todas elas, pois não poderia estar em dois lugares ao mesmo tempo. O caso do empregado com dois empregos é totalmente diferente. Na hipótese de uma enfermeira que atua em dois hospitais ou de um programador de computadores que labora em três centrais de processamento de dados, temos o cenário da dupla subordinação e do duplo contrato de trabalho, pois cada qual reserva um horário, um dia da semana ou um período do dia para o exercício da atividade, o que não ocorre com um representante polivalente, que numa determinada visita oferece produtos e serviços variados, de diversas empresas, e pode ter sucesso numa e não na outra venda. Por essas razões costuma-se dar ênfase especial ao tema de exclusividade nas investigações de fraude em contrato de representante comercial autônomo, sem que se tratasse propriamente de um item definidor do contrato de trabalho.

Ainda a propósito da exclusividade, tanto o empregado como o autônomo podem ser obrigados a servir apenas a um empresário e, ao mesmo tempo, ser contemplados com exclusividade de zona territorial de atuação – usando-se a expressão exclusividade, aqui, no duplo sentido de exclusividade do represetante para o representado e do representado para a zona de atuação do representante. O disposto no art. 31 da Lei nº 4.886/1965, que assegura o recebimento de comissões ao representante por toda e qualquer venda realizada dentro de seu setor, aparece também no art. 2º da Lei nº 3.207/1957, destinada a vendedores empregados, aos quais também garante o direito de receber comissões pelas vendas realizadas em sua área reservada de atuação, mesmo que ultimadas por prepostos da empresa. A diferença é que normalmente o autônomo poderá valer-se de prepostos dele próprio, ao passo que o empregado não se deve fazer substituir na atividade, sob pena de desconfiguração da relação de emprego, marcada pela pessoalidade.

Uma boa forma de lidar com essa gangorra de argumentos é o estudo das presunções relativas no processo do trabalho, o que será aprofundado no volume dedicado ao tema.

Assim, poderíamos dizer que um reclamante, no processo, desfruta da presunção relativa favorável ao argumento da existência do contrato de trabalho, a partir do momento em que o reclamado admite a prestação de serviços, mas alega a autonomia comercial. Ato contínuo, se o empregado reconhece em depoimento pessoal que não havia exclusividade e que eram representadas diversas marcas no mesmo horário de trabalho, surge uma presunção favorável ao demandado, até que o autor consiga comprovar, por qualquer meio, que essa concomitância de atuação era feita sob o compromisso de atingimento de metas ou de cotas porque daquela empresa, acoplada de outros elementos subordinantes. E assim sucessivamente até a formação do convencimento judicial.

Por fim, observe-se que a **prestação de contas e o comparecimento a reuniões obrigatórias** não são elementos suficientes para a configuração da relação de emprego. É direito de todo representado, que compartilha informações estratégicas e municia o representante de detalhes de divulgação dos produtos e dos serviços, exigir o detalhamento sobre o bom uso feito desse material. Na regra do art. 28 da Lei nº 4.886/1965 consta obrigação de prestar "informações detalhadas sobre o andamento dos negócios a seu cargo". A prestação pode ocorrer com maior ou menor freqüência, valendo-se dos meios eletrônicos ou de comunicação a distância. Assim, se o representante não puder ou não quiser se valer desses meios, não se poderá falar em configuração da relação de emprego pelo simples fato de haver se deslocado pessoalmente até as instalações físicas da empresa.

O tema das instalações físicas já era secundário no início da vigência da CLT, que fez questão de frisar a plausibilidade da formação da relação de emprego no domicílio do empregado, como pode ser visto no art. 6º, assim como não proíbe que dentro da sede da empresa vicejem contratos que não aqueles de emprego, como a atividade terceirizada, conforme mencionava o art. 455, ou a atividade autônoma, referida em alguns dispositivos, como o art. 511, no tocante à estrutura sindical, art. 580, sobre contribuição sindical, e art. 652, *a*, III, no tocante aos artesãos e artífices.

Se fôssemos considerar relevante o local da prestação dos serviços, vastos segmentos da sociedade ficariam alijados do direito do trabalho, pois crescem a cada dia o número de empregos a distância e as possibilidades do teletrabalho.

O que se deve observar, novamente, é como esse comparecimento é exigido. Se a finalidade for a prestação de contas, com horários livres, desde que respeitado o funcionamento da casa, e se as reuniões periódicas forem realmente destinadas a esclarecimentos sobre os produtos e difusão de estratégias, estaremos dentro do campo próprio de atuação dos mandatários, dos gestores e dos representantes. Se, entretanto, o comparecimento se tornar rígido, cotidiano ou quase cotidiano, com horário de início e de encerramento, assim como as reuniões servirem para a cobrança de metas e de desempenho, já não estaremos diante de simples prestação de contas do autônomo ou de simbólica congregação para fins informativos e teremos partido para o campo da subordinação jurídica.

A importância do representante comercial autônomo é tamanha no mercado de trabalho que o legislador houve por bem sistematizar a profissão através da **Lei nº 4.886, de 9 de dezembro de 1965, que passa a ser analisada artigo por artigo.**

Embora o art. 1º da lei afirme que o representante comercial autônomo não dispõe de relação de emprego, cuida-se obviamente de uma presunção, como o legislador quisesse dizer que não haverá relação de emprego se não houver relação de emprego. Quem determina a ocorrência ou não de uma relação de emprego dificilmente é o legislador, mas sim a realidade dos fatos, ou, em outras palavras, a primazia da realidade sobre as boas intenções do legislador.

Assim sendo, o art. 1º da Lei nº 4.886/1965 afirma que a representação comercial autônoma é feita sem relação de emprego, desde que respeitados os ditames da lei e demais exigências da legislação social, pois o desvirtuamento das diretrizes invalida o espírito da lei específica e atrai a incidência da legislação trabalhista geral.

Idêntica observação é feita quanto ao art. 2º, que afirma a obrigatoriedade de registro do representante comercial autônomo no Conselho Regional, mas a presença ou ausência desse registro será um elemento indiferente na denificção da relação de emprego. Tanto poderemos ter o representante com registro no Conselho, mas que consegue comprovar o desvirtuamento da atividade e o aperfeiçoamento do contrato de trabalho, como poderemos ter um trabalhador que, conquanto não tenha obtido o registro no Conselho, mantenha a independência e a autonomia na prestação dos serviços e não faça jus às vantagens de uma relação de emprego. Existem ordenamentos jurídicos que outorgam o grau de presunção absoluta para o caso de registro efetuado em conselho profissional, ou seja, conseguem revestir o registro profissional de uma solenidade maior e inflexível, mas não é este o caso do sistema legislativo brasileiro.

Na seqüência, uma boa parte da lei, dos arts. 6º ao 26, é empregada na regulamentação do **Conselho Federal e dos Conselhos Regionais** de Representação Comercial Autônoma.

Já o art. 27 da Lei nº 4.886/1965 cuida do **conteúdo do contrato de representação comercial**, inclusive cláusula de delimitação de zona geográfica, condições da representação, objetos representados, alcance ou não da exclusividade e, ainda, o direito a uma indenização pela rescisão imotivada do contrato, à razão de, no mínimo, 1/12 da remuneração auferida – em outras palavras, uma indenização parecida com aquela estipulada pelos arts. 477 e 478 da CLT, de um mês por ano de serviço, o que significa o mesmo que 1/12 do total da remuneração auferida.

Essa indenização do art. 27, *j*, da Lei nº 4.886/1965, se insere no rol dos direitos dos representantes, que em muito se aproximam dos direitos dos empregados. Justifica-se a extensão da proteção para os autônomos dada a vulnerabilidade que vivenciam na profissão, que em nada fica diminuída ou neutralizada pela independência no exercício da profissão. Originalmente, a indenização não era estendida aos representantes autônomos, mas foi inserida na Lei nº 4.886/1965 a partir de 8 de maio de 1992, via Lei nº 8.420.

A Lei nº 8.420/1992 inseriu ainda três parágrafos ao art. 27 da Lei nº 4.886/1965, todos eles saídos diretamente das páginas da CLT, ou seja, todos eles atinentes aos contratos de trabalho subordinados:

a) indenização referente à metade dos meses que faltavam para o encerramento do contrato por prazo determinado, calculada na base da média mensal auferida quanto aos meses passados;

b) transformação do contrato por prazo determinado – normalmente desfavorável ao trabalhador – em contrato por prazo indeterminado – normalmente mais vantajoso para o empregado e para o autônomo – sempre que houver prorrogação do prazo inicialmente avençado, de forma tácita ou expressa, aqui não se aplicando a licença para uma prorrogação, de que fala o art. 451 da CLT; e

c) transformação em contrato por prazo indeterminado de todo contrato que suceder a outro entre as mesmas partes no espaço de seis meses, tal como a regra conhecida do art. 452 da CLT, mas, aqui, sem nenhuma exceção.

A mesma Lei nº 8.420 criou algumas regras fundamentais para o **cálculo e o pagamento das comissões**, através da reelaboração do art. 32.

No tocante à época do pagamento, o art. 32 estabelece o direito adquirido quando do pagamento dos pedidos por parte dos clientes, mas com vencimento da obrigação no dia 15 do mês subseqüente, imitando ligeiramente a norma do art. 459 da CLT e, ainda, o direito a correção monetária em caso de mora do representado, o que coincide com o direito do empregado. Persistindo a sonegação por parte do represendo, surge o direito do representante de emitir título de crédito para a cobrança das comissões, aqui se afastando certamente da realidade dos empregados.

Ao estipular o vencimento da obrigação no dia 15 do mês subseqüente, o art. 32 sinaliza para a periodicidade mensal, sendo, portanto, mais favorável esse tratamento do que a estranha norma do art. 4º, parágrafo único, da Lei nº 3.207/1957, que autoriza pagamento trimestral de comissões ao vendedor empregado, o que para muitos significa regra de difícil compatibilização com as posturas do direito do trabalho e com o próprio art. 459 da CLT. Para fazer frente a essa autorização de pagamentos trimestrais, há quem sugira a necessidade de um adiantamento mensal como forma de amortização da dívida do empregador para com o empregado.

No § 5º do art. 32 criou-se uma fórmula importante para evitar a procrastinação do pagamento das comissões caso o relacionamento entre as partes tenha se encerrado antes do vencimento da obrigação, que vem a ser precisamente o **vencimento antecipado** das obrigações em carteira ou em fase de execução. Os empregados vendedores, ao revés, nunca tiveram direito assegurado a esse vencimento antecipado das comissões, pois tanto o art. 466, § 2º da CLT como o art. 6º da Lei nº 3.207/1957 se ativeram a afirmar que a cessação das relações de trabalho não prejudica a percepção das comissões devidas, o que levou ao entendimento de que as comissões seguem sendo creditadas ao longo dos meses seguintes, à medida que os pagamentos forem sendo feitos pelos clientes. Essa solução da CLT é evidentemente embaraçosa e contraproducente para ambas as partes.

No tocante à base de cálculo, o representante comercial autônomo ganhou um importante aliado no art. 32, § 4º, que exige a fixação do valor bruto das mercadorias, qualquer que tenha sido o percentual acordado entre as partes, evitando-se que o representado promova algum expurgo. Se ao representado o percentual parecer muito elevado, dado o valor dos bens comercializados, convém que desde o início pactue um índice mais moderado, porque a base de cálculo não poderá mais ser manipulada, desde a reforma legislativa de 1992, convergindo para a totalidade das mercadorias negociadas, em seu valor bruto. Os empregados regidos pela CLT não dispõem de regra com essa clareza, havendo discussão sobre a possibilidade ou não de o empregador fixar a base de cálculo das comissões sobre os valores líquidos, abatidos os impostos, juros e taxas de administradoras de cartões de crédito, por exemplo.

O art. 32 repete disposição da norma trabalhista ao mandar respeitar a média da remuneração variável do representante, que não pode oscilar ao sabor dos acontencimentos. É como se a ele fosse estendido o princípio da irredutibilidade salarial que norteia o contrato de trabalho.

Com relação ao **tema da exigibilidade das comissões**, o art. 33 dispõe de quatro prazos para manifestação de eventual recusa por parte do representado: de 15 dias se o cliente for da mesma praça comercial – mesmo município, na linguagem do direito mercantil – ou 30 dias se o cliente for de outra cidade no mesmo estado. Os prazos sobem para 60 dias se se tratar de outro estado e 120 dias, se outro país. Porém, observe-se que o art. 33 admite a pactuação de prazos diferentes, para mais ou para menos, se as partes assim acordarem, mas é certo que dificilmente o representado irá se submeter a prazos muito exíguos, sendo o mais provável que a empresa consiga, ao revés, alargar os prazos de reflexão sobre o negócio apresentado pelo representante. No caso do vendedor empregado, o art. 3º da Lei nº 3.207/1957 preconiza prazo de 10 dias para manifestação do empregador, passando para 90 dias em caso de cliente localizado em outro estado ou país.

Os prazos acima referidos, de 15, 30, 60 e 120 dias, são ampliados por mais 10 dias cada um, se a negociação for feita por "representante do representante", figura admitida pelo art. 42 da Lei nº 4.886/1965 e que evidentemente acarreta maior complexidade de negociação e de aferição por parte do representado.

O art. 33 dispõe de outra regra importantíssima para a profissão do representante comercial autônomo, a saber, o direito de o tomador dos serviços cancelar o pagamento das comissões ou mesmo estornar aquilo que já havia sido antecipado, em caso de inadimplência do cliente – assim entendida a insolvência completa do comprador ou o simples cancelamento da compra ou, ainda, a situação financeira temerária, como dispõe o art. 33. O art. 7º da Lei nº 3.207/1957, no tocante aos vendedores empregados, é mais restritivo quanto ao estorno das comissões e apenas se refere à hipótese de insolvência do comprador, e não aos casos de cancelamento da compra ou de situação temerária do cliente, o que faz toda a diferença.

Estornar comissão do representante comercial autônomo ou do vendedor empregado pelo fundamento de que o cliente deixou de honrar algum pagamento não deixa de ser a partilha dos riscos da atividade econômica com o profissional, autônomo ou subordinado, porque bem ou mal o serviço havia sido prestado, a energia havia sido empreendida e, afinal, nada será pago por aquele tempo investido. Argumenta-se que o empregador ou empresário deveria assumir todos os riscos, inclusive aqueles decorrentes da insolvência do cliente, mas assim não prevaleceu no texto das duas leis, aquela dos empregados e aquela dos autônomos.

Uma solução intermediária, consistente em limitar essa insolvência apenas ao caso de o cliente já passar pela precariedade financeira quando da transação, de forma a mostrar-se temerária a conduta do profissional, não foi aceita nem pelo legislador, nem pela jurisprudência majoritária.

Também se poderia pensar no compartilhamento dos riscos apenas no caso do autônomo, mas, como visto, o legislador estendeu esse fenômeno também para os empregados vendedores, criando o constrangimento de um empregado sofrer desconto salarial, em holerite futuro, decorrente de um inadimplemento de determinado cliente pretérito. Espera-se, ao menos, que o empregador explique a qual transação comercial se refere o desconto.

A propósito do tema da exigibilidade das comissões, a Lei nº 8.420/1992 baniu a prática da fixação da cláusula de responsabilidade solidária do representante comercial autônomo com o cliente. Na linguagem dos costumes mercantis, chama-se essa responsabilidade solidária de **cláusula *star del credere***, assim compreendida a responsabilização direta do vendedor em caso de inadimplência do comprador. O fundamento de tão grave cláusula corresponde a uma tentativa de inibição do vendedor mais ganancioso e arrojado, que firma negócios indiscriminadamente com todo e qualquer interessado, mesmo sabendo ser ele um devedor contumaz ou sem se cercar das cautelas necessárias para aferição de seu crédito na praça.

Ocorre, porém, que a pesquisa a serviços de proteção ao crédito e a leitura das certidões positivas de execução judiciais e extrajudiciais envolvem consumo de tempo e dinheiro, incompatíveis com o cotidiano do pequeno representante comercial autônomo. Além disso, a cláusula *star del credere* distribui de forma desequilibrada o risco da atividade econômica, pois deixa a cargo do representante quase todo o encargo de suportar os prejuízos sem nada acarretar ao representado. É certo que a relação de representação comercial não é uma relação trabalhista em sentido estrito e não corresponde ao conceito de contrato de trabalho, para que se possa falar em assunção de todos os riscos da atividade econômica por parte do empregador, mas isso não justifica, por si só, jogar toda a responsabilidade sobre os ombros do representante, que continua a ser um trabalhador, apenas com algum grau moderado de subordinação quando comparado com o grau intenso dos empregados regidos pela CLT.

Mostrou-se oportuna, assim sendo, a vedação ao uso da cláusula de responsabilidade solidária entre representante comercial autônomo e cliente, proporcionada pela reforma de 1992 sobre a lei de 1965. E, via de conseqüência, se essa cláusula passou a ser proibida nas relações de subordinação moderada, com muito mais motivo nem se pode cogitar de sua aplicação nas relações de emprego, dotadas de subordinação intensa e guarnecidas pelos dispositivos da Consolidação das Leis do Trabalho, especialmente aqueles atinentes à assunção dos riscos por parte do empregador.

Dado que esse contratado não é marcado por forte incidência de pessoalidade, é compreensível que haja pelo menos duas hipóteses contempladas pela Lei nº 4.886/1965 em que o representante comercial autônomo faz jus às comissões mesmo sem ter concorrido diretamente para as vendas. A primeira hipótese aparece no já citado art. 31, em que as comissões são asseguradas pelas vendas realizadas dentro da zona geográfica do representante, e a segunda hipótese surge no art. 38, em que o representante se afasta temporariamente da rotina de vendas para prestar assistência interna ao empresário, como uma supervisão ou um apoio burocrático, casos em que "não serão prejudicados os direitos dos represantantes".

A propósito desse art. 38, sobre manutenção do pagamento das comissões, mesmo quando deslocado o representante comercial autônomo para exercício de funções internas, é relevante notar que a Lei nº 4.886/1965 não fixou propriamente uma bonificação pelo acúmulo das funções, mas apenas orientou o empresário a fazer um pagamento. Afora a indenização do art. 27 e o aviso prévio indenizado abaixo analisado, a Lei nº 4.886/1965 não contempla o representante comercial autônomo com nenhum outro pagamento, que não as próprias comissões. Não se cogitou aplicar nenhum tipo de adicional, ao contrário do art. 8º da Lei nº 3.207/1957, que assegura ao vendedor empregado um adicional de 10% sobre as comissões em caso de exercício simultâneo de funções de fiscalização ou inspeção dos colegas.

O contrato de representação comercial também **exige concessão de prévio aviso em caso de ruptura unilateral** sem justo motivo, numa garantia similar àquela verificada nos contratos de trabalho, mas que não deve causar estranheza. A prévia comunicação está diretamente ligada à natureza de trato sucessivo dos contratos, como acontece com o contrato de locação e com os contratos de agência e distribuição, de que cuida o art. 720 do Código Civil de 2002, por exemplo.

No caso do representante comercial autônomo, o aviso prévio, de parte a parte, deve seguir o parâmetro dos trinta dias, considerados normalmente razoáveis para que a outra parte possa se adequar à nova realidade, sob pena de conversão em pecúnia a título de indenização.

Como o representante comercial autônomo não dispõe de um salário fixo que possa servir de base para o cálculo do aviso prévio indenizado, a lei sabiamente requer a extração de uma média do último trimestre, o que foi considerado mais justo para ambos os lados, menos sujeito a variações sazonais e inflacionária e mais próximo da realidade da rescisão. A lei utiliza a expressão um terço do trimestre, o que é o mesmo que a média do mês.

A prévia comunicação deixa de ser necessária se houver justa causa para a rescisão contratual.

O **tema da justa causa** é muito caro ao direito do trabalho, porque implica rompimento do contrato de trabalho sem pagamento de indenizações e pressupõe um fato extraordinário, inesperado, de uma pessoa desprezar a relação de emprego da qual retira seu sustento ou pela qual pretende atingir o objeto social de sua organização produtiva. Daí por que a justa causa sempre foi tratada com cautelas redobradas pelo legislador e pelos julgados trabalhistas.

Ainda que com outros nomes, como denúncia motivada do contrato, o rompimento unilateral por motivos causados pela parte contrária é matéria suficientemente conhecida de todos os ramos do direito que lidam com negócios bilaterais, como direito civil, comercial e administrativo. As causas normalmente são as mesmas, tanto para um ente público cassar uma permissão de uso como para um celebrante romper uma avença de longa data. Basta que se identifiquem elementos de descaso ou de despreparo da parte contrária para a manutenção dos laços negociais. Por cautela, o art. 34 elenca cinco hipóteses abrangentes que caracterizam a justa causa do representante comercial autônomo:

a) a desídia do representante no cumprimento das obrigações decorrentes do contrato;
b) a prática de atos que importem em descrédito comercial do representado;
c) a falta de cumprimento de quaisquer obrigações inerentes ao contrato de representação comercial;
d) a condenação definitiva por crime considerado infamante;
e) força maior.

Como se observa, os tipos são demasiadamente abertos. Há, porém, um consenso no sentido de que, em se tratando de um assunto dessa gravidade, que implica ruptura contratual liberando a outra parte de comunicação e de indenizações, não há espaço para interpretações extensivas. Impõe-se a interpretação restritiva de cada figura. A desídia, por exemplo, há de ser a negligência reiterada do prestador de serviços e não meramente a perda de um prazo ou o cancelamento de um contrato. O "descrédito comercial" igualmente deve ser entendido como uma sucessão de eventos, danosos à reputação, que o representante provocou sobre o nome do representado, não sendo muito diferente do conceito de desídia se considerarmos que a execução das tarefas do representante incluem o zelo pela reputação do representado. No tocante à "falta de cumprimento" das obrigações, sugerimos novamente a inserção do adjetivo "habitual". Resta saber o que se entende por crime infamante e por força maior.

No caso da tipificação penal, a idéia do legislador certamente foi a proteção ao nome da empresa quando previu que ela pode considerar rescindido o contrato quando o representante comercial autônomo se envolver com ilícito penal que indiretamente repercuta sobre sua marca. Assim, não se faz necessário que o crime tenha sido perpetrado pelo representante contra o representado, sendo suficiente que o representante tenha sido condenado por alguma forma de injúria, calúnia ou difamação contra agentes do comércio, empresas parceiras, concorrentes ou fornecedores, tudo a tornar temerário o prosseguimento da relação por parte do representado.

Observe-se, finalmente, que a expressão condenação definitiva pressupõe o trânsito em julgado da decisão penal, porquanto mera aceitação da denúncia ou prolação de sentença de primeira instância, por mais que possam ser desconfortáveis para o representado, não autorizam a rescisão extrema. Se o representado quiser extinguir o contrato com receio dos desdobramentos da ação penal em que o representante é o réu, poderá fazê-lo arcando com o prévio aviso e com a indenização do art. 27, *j*, da Lei nº 4.886/1965, pois não há proibição a essa prática. Apenas deverá evitar, repita-se, o uso indiscriminado da justa causa para toda e qualquer hipótese de o representante comercial autônomo ter seu nome envolvido com processos judiciais.

Finalmente, a **expressão força maior** não deve ser entendida no sentido genérico de qualquer fato imprevisto ou inevitável, porque, do contrário, haveria um sem-número de assuntos que fogem ao controle do representado e que a todo instante poderia levar à ruptura graciosa do contrato. Como em qualquer relacionamento comercial, mais ainda neste tipo particular de contrato com ênfase ao trabalho humano, a força maior justifica o rompimento dos contratos em caso de onerosidade excessiva ou de alteração profunda das condições sobre as quais se assentavam suas premissas. O contrato vale enquanto perdurarem suas bases, conforme postulado conhecido desde o direito romano.

Por este raciocínio, não são motivos de força maior a interdição total ou parcial da rua em que se encontra o estabelecimento comercial, o racionamento da energia elétrica, a restrição de crédito ou de liquidez bancária, a cassação de alvará de funcionamento, a interdição do estabelecimento pelas autoridades da vigilância sanitária ou pela fiscalização do trabalho e demais motivos ligados diretamente ao exercício da atividade econômica, sob pena de desvirtuamento da interpretação restritiva que se propõe aos motivos de ruptura justa do contrato de prestação de serviços. Muito menos se deve considerar justa causa a enfermidade do trabalhador: antes que alguém ousasse pensar assim, o art. 45 da Lei nº 4.886/1965 se antecipa para negar essa idéia.

Note-se que a força maior não libera o empregador de pagar as indenizações ao empregado, no tratamento dado pelos arts. 501 e 502 da CLT, apenas as reduzindo por metade, ao passo que a inteligência do art. 35, *e*, da Lei nº 4.886/1965 foi no sentido de realmente desonerar o empresário de fazer qualquer pagamento ao representante. Justifica-se a diferença de tratamento se lembrarmos as diferenças de premissas entre as duas hipóteses – o empregado se acha em subordinação de grande dimensão, não concorre com nenhum risco da atividade econômica e é destinatário de um conjunto maior de indenizações de verbas rescisórias, ao passo que o representante tem subordinação apenas moderada e, agora se percebe, assume alguma porção de risco da atividade, pois deixa de receber a indenização pela ruptura contratual mesmo quando não foi ele exatamente que deu causa à inviabilidade do contrato e, sim, as causas alheias à vontade de ambas as partes. Já se havia falado que o representante tem subordinação moderada e pessoalidade moderada; agora se pode falar em alteridade moderada, conforme conceito de trabalho por conta e risco alheio, que se verá mais tarde.

Tecendo uma breve comparação entre as justas causas do representante, mencionadas pelo art. 35 da Lei nº 4.886/1965, e as justas causas do empregado, descritas no conhecido art. 482 da CLT, nota-se que aquelas se atêm muito mais ao conteúdo do contrato de prestação de serviços – negligência na execução das tarefas, abalo da respeitabilidade do representado ou do nome do representante em caso de condenação criminal ligada ao ramo, deturpação do contrato e determinadas situações de força maior em torno da execução do contrato – e menos com relação à vida particular do representante dentro e fora da empresa. O art. 482, por sua vez, mostra-se mais abrangente, por incluir tanto as situações de preservação da imagem e da boa fama da empresa – concorrência desleal, violação de segredo profissional, ato lesivo à honra de terceiros ou da empresa – como situações de conduta social do próprio empregado – padrões morais, embriaguez, prática de jogos de azar, negligência, pontualidade, assiduidade e o mais.

Justifica-se essa sutil distinção, porque o contrato de trabalho detém carga mais intensa de pessoalidade do que o contrato de representação comercial autônoma, de tal forma que o empregador está autorizado, com mais liberdade, a dar por rompida a relação, de forma justa, numa quantidade mais ampla de hipóteses, que abrangem também situações da vida pessoal do empregado que não necessariamente haviam influenciado diretamente na qualidade ou na quantidade de seus serviços, ao passo que a empresa representada não pode se imiscuir tanto assim na vida pregressa ou particular do representante comercial autônomo, pois não o tem como seu empregado efetivo, a menos que o comportamento da vida privada do prestador de serviços repercuta direta e negativamente sobre a execução das atividades comerciais, como são as hipóteses já mencionadas de ilícito penal de difamação de clientes e fornecedores ou de colaboração para o descrédito comercial do representado, sendo ou não um tipo penal.

Da mesma forma como estudamos comparativamente a justa causa do autônomo e a justa causa do empregado, assim também podemos falar em **rescisão indireta do autônomo**, quando a empresa representada agir com deslealdade, e rescisão indireta do empregado, quando o empregador abusa de seu poder diretivo. No caso, a comparação deve recair entre os arts. 36 da Lei nº 4.886/1965 e 483 da CLT.

São motivos justos para o representante comercial autônomo dar por rescindido o contrato da empresa representada:

a) redução de esfera de atividade do representante em desacordo com as cláusulas do contrato;

b) a quebra, direta ou indireta, da exclusividade, se prevista no contrato;
c) a fixação abusiva de preços em relação à zona do representante, com o exclusivo escopo de impossibilitar-lhe ação regular;
d) o não-pagamento de sua retribuição na época devida;
e) força maior.

Podemos separar os cinco argumentos em dois grandes temas: a alteração contratual, de um lado, e a inadimplência, de outro lado.

A alteração contratual pode se manifestar de diversas formas, tendo o legislador elencado as situações aparentemente mais comuns, que são a alteração de zona geográfica, a quebra da cláusula de exclusividade de representação dentro da zona – o que também é uma forma de alteração da área delimitada – e a oscilação dos preços e das condições de pagamento dos clientes daquela região, tudo tendente a sufocar a atuação de determinado representante. Daí a importância redobrada da fixação das cláusulas, quando da contratação, de maneira expressa e cristalina.

A delimitação da região geográfica a ser atendida pelo representante comercial autônomo tem vários propósitos. Como a relação se caracteriza pela pessoalidade moderada, é razoável que se conceba o pagamento de comissões ao profissional mesmo que ele não tenha tomado parte das negociações, fundamentando-se o pagamento na simples presença do cliente em sua área e, como tal, em sua esfera de influência. A separação também se destina a otimizar os trabalhos, para que cada representante não concorra com o colega em alguma prática predatória. Por fim, a zona geográfica faz lembrar que o representante deve alimentar sua carteira de clientes, quer ele tenha recebido alguns endereços e contatos pelo empregador, quer ele a tenha formado desde o início. Deve atuar para que naquela região nenhum comerciante ou industrial, potenciais destinatários dos produtos e serviços representados, deixe de ser atendido e visitado.

Alterando-se o ângulo de análise da questão, é como se a zona geográfica fosse a exclusividade dada ao representante – o representado se compromete a deixar unicamente para aquele representante todos os negócios daquele setor –, embora o mais comum seja o estudo da exclusividade que se oferece ao empresário – o trabalhador se compromete a atuar unicamente para aquela empresa ou para determinado empregador, como já analisado anteriormente.

A zona normalmente diz respeito a uma região geográfica – um bairro de uma grande cidade, um conjunto de bairros, um grupo de municípios, uma Unidade da Federação ou mesmo uma região do país – a depender dos produtos e dos serviços negociados. Deve assumir uma porção física que corresponda a um volume de vendas satisfatório, de modo a não aviltar a condição do representante nem afetar o equilíbrio financeiro do representado.

Às vezes, a zona é descontínua, ou seja, abrange uma região territorial somada com outra com a qual não faz fronteira, e, ainda, pode ser uma região geográfica com exceção de alguns clientes em particular, como aqueles de grande porte ou os membros da administração pública, por peculiaridades das negociações com esses agentes – maiores descontos para os grandes clientes e processo de licitação para os clientes públicos, por exemplo.

Admite-se, com reserva, o fracionamento de uma zona previamente definida.

Esse cenário pode surgir do crescimento acelerado das vendas em determinada região em detrimento de outras, pela boa aceitação do produto ou pela instalação de novos consumidores neste ou naquele ponto, levando o representado a desdobrar ou fundir zonas geográficas. O procedimento deve ser feito de modo a preservar a média da remuneração variável do representante, pois nem o direito do trabalho nem a Lei nº 4.886/1965 admitem a redução remuneratória, haja vista tratar-se de avença de trato sucessivo e nenhuma das partes pode ser pega de surpresa.

Diz-se que o fracionamento da zona deve ser feito com reservas, porque a redução abrupta da zona de atuação ou a inserção de outro representante na mesma área ou, ainda, a alteração dos preços e das condições de pagamento especificamente para aquela área podem representar a justa causa do representado para o rompimento do contrato pelo representante. De início, essas oscilações vão favorecer a redução da remuneração. Porém, mesmo que em termos reais ou nominais não se verifique o rebaixamento dos ganhos, ainda assim o representante poderá validamente argumentar que houve quebra de cláusula contratual e dar por rescindido o contrato – ou, em outras palavras, poderá argumentar que a remuneração, conquanto mantida em patamares assemelhados do período anterior à mudança, poderia ser muito maior se houvessem sido mantidas as condições anteriores.

Embora a Lei nº 4.886/1965 não apresente uma solução concreta para o impasse sobre a alteração de zona delimitada, parece razoável aplicar-se a norma do art. 2º, §§ 1º e 2º, da Lei nº 3.207/1957, conquanto destinada apenas para empregados. Ali se aprende que qualquer alteração de zona, de acordo com a necessidade da empresa, deve respeitar o princípio da irredutibilidade de remuneração e, desde logo, se assevera que esse patamar há de seguir a média remuneratória dos últimos doze meses e não meramente o valor facial do último mês, por exemplo.

O art. 36, *b*, se vale da expressão quebra de exclusividade "direta ou indireta", indagando-se o que significaria essa quebra indireta. A resposta aparece no fato de que, em muitos segmentos empresariais, nem todas as vendas são feitas ou fomentadas pelo representantes autônomos. Caso a empresa disponha unicamente de representantes e insira um impostor dentro da zona geográfica previamente entregue a outro, teremos uma quebra direta da exclusividade. Caso, porém, a empresa mantenha intactas as zonas, mas passe a atuar com um grupo de vendedores empregados que vão de porta em porta, ou com um serviço eficiente e numeroso de televendas, privando o representante das comissões daquele setor, estaremos diante de uma quebra indireta de exclusividade – formalmente, o representante ainda a detém sobre aquela esfera de atuação, mas agora de modo esvaziado. A quebra indireta da exclusividade também pode aflorar no caso de retirada de alguns perfis de clientes de cada área geográfica, como os já mencionados clientes de grande porte ou do setor público, sem que isso houvesse sido inicialmente ventilado.

O direito defendido pelo art. 36, *c*, é de longe o mais difícil de ser comprovado ou suscitado pelo representante, pois ele terá de demonstrar que a alteração da política de preços e condições de pagamento, por parte do representando, teve a dupla crueldade de se direcionar unicamente a seu setor e, ainda, objetivar sua ruína. Alteração da política de preços como um todo – por exemplo, reajustes de preços ou vedação ao parcelamento – por óbvio vai produzir impactos sobre cada um dos representantes, podendo reduzir de forma sensível o volume de vendas, mas não corresponde ao conceito de justa causa porque direcionado a toda a generalidade e não apenas a este ou àquele profissional. A alteração dos procedimentos unicamente em um setor geográfico envolve, ademais, uma quebra de isonomia incompatível com as relações de trabalho, cabendo ao representado justificar por que motivo uma zona era tratada com maior severidade do que a outra – por abundância de clientes, por maior índice de inadimplência e o mais.

A rescisão por justa causa contemplada na alínea *d* do art. 36 tem caráter mais objetivo, pois se dirige ao atraso no pagamento das comissões. Não se chega à minúcia de estipular quanto tempo de atraso deve ser considerado suficiente para a configuração da justa causa empresarial, mas, assim como anteriormente comentado sobre a necessidade de interpretação restritiva às causas de ruptura contratual, também aqui deve prevalecer a noção de negligência reiterada do representado. Mero atraso ocasional, de pequena dimensão, não será o bastante para a configuração da falta grave autorizadora do rompimento. Atrasos contumazes, sim.

Sobre o tema da força maior, são válidas as explicações acima apresentadas quanto ao art. 35, ou seja, não se deve alargar excessivamente o conceito nem considerar como força maior, capaz de validar a justa causa, a série de eventos que se abatem sobre a vida do trabalhador e torna inviável o prosseguimento da relação, como uma enfermidade, o furto de um veículo ou a execução de uma dívida vultosa. São problemas sérios mas que não podem ser opostos à parte contrária como forma de rompimento motivado do contrato, assim como já se falou que o representado não deve invocar força maior em casos como a interdição do estabelecimento pela vigilância sanitária ou a restrição de crédito bancário. Para fins da Lei nº 4.886/1965, a onerosidade excessiva e a alteração das premissas sobre as quais se assentava o contrato são mais apropriadas como manifestação de força maior.

Uma vez compreendidas as formas de justa causa para rescisão do contrato de representação comercial, pergunta-se quais são as conseqüência daí advindas.

Em se tratando de rescisão sem justa causa, o representante comercial autônomo tem direito de receber a indenização do art. 27, *j*, que equivale a um mês de remuneração por ano de serviço – ou 1/12 do "total da retribuição auferida durante o tempo em que exerceu a representação" – bem como o aviso prévio de trinta dias ou seu valor equivalente em pecúnia, na forma do art. 34 da mesma lei. Numa regra de transição hoje já sem muito sentido prático, o art. 40, parágrafo único, da Lei nº 4.886/1965, limitou a cinco anos o período máximo de cálculo da indenização para os contratos colhidos de surpresa pela entrada em vigor da lei naquele ano de 1965.

Incorrendo na justa causa, o representante perde o direito à indenização e ao aviso prévio indenizado.

Por sua vez, o representante deve conceder o prévio aviso de sua decisão de se desligar da empresa, mas não lhe deve nenhum tipo de indenização pela ruptura por se tratar possivelmente da parte mais fraca a denunciar o contrato em relação à parte mais forte. A lei apenas fez a advertência de que o aviso prévio é devido por qualquer das duas partes, ficando a outra credora do valor em dinheiro "de um terço das comissões auferidas nos três meses anteriores", em qualquer hipótese, conforme art. 34. Por sua vez, o art. 37 autoriza a retenção dos valores sobre as comissões pendentes, mas apenas na situação de justa causa.

O art. 39 fala em **competência da Justiça Comum** para dirimir as controvérsias em torno da representação comercial autônoma. Porém, quem fixa a competência é a pretensão inicial, de tal sorte que o pedido de declaração do desvirtuamento da representação autônoma e conseqüente anotação na Carteira de Trabalho da relação de emprego camuflada sempre foi direcionado para a Justiça do Trabalho, mesmo em 1965, por ser a única competente para aferir a existência ou não do contrato de trabalho. Mesmo que houvesse acordo em Juízo para pôr fim ao litígio, pronúncia de prescrição total ou, ainda, rejeição dos pedidos, cabia à Justiça do Trabalho a apreciação do caso submetido sob o fundamento da existência de um contrato de trabalho.

Surgem algumas constatações curiosas sobre a competência em razão da matéria na lide do representante comercial autônomo:

- se o representante comercial autônomo não postulasse a declaração da relação de emprego e objetivasse apenas dirimir questão atinente à própria Lei nº 4.886/1965, como redução de comissões ou inadimplemento do representado, a Justiça Comum deveria apreciar e julgar sua pretensão sob a fluência do **rito sumário**, independente do valor da causa. Não se tratava de norma expressa do art. 275 do Código de Processo Civil, mas de imposição da Lei nº 4.886/1965, pela nova redação da Lei nº 8.420/1992, como uma prerrogativa conferida ao representante.
- Dentro deste cenário de aplicação do rito abreviado, nada impede que a demanda seja atribuída ao **Juizado Especial Cível**, contemplado pela Lei nº 9.099/1995, que admite causas de até quarenta salários mínimos envolvendo pessoa física.
- Alterando-se a regra básica de a **competência territorial** recair sobre o foro de domicílio do réu, que norteia o Código de Processo Civil, o art. 39 da Lei nº 4.886/1965 fixou a competência no foro de domicílio do representante, seja ele autor ou réu da demanda, evidenciando uma proteção à parte supostamente mais vulnerável da relação. Não se cogitou, todavia, usar o critério trabalhista de foro do local da prestação dos serviços como uma solução intermediária preconizada pelo art. 651 da CLT.
- Passada uma década, com a promulgação da **Emenda Constitucional nº 45**, de 8 de dezembro de 2004, é possível sustentar que o art. 39 da Lei nº 4.886/1965 deixou de ser recepcionado pela nova redação dada ao art. 114, I, da Constituição Federal de 1988, haja vista a substituição da palavra empregador – o que significava uma limitação da competência material trabalhista apenas às relações de emprego propriamente ditas – pela expressão "relação de trabalho" – o que dá ensejo à admissão de toda e qualquer controvérsia laboral perante a Justiça do Trabalho, servindo como exemplo o representante comercial autônomo. Há acirrada

controvérsia sobre a matéria. De um lado, argumenta-se que a Justiça do Trabalho sairá desconfigurada se admitir toda questão laboral, inclusive relações de consumo e atividades empresariais; de outro lado, acredita-se que a especialização envolve também o trato com as matérias análogas ao cotidiano de um empregado. Nesse passo, uma solução harmônica passa pela admissão das questões trabalhistas mais próximas da relação de emprego, em que haja ao menos um grau de subordinação moderada, de pessoalidade média e de habitualidade razoável, para que, de certa forma, o juiz do trabalho seja envolvido por um cenário se não idêntico ao menos parecido com aquele da relação de emprego. O representante comercial autônomo preenche essas três exigências, pois se submete a alguns graus de comando do representado, repete sua atuação com relativa freqüência e tem uma ênfase pessoal em sua prestação de serviços – salvo, claro, se o representante comercial autônomo for também ele uma pessoa jurídica verdadeiramente atuante, como admite o art. 1º da Lei nº 4.886/1965.

- A se admitir a tese do deslocamento da competência para a Justiça do Trabalho posteriormente à Emenda Constitucional nº 45, dentro do conceito de subordinação moderada do representante comercial autônomo, abre-se a possibilidade de um **pedido sucessivo formulado pela petição inicial**: descaracterização do contrato de representação comercial com a declaração de uma relação de emprego e o deferimento das vantagens da CLT, mas, caso isso não seja aceito, postulam-se as indenizações atinentes à Lei nº 4.886/1965 – sem que isso seja considerado conflitante ou imoral.
- A orientação do Tribunal Superior do Trabalho é no sentido de que, em se aceitando a competência material sobre relações não empregatícias – as famosas "novas competências" – o julgador siga a **aplicação do Código de Processo Civil**, deixando o acervo de peculiaridades trabalhistas apenas para os empregados e os empregadores, como a capacidade postulatória, a reclamação verbal e o impulso oficial. Para o representante comercial autônomo, serão exigidas as formalidades do processo civil, como a petição inicial sob a forma do art. 282 do Código de Processo Civil e não sob a simplicidade do art. 840 e assim por diante. Não se trata de uma diferenciação fácil de ser feita no calor do cotidiano, mas uma busca recomendada pelo Tribunal Superior do Trabalho. No caso da competência territorial, aliás, havendo a regra própria já mencionada

de foro do local do domicílio do representante, ela há de ser seguida em detrimento do art. 651 da CLT.

Em seu desfecho, a Lei nº 4.886/1965 oferece ainda mais um exemplo de grande aproximação entre a realidade do representante comercial autônomo e aquela dos empregados regidos pela CLT, a saber, a prioridade no pagamento das parcelas em caso de falência do representado ou do empregador. Tanto as comissões pendentes como a indenização do art. 27 e o aviso prévio indenizado assumirão a "**mesma natureza dos créditos trabalhistas**" na ordem de credores, consoante art. 44. Logo, submetem-se igualmente à limitação a 150 salários mínimos imposta pelo art. 83 da Nova Lei de Falência – Lei nº 11.101/2005.

Não se faz necessário abrir o Código Civil de 1916 ou de 2002 para conhecer o **prazo prescricional** incidente sobre a pretensão das partes em contrato de representação autônoma, pois a lei especial trouxe também um prazo especial, de cinco anos, conforme art. 44, parágrafo único. Se em 1965 esse prazo fazia inveja aos empregados, que tinham apenas dois anos pela CLT, na vigência ou depois de encerrado o contrato de trabalho, hoje a situação está mais acomodada, pois o art. 7º, XXIX, da Constituição Federal de 1988, também fixou em cinco anos o prazo para a pretensão trabalhista. Ocorre, porém, que o representante comercial autônomo continua em vantagem quando o assunto é a fixação do prazo depois de já encerrada a prestação de serviços.

Enquanto o empregado dispõe de apenas dois anos após a cessação da relação de emprego, o representante comercial autônomo continua a desfrutar de cinco anos. Contanto que não peça o desvirtuamento da representação e a anotação de contrato de trabalho, pois aí estaremos diante de uma pretensão trabalhista, pode, sim, ajuizar a ação após três, quatro ou cinco anos, se pretender reivindicar apenas diferenças das comissões, da indenização ou do aviso prévio indenizado, por exemplo. Assim como se afirmou quanto à competência, também aqui é a pretensão que fixa a prescrição. Pretensões trabalhistas têm prazo de dois anos após a rescisão do contrato de trabalho, na forma do art. 7º, XXIX, da Constituição Federal de 1988, enquanto pretensões comerciais, do tipo da Lei nº 4.886/1965, têm prazo único de cinco anos, dentro ou fora do período de trabalho.

Diante de tudo o que acima constou, podemos elaborar **o seguinte quadro comparativo** entre o vendedor empregado e o representante comercial autônomo, com o propósito de demonstrar o quanto a lei procurou aproximar este daquele, reforçando a tese manifestada neste livro sobre a intensidade moderada de subordinação, pessoalidade e habitualidade que vicejam também na atividade dita autônoma.

Regras similares válidas para o vendedor empregado e representante comercial autônomo:

- Direito a uma indenização em caso de rescisão injustificada por parte do empregador ou tomador dos serviços, em valor equivalente a uma remuneração por ano de contrato.
- Contrato preferencialmente por prazo indeterminado, com regras parecidas de conversão dos contratos por prazo determinado.
- Vedação a concessões de abatimentos ou dilações sobre preços e condições de pagamento.
- Garantia de comissões sobre vendas realizadas em zona exclusiva, se pactuadas.
- Data máxima para recebimento dos haveres no mês subseqüente ao da prestação dos serviços – quinto dia útil para empregados e dia 15 para autônomos.
- Direito de receber e dever de conceder aviso prévio de rompimento do contrato.
- Conversão do aviso prévio não concedido em aviso prévio indenizado.
- Aplicação do conceito de justa causa para a rescisão contratual livre de encargos.
- Prioridade no recebimento dos valores pendentes em Juízo Universal da Massa Falida.

Regras curiosamente mais protetivas ao representante comercial autônomo do que ao empregado:

- Periodicidade mensal para o recebimento das comissões, nunca trimestralmente, como pode ocorrer com o empregado.
- Vencimento antecipado das comissões pendentes em caso de rescisão contratual e não o vencimento ao longo dos meses seguintes.
- Regra expressa exigindo que os percentuais das comissões incidam sobre o valor bruto da transação e não sobre valores líquidos ou valores fracionados.
- Aplicação do rito sumário do Código de Processo Civil, independentemente do valor da causa, a se manter o entendimento da competência da Justiça Comum.
- Fixação da competência territorial pelo local do domicílio do trabalhador e não pelo local da prestação dos serviços.
- Prazo prescricional de cinco anos para qualquer pretensão, mesmo depois de expirado o contrato, sem se falar em limite de dois anos.

Regras desfavoráveis ao representante comercial autônomo:

- Estorno de comissões não apenas em caso de insolvência do comprador, mas também nos casos de desistência da compra ou de situação comercial comprometedora ou duvidosa, a critério do representado.
- Inexistência de vantagens adicionais asseguradas pela lei trabalhista, como décimo terceiro salário, férias e hora extraordinária. (Note-se, porém, que o empregador pode facilmente anular os supostos benefícios, fixando um padrão salarial baixo ou mesmo aplicando o art. 62, I, da CLT, que afasta o direito às horas suplementares para os empregados em atividades externas não controladas.)
- Inexistência de bonificação mesmo em caso de exercício de funções de inspeção e fiscalização, como o adicional de 10% previsto ao vendedor empregado.

Capítulo 4

Outras formas de subordinação moderada

No capítulo anterior foram destacados alguns contratos, civis ou comerciais, em que a subordinação a normas e procedimentos de uma parte em relação a outra encontra espaço moderado de atuação. O objetivo foi chamar a atenção para o fato de que o contrato de trabalho não é a única avença a envolver o submetimento do trabalhador em relação ao beneficiário dos serviços nem detém a exclusividade da sujeição de um dos personagens abrangidos pela relação. Também no mandato, na gestão de negócios, na agência, na distribuição e no caso do representante comercial autônomo vicejam diversos elementos conformadores da subordinação, em maior ou menor escala, o que produz impactos variados, especialmente a formação de uma zona cinzenta de alegação de relação de emprego camuflada sob outras roupagens.

Além disso, desde a Emenda Constitucional nº 45, de 8 de dezembro de 2004, o tema da prestação de serviço sob outras formas que não a relação de emprego clássica voltou ao centro das discussões a propósito da alteração ou não da competência da Justiça do Trabalho a fim de alcançar 100% das atividades laborais humanas – um possível exagero dado o desvirtuamento que provocaria sobre a organização do Poder Judiciário e sobre a especialização da esfera trabalhista – ou a fim de alcaçar a parcela de trabalhadores em regiões próximas ao espectro dos empregados – isto é, algum planeta localizado entre a independência plena de atuação e a subordinação em sua dimensão máxima ou mais intensa, que este Curso denomina subordinação moderada.

Diante da relevância do tema da subordinação moderada, propomos agora a análise não mais de contratos civis ou comerciais assim caracterizados, mas de profissões e ocupações normalmente associadas a alguma forma de autonomia, conquanto parcial.

Em primeiro lugar, abordemos as profissões que supostamente podem ser desenvolvidas com menor intensidade de subordinação, representadas pelos chamados profissionais liberais, como o médico, o dentista e o advogado, assim como pelos professores, educadores e profissionais do ramo da tecnologia de informações ou ciência da computação.

Em segundo lugar, enfoquemos o que o legislador já produziu de acervo a respeito do tema, analisando sete leis ordinárias que tentaram, de alguma forma, sistematizar o confuso espaço de vivência entre a lei trabalhista e o vácuo legal – a saber, a Lei nº 6.094/1974 sobre os taxistas, a Lei nº 6.494/1977 sobre os estagiários, a Lei nº 8.949/1994 sobre os cooperados, a Lei nº 9.608/1998 sobre o voluntariado, a Lei nº 9.615/1998 no tocante ao atleta não profissional, a Lei nº 11.196/2005 no que diz respeito ao trabalho intelectual e a Lei nº 11.442/2007 a propósito do transportador de cargas.

De plano, advirta-se que nenhum dos casos acima mencionados, profissionais liberais, técnicos e ocupações enfocadas pelo legislador, receberá presunção absoluta nem de vínculo de emprego nem de ausência de vínculo de emprego. É necessária muita ingenuidade para acreditar que o legislador possa, num passe de mágica, dizer onde aflora e onde não aflora um contrato de trabalho. Sempre que se ler, portanto, a expressão "não haverá relação de emprego" ou "não formando vínculo de emprego", deve-se interpretar o dispositivo como sendo "em princípio, não haverá relação de emprego" ou "em tese, não formando vínculo de emprego".

Justifica-se a advertência porque o direito do trabalho não se sensibiliza com cláusula contratual ou disposição legal tendente a abolir a formação de uma relação de emprego, sempre que surgirem os elementos configuradores ou definidores desse tipo de contrato. Cuida-se de um ramo de direito privado, mas com forte ingerência estatal, a fim de promover e assegurar a dignidade do trabalhador e a devida retribuição pela energia humana empreendida, independentemente da intenção original das partes ou de eventual desvirtuamento daquilo que inicialmente se concebeu. Raríssimas são as exceções, no mundo do direito do trabalho, de atividades laborais que, mesmo preenchendo as exigências da subordinação jurídica, da habitualidade, da pessoalidade e da onerosidade, ficarão alijadas da proteção trabalhista, mesmo que comprovada a fraude ou que demonstrada a má índole do empregador.

Servem como exemplos o contrato de trabalho voltado para a atividade ilícita, como o tráfico de armas ou de entorpecentes, ou, ainda, o contrato de trabalho com a Administração Pública, desprovido de concurso público de ingresso à carreira, na forma do art. 37 da Constituição Federal de 1988. Note-se que, mesmo havendo jurisprudência maciça no Tribunal Superior do Trabalho e no Supremo Tribunal Federal em torno da invalidade desses contratos de trabalho anacrônicos, ainda assim se mantém viva a resistência de parte expressiva da doutrina e da jurisprudência, invocando os princípios do direito do trabalho como forma de se tentar corroborar o contrato de trabalho voltado para o crime, para a contravenção ou contra o espírito do direito administrativo.

Logo, labora em erro quem acreditar que a afirmação do legislador contrária à formação de um contrato de trabalho entre o cooperado e a cooperativa ou entre o estagiário e o escritório de advocacia tenha representado uma presunção absoluta de negativa de vínculo de emprego. Corresponde, repita-se, a uma presunção relativa, que, aliás, nem ao menos precisava figurar em texto expresso de lei, pois sempre relativa será a presunção. Em o trabalhador conseguindo produzir provas em sentido contrário aos documentos apresentados pelo demandado, ou seja, provas do desvirtuamento da relação de estágio ou de cooperação, impor-se-á a declaração da relação de emprego. Mal comparando, é como se a lei tivesse sido redigida pelo Conselheiro Acácio, direto das páginas de Eça de Queiroz para o Brasil do século XXI, a dizer: "não haverá relação de emprego, salvo se houver relação de emprego".

Posta essa premissa, entenda-se por que **os médicos e os dentistas** sofrem tanta resistência no mercado de trabalho a serem admitidos como empregados.

Normalmente, não haverá subordinação técnica desses profissionais em relação às clínicas, hospitais e casas de saúde que os contratam, pois eles dispõem de independência intelectual e científica, até mesmo pela ética de suas profissões. A esse fator se soma a não-subordinação econômica, quando analisado o tema sob o prisma de apenas um tomador de serviços, pois essas profissões se tornaram marcadas pela multiplicidade de locais de prestação de serviços. Cuida-se de aplicação prática de usos e costumes, pois normalmente esses bacharéis atuam em plantões de uma ou duas vezes por semana, a fim de que sua especialidade seja oferecida para o público daquela instituição, em regime de rodízio. Daí surgirem os três, quatro ou cinco contratos de trabalho de um mesmo médico com diferentes entidades.

Ocorre, porém, que os aspectos de subordinação técnica e de subordinação econômica não são decisivos para a configuração de uma relação de emprego, como já esclarecido em capítulo anterior, de tal sorte que a relação de emprego pode tranqüilamente se aperfeiçoar, ainda que o profissional desfrute independência técnica ou econômica. O que prevalece é, como sempre, a subordinação jurídica, e, assim sendo, o médico pode ser empregado do hospital e o dentista pode ser empregado da clínica tão logo se verifiquem elementos mais intensos de subordinação – sujeição a horários, controle do agendamento dos pacientes por parte da instituição, quantidade mínima e máxima de atendimentos por dia ou por plantão, uso de instrumental próprio do tomador de serviços, como os equipamentos da profissão e as instalações físicas.

Ao revés, afasta-se da relação de emprego o profissional que eventualmente dispuser de liberdade de horário, desde que preste o serviço, possa acrescer ou recusar consultas, manipule a agenda a seu critério, tenha liberdade de se fazer substituir por terceiros, leve seus próprios instrumentos de trabalho de maneira geral – não apenas um estetoscópio, claro está – até mesmo atenda em seu próprio consultório os pacientes enviados pelas instituições e assim por diante.

Embora não seja o assunto mais relevante, a forma de remuneração pode igualmente ajudar na definição da relação de emprego, pois os salários fixos, independentemente do número de plantões do mês ou do número de atendimentos efetivados, costumam marcar mais a relação de emprego do que as formas variáveis de remuneração, como o pagamento por consulta, por metas ou por produtividade. Representa mera presunção relativa.

Em suma, a medicina e a odontologia são profissões similares a diversas outras em suas vantagens e penosidades, não se justificando que liminarmente se afaste a noção de contrato de trabalho sob um suposto argumento de independência de atuação. A única justificativa plausível para tantos médicos e dentistas laborarem à margem da legislação social é realmente a força dos costumes nas relações de trabalho, porque o tema, analisado detidamente, não oferece maior dificuldade. Tanto isso é verdade que a Lei nº 3.999/1961, analisada no volume 2 deste Curso em conjunto com o tema da hora extraordinária e do adicional noturno, regulamenta a profissão do médico empregado e do dentista empregado, sem oferecer qualquer obstáculo a esse liame.

Semelhantes ambigüidades marcam atividade do **professor e do educador** de maneira geral.

Também sobre essas profissões pende um vago senso comum de que não existe submissão ao menos do ponto de vista teórico e acadêmico. Se essa premissa já se mostra frágil perante os trabalhadores de maneira geral e não encontrou sustentação nem mesmo perante os profissionais médicos e dentistas, por muito mais motivo deve ser afastada no caso dos professores, que não apenas estão sujeitos a horários, organização e métodos da instituição educacional, como também via de regra se sujeitam, sim, às diretrizes locais.

Por exemplo, um professor de língua portuguesa que queira imprimir um ritmo dinâmico ou alternativo em sua disciplina terá de se encaixar no método apostilado de determinada escola, seguir o fluxo do calendário escolar ou, eventualmente, acatar a filosofia confessional ou laica de certas agremiações. A suposta liberdade de atuação do professor reside num pequeno espaço de manobra, próprio de cada ser humano, mas insuficiente para a configuração de uma autonomia ou independência de execução de atividade profissional.

Outra afirmação muito difundida mas pouco razoável em torno do professor diz respeito a sua capacidade de recusar aulas ou de trocar de horários, aspectos que, se confirmados fossem, poderiam realmente mitigar a subordinação dele para com a escola. No entanto, são muito raros os casos em que o professor está efetivamente em condições de declinar ou escolher aulas e turmas. Normalmente, o cursos são de trato sucessivo, ou seja, as aulas se repetem com freqüência semanal, quinzenal ou mensal, o que é o bastante para a configuração da relação de emprego, que prescinde de repetição cotidiana, conforme se afirmará no capítulo que cuida do quesito habitualidade.

Ainda assim, a força dos costumes tem imposto severas restrições aos professores quanto ao acesso ao registro profissional, sendo bastante comum encontrarmos vastos segmentos dessa profissão a conviverem com figuras contratuais de autônomos, eventuais ou até mesmo cooperados, como se fosse possível o trabalho subordinado e cooperado ao mesmo tempo. Pior ainda se a escola não compuser a grade obrigatória de ensino fundamental, médio ou superior. Os chamados "cursos livres" e as atividades extracurriculares, que objetivam desenvolver habilidades motoras, perceptivas, lingüísticas e similares, em crianças, adolescentes ou adultos, tendem a apresentar panoramas ainda mais precários de tratamento da legislação trabalhista.

Um dos argumentos utilizados pelas escolas de cursos livres é o caráter efêmero dos grupos e o breve período de duração de um módulo de idioma, de informática, de esportes ou de condução de veículos, por exemplo. Porém, a subordinação segue intacta mesmo para as atividades de curta duração e, ademais, não é a presença do aluno que define a habitualidade da prestação dos serviços, mas a presença do trabalhador, ou seja, pode haver sucessão de turmas ou fusão de classes que, mesmo assim, o trabalhador que ali permanece é empregado. Há grande descompasso entre a legislação trabalhista e os cursos livres, em parte por desconhecimento, em parte por malícia e, de toda sorte, sob a influência de falsas premissas que custam a desaparecer.

Não se negam as dificuldades de um pequeno estabelecimento suportar firmemente as oscilações dos humores do mercado ou a sazonalidade – por exemplo, os cursos ficam esvaziados em dezembro e janeiro, o que é notório, mas as contas a pagar comparecem – mas isso não pode servir de tese inovadora para alterar o conceito de contrato de trabalho. A legislação está plena de figuras trabalhistas flexíveis para o caso de ociosidade parcial do empregado, como o contrato de trabalho por tempo parcial, a suspensão temporária para requalificação, o banco de horas (mais atividades no período de pico, menos atividade no período de baixa) e outras particularidades a serem prestigiadas em detrimento da manutenção de trabalhadores clandestinos dentro dos quadros profissionais.

Por falar em curso de informática, os nossos e costumes também estão por trás das aflições vividas pelos **profissionais da informática**.

O fundamento dessa enorme resistência em registrar o contrato de trabalho do técnico de informática – seja ele programador ou artífice de programas, discos flexíveis, discos rígidos, memórias ou simplesmente um prático – passa novamente pela noção inverídica de que eles são marcados pela independência da atuação, dada uma possível liberdade técnica, ou, ainda, que as atividades são fugazes ou de breve duração. Neste ramo empresarial, existe até mesmo um jargão, um tanto pejorativo, que diz que os empregados da informática não têm trabalho. Têm projetos. Quando o projeto acaba, cessa a prestação de serviços supostamente autônomos.

A própria palavra projeto está a escamotear o desejo de que todo contrato seja de prazo determinado e curto. A CLT já resolveu esse tema faz mais de seis décadas, afirmando que, se a atividade for de curta duração, os serviços forem especificados e ou a própria empresa tiver data para dissolução, podem-se usar os contratos de trabalho por prazo determinado, elencados no art. 443 da CLT, sendo o mais conhecido aquele voltado para a experiência do empregado no meio empresarial. Mas isso nada tem que ver com o conceito de subordinação. O emprego de curta duração tem tanta ou mais subordinação do que o emprego de longa duração ou de prazo indeterminado.

Outras expressões que a linguagem culta do direito do trabalho deve evitar: colaborador, parceiro, prestador, contratado, camarada, funcionário, chapa.

Como bem sabe o operador do direito, o nome nunca foi importante para a configuração de uma relação de emprego. Ou o trabalhador é empregado, porque preenche as exigências da subordinação até a habitualidade, ou o trabalhador é autônomo, eventual ou avulso. Não existe meio termo e, ainda que existisse o meio empregado, não é pelo uso de expressões escorregadias que o empregador conseguirá driblar sua responsabilidade. Daí a situação constrangedora de se ouvir, pelas caixas de som de um supermercado, o chamado para que o "colaborador" da limpeza compareça ao setor de mercearia para enxugar a água derramada. Será que o supermercado realmente acredita que, ao chamar seu empregado de "colaborador" ou de "parceiro", conseguirá convencer alguém de que o faxineiro é... autônomo?

Concluída essa abordagem preliminar em torno de profissões que padecem dos males dos usos e costumes deturpados, enfoquemos, a título de exemplo, as sete leis que procuraram regulamentar, com vícios e virtudes, profissões conhecidas pela subordinação em grau moderado ou médio.

A **Lei nº 6.094, de 30 de agosto de 1974**, dispõe sobre **o taxista e o ajudante do taxista**. Muitos podem não saber, mas veículos de praça existem que percorrem 400 ou 500 quilômetros por dia, apenas dentro dos limites da cidade, sem falar nas corridas para litoral, interior e outros estados, permanecendo em uso 18 horas por dia. Como ao ser humano não é dado suportar cargas muito intensas de atividade contínua, muito menos numa área que clama por perícia e atenção permanente ao volante, é comum o profissional taxista, em dia com suas obrigações e detentor do alvará municipal, delegar o volante para algum conhecido ou parente.

Esse ajuste é válido e bem deveria ser deixado ao livre acerto entre as partes.

Se quiserem, podem, sim, firmar um contrato de trabalho, em que o ajudante passa a ter horário aproximado, remuneração fixa e algumas condições impostas pelo proprietário do veículo. Porém, a Lei nº 6.094 incentiva a contratação pela via autônoma, provavelmente supondo que as partes vão rachar não apenas os lucros mas também os prejuízos e que os ajudantes vão concorrer para os custos da atividade, como o combustível, a manutenção e os encargos tributários. Se tudo isso acontecer, é muito provável que realmente inexiste relação de emprego, mas a lei não estava autorizada a estatuir que "não haverá qualquer vínculo empregatício nesse regime de trabalho", consoante art. 1º, § 2º, porque assim procedendo dá a ilusão ao taxista proprietário de que qualquer situação estará acobertada pelo manto da lei. Não estará.

Curiosamente, a lei limitou a apenas dois os ajudantes, num raro caso de cota às avessas – imagine-se: limitar o número de pessoas a serem contratadas para aquela função, mesmo que o empregador queira mais e possa arcar com mais despesas. Talvez se possa sustentar, porém, que na existência de três ajudantes, o taxista proprietário perdeu os benefícios da Lei nº 6.094/1974 e terá de registrar os três contratos de trabalho, mas é certamente mais simples analisar se cada um deles detinha ou não autonomia no desenvolvimento das funções ou eventualmente assumia os prejuízos como um pequeno empreendedor.

Três décadas depois, promulgou-se lei mais genérica, sobre o **Transportador de Cargas Autônomo**, que vem sendo chamado de TCA, em situação muito parecida com aquela acima tratada, mas devotada unicamente a cargas e não a passageiros, tolerante da presença de mais de um veículo simultaneamente de propriedade da mesma pessoa física, dentre outras pecularidades. Trata-se da Lei nº 11.442, de 5 de janeiro de 2007. Segundo o art. 5º da Lei nº 11.442/2007, as relações entre o transportador autônomo e a empresa de transporte são sempre de natureza comercial e não ensejam a caracterização de vínculo de emprego. Contanto que não se afaste das diretrizes preconizadas por referida lei, inclusive com o compartilhamento das responsabilidades civis, dos custos operacionais e demais encargos, a afirmação é verdadeira e as pendências devem ser encaminhadas para a Justiça Comum, com prazo prescricional de apenas um ano (art. 18). Afastando-se, por qualquer motivo, dos estreitos limites da norma, é razoável a aspiração à declaração da relação de emprego, sendo essa pretensão remetida à Justiça do Trabalho.

Entre o motorista autônomo de transporte de cargas e passageiros de 1974 e o transportador autônomo de cargas de 2007, cabe aqui uma consideração a respeito da **situação dos motoristas de frotas**. Trata-se de um dos cenários mais complexos do direito do trabalho.

De um lado, assentam-se em posições muito confortáveis as prefeituras municipais, que não hesitam em conceder mais e mais alvarás para grandes empresas, detentoras de dezenas ou de centenas de veículos, que em algum momento vão precisar de seres humanos para serem conduzidos. De outro lado, aguardam em longas filas os motoristas, com suas respectivas carteiras de habilitação, ávidos por um trabalho e uma renda.

Caso os alvarás houvessem sido concedidos diretamente às pessoas físicas, proprietárias de veículos, a situação seria menos complexa, porque cada qual responde por seu próprio carro, nem ao menos havendo dúvida sobre sua autonomia. A única dúvida que poderia surgir estava justamente em eventuais auxiliares, na forma acima mencionada pela Lei nº 6.094/1974.

No entanto, como a autorização para o funcionamento do táxi está nas mãos das pessoas jurídicas, que não podem nem por encanto dirigir os automóveis, surge a tensão anunciada do difícil relacionamento entre a frota e o motorista autônomo.

As empresas se cercam de diversas garantias e cautelas que realmente inibem a declaração de uma relação de emprego. Por exemplo, cobram diárias fixas pela "locação" do veículo – no caso, locação do veículo devidamente autorizado a rodar como táxi, entenda-se bem – recaindo sobre o motorista os riscos de sua pequena atividade econômica, porque, caso não arrecade com as corridas valor suficiente para arcar com as diárias, terão de assumir o prejuízo. Ademais, correm por conta do motorista as despesas com combustível e manutenção do veículo em caso de avaria. Não dispõem de roteiros predefinidos nem de ponto de táxi em que possam permanecer. Não há horários nem outras exigências a serem cumpridas. As diárias podem ser pactuadas para pagamento antecipado ou de forma diária, semanal ou mensal. A frota pode ou não exigir uma vistoria periódica para ver se o veículo está em boas condições, evitando deixar tudo para o momento da devolução. Esses elementos configurariam uma relação de emprego?

É muito pouco para falar em subordinação jurídica no sentido trabalhista da expressão, pois se encontram as exigências muito mais no plano da prestação de contas de qualquer mandatário ou, no caso, de qualquer locatário. Não há onerosidade, porque, como abaixo se verá, não há pagamento nenhum da frota para o taxista e muito menos o trabalho por conta e risco da frota, que se limita a assumir os custos indiretos da depreciação dos carros e os encargos como imposto sobre a propriedade do veículo automotor e taxas da municipalidade.

Porém, a ausência de elementos conformadores da relação de emprego, em tese, por óbvio não afasta a profunda incerteza da atividade do trabalhador, sendo muito freqüente o encerramento desse "projeto" com elevadas dívidas do taxista para com a frota, seja porque as diárias não conseguiram ser honradas, seja porque ao término do pagamento das diárias surgiram diversas cobranças de avarias e melhoramentos no veículo, sempre passíveis de serem atribuídas ao "locatário" que estava de posse do bem naqueles dias, digamos assim.

Enquanto o legislador federal ou municipal não as evita, as tensões são crescentes, a falta de comunicação é imensa e o alvará de funcionamento de um táxi se torna um sonho, para muitos inatingível. Conhece-se até mesmo a hostilidade dos taxistas proprietários de seus veículos para com os colegas locatários das frotas, uns acusando os outros de sabotagem e de subserviência. Há algo de errado nessa estrutura, sem que necessariamente se possa chamar o direito do trabalho de vilão da hora.

Estrutura igualmente controvertida pode ser encontrada no **contrato de estágio**, a famosa figura detalhada pela **Lei nº 6.494, de 7 de dezembro de 1977** (o legislador de 1977 estava realmente inspirado, pois num só trimestre resolveu lidar com a espinhosa situação dos taxistas e dos estagiários).

Em tese, o estágio se situa numa região híbrida entre o trabalho e o aprendizado, o que serviria para justificar a privação dos direitos básicos da legislação social à pessoa submetida a esse tipo de treinamento e de transposição da teoria para a prática. Ocorre que em qualquer contexto se mostra muito difícil aferir o momento exato em que a atividade deixou de ser pedagógica e passou a ser deturpada, com aproveitamento da mão-de-obra barata e submissa, para realização de serviços burocráticos que nada têm que ver com a grade curricular de ensino.

Extraem-se da Lei nº 6.494/1977 as seguintes constatações:

1. podem aceitar estagiários todas as pessoas jurídicas de direito público e privado, mas é comum a jurisprudência tolerar que também a pessoa física, como o profissional liberal, contrate estagiários.
2. Os estagiários deveriam freqüentar algum curso de nível superior, o que se mostra mais em harmonia com o propósito da educação complementar àquele ofício. Todavia, a Lei nº 8.859/1994 autorizou o estágio para o aluno de ensino médio profissionalizante – um precedente perigoso, mas ainda assim compreensível – ao passo que a Medida Provisória nº 2.164-41, de 2001, banalizou o estágio ao aceitar qualquer estudante de ensino médio.
3. A excessiva ampliação das hipóteses de estágio torna difícil o controle efetivo, pelo Judiciário ou pelos órgãos de fiscalização, sobre a correspondência entre o conteúdo do calendário escolar e as lições colhidas no trabalho. Por exemplo, como o ensino médio tem uma grade curricular muito ampla, da matemática à geografia, da língua portuguesa à bioquímica, são encontrados jovens em estágio de empacotador de supermercado, balconista de padaria e estafeta, o que certamente não era a idéia original desse contrato.
4. Obrigatória se faz a forma escrita na celebração do contrato, chamado de Termo de Compromisso. É o mínimo de garantia que se pode imaginar dentro de um panorama tão precário. O contrato há de ser assinado pelo trabalhador, pelo empresário e pela instituição de ensino. Para evitar a vulgarização do estágio, uma boa medida seria a própria instituição se recusar a assinar documento que valide estágios falsos, sabidamente destinados a ocupações subalternas e discrepantes do ensino realizado. Por óbvio, sofrerá intensa pressão em prol dessa assinatura e ainda terá de arcar com o estigma de instituição insensível aos apelos dos jovens em busca de renda.
5. No art. 4º aparece a inevitável expressão pueril segundo a qual o estágio "não cria vínculo empregatício de qualquer natureza". Nem havia necessi-

dade de mencionar "de qualquer natureza" porque o vínculo empregatício tem uma natureza só, ou seja, um contrato de trabalho subordinado, pessoal e habitual. De toda sorte, valem aqui as mesmas palavras anteriormente referidas quanto à importância prática desse tipo de advertência do legislador: cuida-se meramente de presunção relativa, de modo que o trabalhador pode a qualquer tempo comprovar a deturpação do estágio e a configuração dos elementos definidores do contrato de trabalho. Não haverá vínculo de emprego, salvo se houver vínculo de emprego.

6. Realça a legislação que, apesar da inexistência de contrato de trabalho, o estagiário está autorizado a receber uma bolsa de estudos e mais alguma ajuda financeira, se a empresa a tanto se dispuser. Não há direito assegurado, todavia. O estagiário "poderá receber". Criou-se, assim, a esdrúxula situação de um trabalho humano ser prestado sem direito garantido a nenhuma contraprestação. Nenhuma. Nem gastos com deslocamento e alimentação. A única exigência da lei diz respeito a um incompreensível "seguro contra acidentes pessoais". A legislação de maneira geral pouco se preocupa com a existência de seguro contra acidentes pessoais, estipulado pelo empregador em prol do empregado junto a uma seguradora particular. Normalmente remete a discussão para o INSS, em caso de algum sinistro que se abata sobre o empregado. Aqui, porém, em meio a tantos itens que poderiam ter sido estendidos ao estagiário, o único direito assegurado foi o seguro em caso de infortúnio no curso do estágio. Há quem considere essa norma premonitória, pois o trabalho será prestado em condições tão penosas e privado de tantos direitos sociais que o índice de acidentes de trabalho talvez justifique a preocupação do legislador.

Existe, também, um Regulamento à Lei nº 6.494/1977, correspondente ao **Decreto nº 87.497, de 18 de agosto de 1982**, que, definindo o escopo do estágio como "participação em situações reais de vida e trabalho de seu meio", presta os seguintes esclarecimentos:

- vale estágio também para o chamado ensino supletivo;
- é inválido convencionar estágio inferior a um semestre letivo, pela evidente deturpação;
- é válido que, além da bolsa ao estagiário, a empresa repasse recursos para a instituição financeira, se assim avençarem as partes;
- o estágio abrange estudantes brasileiros e estrangeiros que aqui se encontrem;

- o estágio é vedado ao menor aprendiz, que dispõe de legislação própria – a própria CLT, no caso –, garantidora dos direitos trabalhistas, sendo incompatível a sobreposição de perfis;
- admite-se a existência de serviços de "agentes de integração", públicos ou privados, para o fim de identificação de vagas de estágio, facilitação da aproximação das partes, cadastro dos estudantes e co-participação no esforço;
- os "agentes de integração" não podem jamais representar comércio de mão-de-obra barata, sendo proibida a cobrança de taxas dos estudantes e sendo indispensável que o Termo de Compromisso continue a ter a anuência expressa das três partes envolvidas – jovem, empresa e instituição de ensino;
- com a presença do "agente de integração", o contrato de estágio deixa de ter três assinaturas e passa a ter quatro.

A propósito da advertência do Decreto nº 87.497/1982, no sentido de que o estágio não se estende ao menor aprendiz, apresenta-se aqui uma boa solução para inibir o estágio desleal. No lugar de proporcionar uma mão-de-obra tão barata como a do estagiário, que não detém direito nem mesmo ao salário mínimo ou à remuneração superior para o trabalho noturno, poderia o legislador estipular um contrato de trabalho padrão para a atividade laboral que envolvesse algum aspecto pedagógico, sem que isso representasse uma depauperação excessiva. Há experiências bem sucedidas em alguns ordenamentos em que uma simples redução de alíquota da previdência social, para empregados de até 18, 21 ou 25 anos, desde que matriculados na rede oficial do ensino público ou privado, potencializou a oportunidade de emprego, renda e aprendizado. Ou seja, nenhuma das duas partes é chamada ao sacrifício, nem ocorre renúncia fiscal dado o incremento expressivo do número de contribuintes.

Quanto mais se banaliza o estágio, menos eficaz ele é.

Sete anos mais tarde, o legislador se ocupou da atividade do **transportador de cargas**, também conhecido por motorista carreteiro, para não se confundir com o taxista, ou por transportador rodovidário de bens. Trata-se da **Lei nº 7.290, de 19 de dezembro de 1984**.

Ao contrário de outras leis minuciosas, a presente norma foi sintética, com não mais do que dez linhas, apenas para negar a formação de vínculo de emprego entre o motorista, normalmente proprietário do caminhão, e a empresa de transporte rodoviário ou com o próprio usuário do serviço. A negativa de vínculo de emprego gera uma presunção relativa de autonomia do prestador de serviços, sujeita, contudo, à produção de provas em sentido contrário, capazes de demonstrar o desvirtuamento da relação e a formação das características fundamentais de um contrato de trabalho, especialmente a subordinação.

A própria Lei nº 7.290/1984 aponta duas exigências para o exercício dessa atividade chamada de autônoma: que o prestador seja proprietário ou coproprietário de um só veículo e que seja cadastrado no órgão de classe. São duas presunções singelas, mas que podem se reverter contra a empresa de transportes rodovidários, se pega de surpresa pelo não-preenchimento das duas exigências. Por exemplo, o contrato foi estipulado com uma pessoa que não tinha a propriedade do veículo – emprestado de parente ou de amigo – ou que não tinha habilitação para condução de cargas e ou de passageiros. Neste caso, a própria lei induz a que se entenda configurada uma relação de emprego simples, pois o panorama se afastou muito da expectativa da norma.

Mas não será apenas nas hipóteses de motorista clandestino ou de caminhão emprestado que o vínculo de emprego advirá. A subordinação poderá ser identificada por um conjunto de indícios que, habitualmente, alcançam:

- fixação de roteiro por parte do tomador ou do cliente, com possibilidade mínima ou nenhuma de alteração por parte do motorista;
- número mínimo de entregas e coletas a serem realizadas no curso do dia ou da semana;
- horário a ser cumprido, não apenas do ponto de vista da jornada como um todo, mas quanto à pontualidade na execução de cada tarefa ao longo do dia;
- obrigatoriedade de prestação de contas excessivamente detalhadas, não apenas aquela prestação básica de qualquer mandatário, gestor de negócios ou prestador autônomo, mas aquela própria dos empregados, com notas de cada despesa, horário de comparecimento aos locais, inclusive com carimbo ou assinatura do cliente ou fornecedor, e manutenção de contato por telefone ou pelos meios eletrônicos em várias vezes durante a jornada;
- pintura da carroceria do caminhão com a logomarca da empresa, seguindo-se ou não a exigência de uso de uniforme e crachá de identificação do motorista como responsável pela empresa contratante;
- fornecimento de ajudantes, para carga e descarga, a expensas da empresa de transporte;
- assunção das despesas de combustível e manutenção do veículo por parte da empresa;

- existência na empresa de motoristas empregados na realização de semelhantes serviços, sem que haja uma distinção razoável que justifique a desigualdade de tratamento;
- ao revés, inexistência de qualquer empregado registrado na empresa de transportes na função de motorista, muito embora o objeto social da empresa seja justamente a condução de cargas, em evidente ferimento ao princípio da razoabilidade, pois nenhuma empresa poderia funcionar sozinha neste caso;
- passado funcional do motorista autônomo como ex-empregado da própria empresa, que, depois de encerrado o contrato de trabalho, é readmitido na qualidade de transportador autônomo, com ou sem solução de continuidade.

Observe-se que os indícios acima, meramente exemplificativos, raramente se bastam de forma isolada, sendo muito improvável que um julgado trabalhista declare a existência de uma relação de emprego com apenas um fundamento, mormente nestes casos tão limítrofes do direito do trabalho. O contrário também é verdadeiro: rara será a decisão que refuta a existência de contrato de trabalho baseando-se apenas numa premissa isolada. Quanto maior a quantidade e a qualidade dos indícios, das presunções e das provas que forem agregadas, tanto maior a chance de se atestar o desvirtuamento da atividade autônoma, nada obstante os esforços da Lei nº 7.290/1984.

Avancemos mais dez anos no tempo para entrar em rota de colisão com a alteração legislativa trabalhista mais controvertida da era de aquário: a inserção, **pela Lei nº 8.949, de 9 de dezembro de 1994**, do **parágrafo único ao art. 442, da CLT**, segundo o qual "qualquer que seja o ramo de atividade da sociedade cooperativa, não existe vínculo empregatício entre ela e seus associados, nem entre eles e os tomadores de serviços daquela". Seriam os **cooperados**, então, seres alienígenas?

A Lei nº 8.949/1994 evidentemente disse menos do que pretendia, pois se omitiu sobre a possibilidade de fraude ou de desvirtuamento da legislação social, e ao mesmo tempo disse mais do que podia, porque penetrou nos corações e mentes de plantão a idéia de uma prestação de serviços subordinada, habitual, onerosa e pessoal livre de encargos e de aborrecimentos como o salário mínimo, as horas extras e a licença-maternidade. Laboram em erro esses corações e mentes.

De plano, deve ser esclarecido que semelhante dispositivo já constava do **art. 90 da Lei nº 5.764, de 16 de dezembro de 1971**, que define a Política Nacional de Cooperativismo, assunto notoriamente relevante para o desenvolvimento da economia e da sociedade brasileira. Como lei própria do setor cooperativista, a Lei nº 5.764/1971 está muito à frente do singelo parágrafo único do art. 442 da CLT, porque advertiu, logo em seu art. 91, que a cooperativa pode também ela contratar trabalhador sob a forma de empregados, o que foi plenamente compreendido em 1971 e muito confundido em 1994. Explica-se.

O cooperativismo se caracteriza pela congregação de esforços de profissionais para a potencialização de seus rendimentos, cada qual entrando com bens ou serviços, como ocorre com a agremiação dos pequenos proprietários de gado leiteiro, na busca de uma remuneração melhor pelo litro do leite produzido e rápido escoamento da produção, e com a união de costureiras, que visam a harmonizar seus produtos e pressionar os tomadores dos serviços a oferecer melhores preços e condições de pagamento. Isso não impede, porém, que essas associações precisem de secretária, recepcionista, almoxarife, advogado, auxiliar de limpeza e de outros profissionais que, sem relação nenhuma com o gado leiteiro ou com a arte da costura e do bordado, disponham-se a trabalhar na entidade. Logo, é natural e altamente esperado que a cooperativa tenha também ela alguns empregados. Apenas as uniões muito pequenas ou em fase embrionária poderão se dar ao luxo de sobreviverem por si sós, cada cooperado auxiliando nas tarefas burocráticas em suas horas vagas.

Daí a perfeição dos arts. 90 e 91, que juntos explicam não ser razoável a ocorrência de vínculo de emprego entre os proprietários do gado leiteiro e das máquinas de costura – pois um seria empregado do outro, digamos assim – ao mesmo tempo que se mostra plenamente razoável a ocorrência da relação de emprego entre o trabalhador e a associação para a qual trabalha.

Esse par de artigos já era o bastante para o tratamento da questão. Aliás, como mostra a própria exposição de motivos do Projeto de Lei nº 3.383/1992, de autoria do deputado federal Pedro Tonelli, do Partido dos Trabalhadores, também a jurisprudência da época já se mostrava consolidada na distinção entre o verdadeiro cooperado, que emprestou parte de sua energia à entidade que posteriormente acionou, e o falso cooperado, que era apenas o empregado de uma agremiação. Se a lei de 1971 era satisfatória e a jurisprudência era segura, a prudência ensina a não se mexer muito na colméia.

Foi assim que uma sucessão de ingenuidade e desconhecimento da matéria levou à aprovação do projeto de lei nas duas casas legislativas, quase sempre por unanimidade nas diversas comissões pelas quais passou, com pareceres de parlamentares insuspeitos de diversos espectros do cenário político, desaguando na formação do malfadado parágrafo único.

Ato contínuo, o oportunismo levou à falsa crença de que, em a lei dispondo que não haverá relação de emprego, nunca poderia haver, mesmo, a relação de emprego, olvidando-se que o direito do trabalho não se sensibiliza com a promessa do legislador quando se deparar com o desvirtuamento da relação original ou, alternativamente, quando se deparar com a conjunção dos elementos configuradores do contrato de trabalho, especialmente a subordinação.

Em sua própria essência já se mostra arriscada a formação de uma cooperativa de auxiliares de limpeza, porque dificilmente se poderia falar na soma de forças para o incremento da profissão ou tampouco no somatório de bens e serviços com os quais cada qual colabora. A subordinação inerente à atividade braçal é tão elevada que fica difícil até mesmo pensar em que consiste uma independência de atuação dos trabalhadores na escolha dos horários, dos procedimentos ou do método de faxina. Diversos outros ofícios, como porteiros e zeladores, auxiliares de enfermagem e manobristas, sofrem igualmente esse obstáculo quase intransponível para se poder sequer começar a discutir a possibilidade de atuação com liberdade e independência de autônomos.

Ser cooperado é ser também trabalhador autônomo. Como já sustentado por este trabalho, ambos manterão intacto algum grau de subordinação às diretrizes da associação a que pertencerem ou às exigências de clientes e fornecedores, porque no ambiente produtivo ninguém é senhor absoluto de seu destino, impondo-se a sujeição a preços, tarifas e formas de pagamento. No entanto, o pecuarista e a costureira cooperados, bem como o verdadeiro representante comercial autônomo e o advogado com atuação independente em seu escritório guardam apenas o grau moderado de submetimento aos requisitos da sociedade e não estão sujeitos às ordens comezinhas de jornada, hora extraordinária, justificativa de atraso e ausência, advertências e suspensões, troca de turnos, uniformes, métodos e procedimentos ditados por terceiros.

Assim sendo, **mitigam a noção de trabalho cooperado**:

- o cumprimento de jornada de trabalho, ainda que flexível;
- o registro de jornada em cartões de ponto, folhas de ponto ou documentos similares, ainda que seja utilizado o eufemismo de "folha de produção", "folha de produtividade" ou "relatório de atividades";
- a existência dos mesmos serviços prestados por empregados registrados, tanto simultaneamente como em época anterior ou posterior, o que macula o princípio da razoabilidade;
- a troca de cooperativas com a manutenção dos mesmos cooperados, no todo ou em parte, em evidente afronta à noção de pessoalidade;

- o recebimento de orientações para a execução dos serviços, pouco importando que as ordens sejam passadas por um "gestor", "líder", "agregado", "colaborador", "gato" ou qualquer outro preciosismo utilizado para denominar o superior hierárquico.

Em contrapartida, **são elementos relevantes para se localizar um cooperativismo sólido**:

- a estreita simbiose entre o cooperado e a cooperativa, usualmente denominada pela doutrina de dupla qualidade de servir à associação e dela se servir ao mesmo tempo;
- o ingresso do cooperado à agremiação, mediante o dispêndio de alguma forma de energia ou comprometimento de bens, como a máquina de costura, o gado leiteiro, os insumos agrícolas, o veículo automotor para transporte de passageiro ou de carga, como participação ativa do interessado;
- a própria razoabilidade encontrada no âmago do direito do trabalho, para saber se a atividade tem condições lógicas ou ao menos teóricas de ser prestada de forma independente e autônoma, o que favorece mais a existência de cooperativa de trabalhos metódicos e artesanais, como marcenaria, ourivesaria, carpintaria, costura, certos segmentos da agricultura e da pecuária, e tanto menos a cooperativa de trabalhos braçais ou aqueles em que a presença física seja indispensável, como a vigilância, a segurança, a limpeza, a enfermagem, a movimentação de carga, a condução do elevador e o professorado;
- a concentração da atividade da cooperativa em apenas um ou dois segmentos, pois é de se esperar que ela seja devotada àquela causa e não à causa alheia; desse modo, quanto mais enxuto o nome da cooperativa, mais chances ela tem de vingar; se o nome da cooperativa abranger, digamos, dez ramos do conhecimento humano é muito provável que ela pereça no caminho – entre uma cooperativa de "plantadores de café, técnicos de informática, vitrinistas de comércio popular e agentes de saúde" e uma cooperativa dos "taxistas da zona norte", a segunda parece mais viável do que a primeira;
- manutenção do grupo por longo prazo de forma estável; a excessiva alteração no nome da cooperativa também depõe contra ela; não vale justificar a mudança sob o fundamento de que foi aproveitada a estrutura anterior, para se trocar o foco passando da informática para a enfermagem numa assembléia, no mínimo, irreverente.

Ao desfecho desse comentário sobre as peripécias do cooperativismo, é curioso observar que algumas entidades não conseguem esconder o propósito de desvirtuamento da relação de emprego. Dado o constrangimento causado pela contratação de empregados efetivamente subordinados sob a falsa roupagem de cooperados autônomos, "convocados para as assembléias" e "informados sobre o sistema da Lei nº 5.764", as cooperativas instituíram uma forma de remuneração toda peculiar. Como não podem falar em horas extras, pagam produtividade com um valor pela hora normal e um valor acrescido coincidentemente de 50% pela hora de produção excedente da oitava diária. Como não se sentem à vontade para falar em férias, instituíram o "recesso", em que a pessoa ganha o valor da "produtividade" acrescida de um terço, por acaso. Em lugar de décimo terceiro salário, fala-se em bonificação de Natal. E assim sucessivamente.

Essa ginástica parece tão trabalhosa que quase não se vê mais a vantagem do capitalista na perpetração da fraude. A situação chegou a tal ponto que algumas grandes empresas, que dispunham de dois ou três mil trabalhadores cooperados, optaram por efetivar como empregados aqueles mais humildes, de baixo nível de escolaridade e destinados a funções braçais, e manter como cooperados apenas os mais ilustrados e providos de ensino superior. Indagadas sobre o motivo pelo qual efetivaram aqueles e não estes, respondem que é tão difícil explicar para o iletrado que ele não vai ter registro em Carteira de Trabalho e "benefícios do sindicato" que sai mais barato registrar a todos e poupar a energia do departamento de pessoal do que manter um plantão de dúvidas.

Se serve de consolo, o cooperado normalmente aufere rendimento, de alguma espécie, ao revés do que acima se comentou quanto ao estagiário, a quem não se assegura rendimento algum, e ao contrário do **voluntariado**, sujeito a outros tipos de desmandos.

Voluntariado não precisaria, em tese, de regulamentação por lei. Ou bem a pessoa se ativa com espírito altruísta, em nome de uma convicção cívica ou religiosa, entrando e saindo da entidade à hora que lhe aprouver, ou bem estaremos diante de aproveitamento de mão-de-obra clandestina, se a entidade começar com níveis crescentes de exigências, horários, metas e condições de trabalho. De qualquer forma, lei temos, inclusive no tocante ao controvertido assunto da remuneração do voluntário – se é voluntário, deveria ter remuneração?

Trata-se da **Lei nº 9.608, de 18 de fevereiro de 1998**.

A crítica que deve ser feita a esta lei é justamente a possível desnecessidade ou inutilidade de o direito procurar apresentar uma definição de pequena aplicação prática. Por exemplo, o art. 1º afirma que o objetivo do voluntariado deve ser cívico, cultural, educacional, científico, recreativo ou assistencial, mas isso em nada altera a possibilidade de outras formas de voluntariado e tampouco se pode imaginar que alguém passou a ser voluntário – ou deixou de sê-lo – quando soube que a lei contempla seis hipóteses de altruísmo.

Outrossim, o art. 2º dá enorme ênfase à necessidade de o voluntariado passar pela celebração de um termo de adesão escrito. Nem mesmo o contrato de trabalho, muito mais complexo, requer a forma escrita, que dirá uma atividade eminentemente livre e independente, fruto das escolhas e da consciência de cada cidadão. Deve-se interpretar o art. 2º como sendo apenas uma recomendação, para facilitar eventual prova ou para aclarar alguma dúvida sobre a época ou o propósito da caridade empreendida pelo ser humano, e nunca como condição essencial de validade ou mesmo como presunção de formação de vínculo de emprego em caso de adesão pela via verbal. Aliás, o mais comum será certamente a adesão de forma tácita – isto é, a pessoa começa a freqüentar um centro de caridade, religioso ou agnóstico, para fins de lazer ou de cultura, e aos poucos se vê envolvida no cotidiano daquela comunidade, às vezes para incentivar a ida de algum ente querido até o local, às vezes incentivado por terceiros. Não há solenidade, nem quanto ao fundo nem quanto à forma. Exagera, obviamente, o legislador ao pretender que todo voluntariado seja celebrado pela forma escrita.

A propósito do vínculo de emprego, a Lei nº 9.608/1998 exibe a mesma preocupação das demais normas acima comentadas e alcança o mesmo patamar de insignificância: ao afirmar que o voluntariado não proporciona relação de emprego, apoiou-se meramente numa presunção relativa, passível de comprovação em sentido contrário, se e quando se somarem alguns dos seguintes elementos:

- exigência de cumprimento de carga horária pelo voluntário;
- punição, pecuniária ou pedagógica, em caso de descumprimento de horários ou das rotinas da atividade;
- substituição da mão-de-obra efetiva, com o desligamento de empregados que exerciam a função anteriormente, para dar lugar aos supostos voluntários, ou a simples não admissão de novos empregados em caso de aumento de demanda, coberta pelos falsos altruístas;
- trabalho de empregados e de voluntários lado a lado sem distinção razoável de tarefas, procedimentos, organização ou disciplina;
- manutenção do mesmo corpo de voluntários, evidenciando a pessoalidade, sem a autorização para rotatividade ou a presença de amigos, parentes e demais entusiastas por aquela causa que porventura desejassem se agregar ao grupo;

- comercialização dos produtos e serviços confeccionados pelos voluntários, com obtenção de lucros revertidos para pessoas físicas dirigentes da entidade.

Deste singelo rol de indício, dentre outras dezenas encontradas nas lides forenses, omitiu-se propositalmente a **questão da remuneração do trabalho voluntário**, com a qual se encerra esse assunto.

Em tese, salário e voluntário são palavras incompatíveis entre si e impensáveis numa mesma frase. Se o cidadão deseja abraçar uma causa e dedicar parte de seu tempo livre para o enobrecimento da espécie humana, em termos locais ou globais, é seguro que não se deveria pensar, em tempo algum, que essa atividade houvesse de ser desenvolvida sob os moldes de uma relação de emprego. Auferir salário dentro de uma atividade de congraçamento e socorro mútuo parece por si só um gesto fraudulento. Alguém está sendo lesado, seja o próprio voluntário, seja a associação de benemerência, seja a população amparada pela agremiação.

Isso nada tem que ver com a possibilidade – e necessidade – de uma casa de caridade, pública ou privada, contratar trabalhadores como empregados. Da paróquia ao centro de convivência, do museu de conservação da memória do bairro à associação de amparo aos encarcerados, todos vão precisar mais cedo ou mais tarde de alguma estrutura administrativa, secretariado, atendentes, operários de manutenção e limpeza e assim por diante. Como nem todos podem se dar ao luxo de doar o tempo e a energia, é válido e esperado que se engagem na qualidade de empregados, admitidos, dirigidos e remunerados pela associação benemérita.

Ao revés, o corpo de voluntários deveria ficar longe do tema da remuneração, da contraprestação pelos serviços prestados ou de qualquer outra forma de retribuição pecuniária.

Todavia, a lei ofereceu duas brechas relativamente perigosas para o assunto.

A primeira brecha, ainda hoje em vigor, é a chamada **ajuda de custo**.

O art. 3º da Lei nº 9.608/1998 faz duas exigências quanto à validade da ajuda de custo: que a entidade haja autorizado expressamente a realização das despesas e que, ao depois, o voluntário as comprove realizadas dentro das atividades voluntárias. De um lado, o voluntário não poderia simplesmente dizer que teve um gasto na rua ou no percurso, apto a exigir o reembolso por parte da casa, se esta ignorava ou desautorizava a despesa; de outro lado, a comprovação documental se fará necessária a fim de que o reembolso seja feito nos exatos termos das despesas, nem um centavo a mais, nem um centavo a menos.

Diz-se brecha perigosa, porque, dada a dificuldade de controlar todos os deslocamentos de todos os voluntários ao mesmo tempo, muitas entidades acabam fixando uma ajuda de custo linear, de forma antecipada, sem a exigência da prestação de contas, de tal modo que esse desembolso assume facilmente a característica de um salário, seja dado o nome que for. Breve ou tarde haverá voluntários "economizando" os gastos externos para "salvar" uma parte da ajuda de custo – e outros que nem ao menos terão gastos. Em eventual demanda trabalhista, é comum afirmar-se, na descrição dos fatos com a petição inicial, que o contrato de trabalho pode ser confirmado pela fixação de "salário", porquanto aquele pagamento mensal não estava atrelado a gastos ou a comprovações. É de bom alvitre, por conseguinte, que ao menos neste passo as exigências do legislador sejam acatadas – prévia autorização da despesa e oportuna comprovação documental do gasto – dentro daquele cenário que a doutrina trabalhista chamava de ajuda de custo própria.

A segunda brecha, alterada várias vezes e atualmente revogada, denominava-se "auxílio financeiro".

Embora ausente da redação original da Lei nº 9.608/1998, o auxílio financeiro para voluntários entre 16 e 24 anos de idade, integrantes de família de baixa renda, foi estipulado pela Lei nº 10.748, de 22 de outubro de 2003, que inseriu um certo art. 3-A naquela lei. Ocorria, então, a institucionalização da remuneração sobre o trabalho voluntário.

Algumas casas de caridade montaram estrutura de teleatendimento para emissão e recebimento de ligações telefônicas em busca de donativos, em dinheiro ou em mercadorias. Para o exercício dessa operação, chamam voluntários, que não recebem salário, mas que ficam com um percentual dos donativos arrecadados. A situação beira o absurdo e não resiste à menor análise. Há contrato de trabalho desde logo, porque o voluntariado está a substituir a mão-deobra efetiva, dentro de uma atividade organizada de telemarkentig. De resto, o voluntariado é incompatível com a contraprestação pelos serviços prestados, mesmo que de forma indireta. Para piorar, as partes ludibriam a boa-fé alheia, ao afirmar que o donativo é revertido em prol da caridade, omitindo a notícia de que o cidadão está a contribuir para a formação do patrimônio alheio. Misturar voluntariado com salário – pior: com gorjeta – é um passo para a deturpação.

Muito embora a lei tenha se esforçado para limitar o campo de aplicação desse salário-voluntário, exigindo que o prazo máximo fosse de seis meses, que o voluntário fosse jovem e que preferencialmente se tratasse de pessoa em situação desfavorecida, como os egressos do sistema prisional ou submetidos a medidas socioeducativas, ainda assim a deturpação era previsível e o plano teve de ser cancelado. Primeiro, a alteração adveio pela Medida Provisória nº 411, de 28 de dezembro de 2007; depois, pela Lei nº 11.692, de 10 de junho de 2008, em que aquela se converteu.

Foi assim que a partir de 1º de janeiro de 2008 não mais se encontra amparo legal para a remuneração no voluntariado, nem mesmo para situações de risco ou de jovens desvalidos. O dinheiro que a União havia reservado para essa remuneração foi canalizado para o projeto chamado Projovem, de que cuida a mencionada Lei nº 11.692/2008.

O jovem está no centro das atenções da sociedade civil e do legislador, mas nem sempre com as melhores intenções. Por exemplo, é o jovem que costuma sofrer as aflições do contrato de estágio deturpado, acima apreciado, assim como ao jovem dizem respeito as restrições jurídicas do contrato de trabalho de aprendiz, a ser analisado em conjunto com o capítulo da proteção ao trabalho do menor. É o jovem, ainda, que obteve o direito de receber salário durante o voluntariado, numa contradição evidente que acabou sendo revogada no ano de 2008. Também será jovem, provavelmente, o atleta que se dedica a esportes olímpicos, ditos não profissionais quando comparados com o futebol, normalmente chamado de profissional pelo peso que exerce na sociedade brasileira. Pois bem: advinhe só quem foi que a Lei do Desporto disse que não tem direitos trabalhistas e não tem direito a vínculo de emprego? Justamente, o jovem **atleta não profissional**.

Embora a Lei nº 9.615, de 24 de março de 1998, não cuidasse do tema, foi alterada, cinco anos após, pela Lei nº 10.672, de 15 de maio de 2003, a fim de que fossem destacados os atletas não profissionais, em formação, com idade de 14 a 20 anos, privando-os das garantias de relação de emprego. Completa o art. 29, § 4º, da Lei nº 9.615/1998 a informação de que esse adolescente tem a possibilidade – não o direito assegurado, novamente na mesma armadilha em que se encontra o estagiário – de auferir uma "bolsa de aprendizagem", "livremente pactuada" – como se o adolescente estivesse em condições de manifestar sua oposição ao clube ou associação para "negociar" qualquer coisa.

O principal argumento em favor do clube é o investimento maciço que normalmente tem de ser feito em torno da formação de um jovem, envolvendo fisioterapia, nutrição, educação física, educação e muitos outros cuidados. Ademais, a cada grupo de uma centena ou um milhar de jovens mal se extrai um talento inato para a prática esportiva determinada, sendo muito conturbada a formação de atletas de elite no precário sistema educacional brasileiro. Foi assim que, em contrapartida, o legislador contemplou o clube com a desoneração de todos os encargos trabalhistas, deixando-o livre para oferecer ao jovem apenas uma simbólica quantia mais ou menos dentro de seus gastos com o transporte e para a realização de algum sonho de consumo modesto.

O argumento é válido e apresenta seus méritos, desde que não haja deturpação imediata, como o aproveitamento de mão-de-obra barata para a manutenção e a limpeza do clube. De qualquer forma, precisamos fazer um esforço razoável para tirar essa atividade esportiva da noção de trabalho, porque, do contrário, ela seria certamente dotada de subordinação, pessoalidade e habitualidade, ou seja, um contrato de trabalho seria. Não se perca de vista que o art. 227, § 3º, da Constituição Federal de 1988 determina que não se prive o jovem do acesso aos direitos trabalhistas e previdenciários, no que o art. 29 da Lei nº 9.615/1998 estaria irremediavelmente comprometido. Costuma-se atribuir um caráter mais educativo do que laboral à prática desportiva, como forma de se harmonizar o disposto na Lei do Desporto com o disposto na Constituição Federal de 1988. Permanecerá certamente uma tensão latente entre a educação e o trabalho.

Última referência legislativa digna de nota sobre o trabalho subordinado em grau médio surge na chamada "MP do Bem", como ficou conhecida a Medida Provisória nº 252, de 1º de julho de 2005, repleta de medidas tributárias e algumas desonerações fiscais, e que veio a ser convertida na **Lei nº 11.196, de 21 de novembro de 2005**. Ao término de seu longo texto, surge um enigmático art. 129, segundo o qual,

> *para fins fiscais e previdenciários,* ***a prestação de serviços intelectuais****, inclusive os de natureza científica, artística ou cultural, em caráter personalíssimo ou não, com ou sem a designação de quaisquer obrigações a sócios ou empregados da sociedade prestadora de serviços, quando por esta realizada, se sujeita tão-somente à legislação aplicável às pessoas jurídicas, sem prejuízo da observância do disposto no art. 50 da Lei nº 10.406, de 10 de janeiro de 2002 – Código Civil.*

Decompondo-se esse longo arrazoado, chega-se à conclusão de que o legislador exorta o trabalho intelectual, como a consultoria jurídica, o projeto arquitetônico ou a assessoria contábil, a ser prestado por pessoas jurídicas – sociedade prestadora de serviços – a partir do que toda a tributação seguirá a legislação aplicável às pessoas jurídicas. Essa figura não deixa de ser uma variação do trabalho autônomo, comum a determinadas profissões, mas, agora, com a peculiaridade de o autônomo, preliminarmente, constituir uma pessoa jurídica para fins de prestação de serviços. Já há até mesmo acórdão do Tribunal Superior do Trabalho a utilizar a expressão "pejotização do direito do trabalho", no sentido de uso excessivo da pessoa jurídica, ou pj para os íntimos, numa relação que deveria em princípio ser exclusiva da pessoa física.

O art. 129 se mostra bastante arrojado e controvertido, mas, se bem analisado, nada contém de novo. Com efeito, se a prestação dos serviços ocorrer através de uma pessoa jurídica válida e de modo a manter a subordinação dentro do padrão moderado comum a qualquer negociação comercial entre duas empresas, não haverá falar em relação de emprego ou em tributação própria das pessoas físicas empregadas. No exato momento em que a fraude for detectada, inclusive com o abuso da personalidade jurídica, como lembrado pelo art. 50 do Código Civil de 2002, expressamente referido ao final do art. 129 da lei tributária, estaremos diante de um contrato de trabalho como outro qualquer – e, por conseguinte, diante da tributação própria da pessoa física.

Aliás, nesse sentido chegou a ser elaborado um parágrafo único ao art. 129, para advertir que aquela disposição não seria aplicada "quando configurada relação de emprego entre o prestador de serviço e a pessoa jurídica contratante, em virtude de sentença judicial definitiva decorrente de reclamação trabalhista". O parágrafo único era prescindível, porque a relação de emprego pode ser declarada a qualquer tempo e independe de "advertência" do legislador. Nesse sentido, o parágrafo foi vetado pela Presidência da República, dentre outros fundamentos.

A respeito do **trabalhador avulso**, igualmente revestido por subordinação moderada e sem firmar raízes unicamente com um empregador, remete-se o leitor para os comentários às profissões regulamentadas, no volume terceiro deste Curso – na altura dos arts. 254 a 292 da CLT.

Capítulo 5

Habitualidade

O direito do trabalho lida com expectativas.

Expectativas de desenvolvimento profissional e realização de ideais do trabalhador, de um lado, e expectativas de uma boa organização empresarial e prosperidade no empreendimento, de outro lado.

Daí por que a habitualidade desempenha importante papel na formação e no aperfeiçoamento do contrato de trabalho. Quanto mais instantânea for a relação, tanto menor a chance da configuração de uma relação de emprego, assim como os atos fugazes costumam ser desprezados pelo direito do trabalho.

É curioso observar que a formação do hábito é estudada tanto na origem do contrato de trabalho, como faremos agora, para saber se a prestação de serviços foi meramente ocasional ou se se perpetuou no tempo e no espaço, como também é estudada no curso do contrato de trabalho, para saber se a alteração das funções do trabalhador é válida, pois ele estava "habituado" a outro cenário ou, ainda, para saber se o pagamento feito pelo empregador teve natureza salarial – aquela mais habitual e corriqueira – ou natureza indenizatória – aquela normalmente mais fortuita e desvinculada da prestação dos serviços.

Assim sendo, será natural que este Curso retome o assunto da habitualidade em seu volume especialmente dedicado à remuneração, como critério insuperável de separação entre as parcelas salariais, as parcelas híbridas, os benefícios assistenciais e as parcelas eminentemente indenizatórias.

Também a habitualidade preside o entendimento sobre a percepção do chamado salário substituição, a depender da maneira como um empregado cobre a ausência do outro, e, ainda, tem papel relevante no tema da percepção do adicional de insalubridade ou do adicional de periculosidade, a fim de se aferir precisamente se a exposição do trabalhador aos agentes agressivos ocorreu de forma fortuita ou permanente. A noção de permanência tem que ver com a repetição ou a expectativa da repetição e não propriamente com a duração, em número de horas, dessa exposição.

Assim também na formação do contrato de trabalho.

A noção de habitualidade, palavra que preferimos às expressões ineventualidade ou não eventualidade, viceja muito mais na repetição razoavelmente esperada do que propriamente no número de dias da semana ou no número de horas laboradas. Se fosse assim, não haveria contrato de trabalho por tempo parcial nem se poderia falar em trabalho do médico plantonista, pois esses e outros casos teriam carga horária muito baixa quando comparados aos empregados do sistema integral de jornada. O que prevalece, num ou noutro caso, é a noção do trato sucessivo, no sentido de que aquelas mesmas condições de trabalho e de contraprestação se repitam sucessivamente, sem maior alarde ou necessidade de repactuação a todo instante.

Expectiva é a palavra chave.

É comum o restaurante ou o serviço de *buffet* argumentar que não houve registro do contrato de trabalho de seus garçons ou ajudantes porque o serviço não era habitual. No entanto, analisando a situação, observa-se que a atividade se repetia com certa freqüência, nos mesmos dias da semana ou em dias parecidos, ao longo de meses ou de anos, sob conhecidas condições de trabalho, os mesmos horários de apresentação e desligamento, a mesma diária, a mesma rotina de serviço e limpeza. Poderá o estabelecimento realmente alegar surpresa ao ver o garçom na porta do estabelecimento no dia costumeiro? Poderá o garçom se dizer surpreendido pelo chamado do restaurante para lhe prestar um auxílio na mesma hora de costume? Quando o assunto começou a deixar de ser surpresa e começou a encontrar repetição razoável, nasceu a relação de emprego.

Não se faz necessário aguardar o transcurso do tempo para saber se há ou não relação de emprego, nem é correto dizer que somente o processo do trabalho, normalmente tardio, conseguirá aferir se houve ou não contrato de trabalho. Também o advogado de consultoria jurídica ou mesmo as partes já conhecem de antemão, na maioria dos casos, se o trato havido tem ou não as características de um emprego. Basta que se preveja superficialmente uma repetição minimamente discernível para que, a depender desse requisito, a relação de emprego seja aperfeiçoada.

O caso dos garçons é emblemático, por ser comum a falsa crença de que a habitualidade exija o cumprimento da carga integral de trabalho. Engano. Um trabalho prestado toda segunda-feira das 13h00 às 17h00 é suficiente para configurar uma relação de emprego, por exemplo.

O art. 3º da Consolidação das Leis do Trabalho apenas preconiza que a atividade não pode ser feita em caráter eventual. Essa restrição do legislador é plenamente compreensível, até porque normalmente um serviço ocasional vem acompanhado por pequena dimensão de subordinação – a pessoa vai trabalhar se e quando quiser e se e quando for acionada – e, ainda, por baixo grau de pessoalidade – várias pessoas podem se revezar naquela tarefa incerta

Na verdade, nem mesmo a **Lei do Trabalho Doméstico** exige que o trabalho seja prestado sete dias por semana para se configurar uma relação de emprego. O art. 1º da Lei nº 5.859, de 11 de dezembro de 1972, valeu-se da expressão "trabalho de natureza contínua", o que foi o bastante para despertar uma controvérsia de mais de trinta anos, muito emotiva e pouco científica.

Há muito desentendimento sobre o assunto.

Se o trabalhador doméstico não se fixa numa residência e detém a liberdade de escolher como e quando pretende limpar a casa, é razoável, em princípio, que se considere reduzida a subordinação necessária para o contrato de trabalho e, assim, seja afastada a aplicação da legislação trabalhista. Mas, observe-se, o caráter diário da atividade não foi o determinante para resolver o assunto e, sim, o grau menor de subordinação.

Se o trabalhador doméstico, contudo, deve comparecer sempre no mesmo dia e na mesma hora em determinada residência, não é um dado relevante, para o direito do trabalho, saber quantas vezes por semana houve a prestação dos serviços. Não há fundamento jurídico para negar o contrato de trabalho a uma diarista que se ative um, dois, três ou quatro dias por semana, repita-se, embora essa frase pareça um crime de lesa-majestade. A força dos usos e costumes é tão grande que trinta anos não bastaram para alertar a sociedade que os empregados domésticos não são mais os agregados das fazendas cafeeiras ou canavieiras de outrora e que, realizando atividade profissional como outra qualquer, têm necessariamente de acessar o sistema previdenciário e trabalhista, não sendo crível que a habitualidade para essa classe de trabalhadores seja exigida de forma mais rigorosa do que para os demais trabalhadores.

Ninguém se choca com o registro em Carteira de Trabalho de um médico plantonista que comparece um único dia a um hospital ou com o contrato de trabalho firmado entre escola e professor especializado em matéria que requeira apenas quatro aulas de 50 minutos cada por semana. Em ambos os casos, há um consenso de que aflorou a habitualidade suficiente para o contrato de trabalho. Causa perplexidade, todavia, a afirmação de que também no âmbito doméstico um só dia da semana seja suficiente para a formação do contrato de trabalho, contanto que os serviços sejam prestados mediante subordinação, onerosidade e pessoalidade, preferencialmente no mesmo dia da semana e sem livre escolha por parte do trabalhador.

Chegou a ser lembrado um argumento gramatical contra os domésticos, porque a CLT usa a expressão “natureza não eventual”, enquanto a Lei do Trabalho Doméstico manifesta a “natureza contínua”. Quem se debruçou sobre o vernáculo notou alguma diferença entre as palavras e formulou a tese de que o contínuo é mais do que o ineventual, ou seja, para ser contínuo se fazem necessários mais dias do que para ser não-eventual. A se concordar com essa tese, teríamos de exigir do empregado doméstico sete dias de serviços por semana, porque qualquer número abaixo desse já seria um trabalho, digamos, descontínuo.

Não é esse o sentido do art. 1º da Lei nº 5.859/1972, evidentemente. A uma, porque sua redação é muito parecida com aquela da CLT no conceito de empregado, sendo patente a irrelevância da troca do termo não-eventual pelo termo contínuo. A duas, porque o legislador que pretendesse fixar quantidade mínima de dias semanais de trabalho para a formação de uma relação de emprego teria, de uma vez por todas, estabelecido algum parâmetro e não meramente deixado a questão de forma tão obtusa e complexa como se instalou. A três, porque a voz corrente segundo a qual um ou dois dias por semana não formam relação de emprego, ao passo que três, quatro ou cinco dias por semana configuram relação de emprego mostra-se muito mais uma ingenuidade jurídica do que uma construção científica em torno dos textos legais e, tanto pior, do princípio da continuidade na configuração do contrato de trabalho.

Conforme se apreciará no comentário ao art. 8º da Consolidação das Leis do Trabalho, capítulos abaixo, a continuidade da relação de emprego é marcada mais preponderantemente pela repetição da atividade no tempo e no espaço, sob os mesmos moldes contratados do que pela carga horária ou pelas alterações ao longo do período. Continuidade, aliás, é a palavra mais utilizada para definir esse princípio tão caro ao direito do trabalho, que justifica a necessidade de concessão de aviso prévio por parte de quem desejar romper esse prosseguimento indeterminado, assim como justifica a formação de presunção sempre favorável ao empregado, aquele que supostamente tem o menor interesse de todos no término do contrato do qual retira sua subsistência. Bastou o legislador, entretanto, usar a palavra contínua para que um enorme debate se instalasse para tentar saber se se tratava realmente de um contrato de trabalho contínuo ou de um trabalho ao mesmo tempo eventual e contínuo – um evidente paradoxo.

Não se quer dizer que todos os trabalhadores domésticos de baixa freqüência sejam necessariamente empregados para fins de obrigações trabalhistas e previdenciárias, mas, sim, chamar a atenção para a incoerência de se afirmar que meros dez anos de serviços prestados toda segunda-feira das 09h00 às 18h00 pelo trabalhador doméstico são insuficientes para a formação de uma relação de emprego, dada a quebra de... continuidade.

Continuidade, tanto no caso do doméstico, como no trabalho urbano ou rural, é assunto muito mais ligado ao desenrolar dos fatos ao longo do tempo, para aquele que sabiamente analisa a floresta como um todo, do que a repetição dos horários dentro de uma única semana, para quem gosta de olhar apenas para uma árvore.

Algumas observações finais sobre o tema da habitualidade:

- **ser habitual não é sinônimo de ser longo.** Um contrato de trabalho pode ter curtíssima duração, como quinze ou trinta dias, e, ainda assim, naquele período, foi de trato sucessivo, teve a repetição dos eventos aguardada de forma razoável e concreta pelo empregado, que sabia se apresentar no horário marcado a cada dia, e pelo empregador, que sabia com quem podia contar para sua atividade produtiva naqueles próximos momentos.
- **A habitualidade nada tem que ver com a forma de pagamento.** Um contrato de trabalho, portanto dentro da habitualidade, pode ter a remuneração avençada por tarefas, peças, serviços ou diárias, mas nem por isso perde sua natureza empregatícia. Há uma certa confusão quando o assunto é o pagamento de diárias, por se acreditar inocentemente que todo diarista perde a qualidade de empregado (talvez a confusão, de novo, advenha da realidade dos domésticos, involuntariamente). Ser diarista é apenas receber o salário calculado pelo número de dias laborados, com as integrações previstas na legislação. O diarista pode receber uma vez por mês, por exemplo, como o mensalista ou o comissionista. O que importa é se o trabalho apresentou a repetição aproximadamente prevista.
- O cumprimento ou não da **carga horária** máxima, atualmente fixada em 44 horas por semana no direito brasileiro, vai depender de como foi feita a contratação e de qual profissão exerce o empregado, em nada auxiliando no deslinde do tema da habitualidade.

- **Os usos e costumes desempenham papel relevante na questão da habitualidade.** Em alguma profissões, como o professor, o médico, o dentista, o farmacêutico e o enfermeiro, são mais comuns os contratos de trabalho – logo, a habitualidade – aperfeiçoados com apenas um ou dois dias de comparecimento na semana, donde a outra característica inerente a essas profissões, que é a existência de vários contratos de trabalho ao mesmo tempo – o médico com três hospitais, o professor em quatro escolas e assim por diante. A situação não é necessariamente melhor nem pior do que as demais profissões que se fixam unicamente num estabelecimento, mas meramente fruto da natureza dessas profissões, para cujo desempenho o trabalhador não precisa ficar o tempo todo naquele mesmo local.
- **O contrato de trabalho a tempo parcial**, a ser esmiuçado quando do comentário ao art. 58-A no volume 2 deste Curso, também é exemplo de atividade contínua e habitual, portanto atividade empregatícia, mas sem o implemento de carga horária extensa. A lei o define como contrato de trabalho abaixo de 25 horas semanais, as quais podem ser divididas aleatoriamente, até o limite de oito horas diárias por força da Constituição Federal de 1988. Logo, podemos ter tranqüilamente um empregado com carga de oito horas em três dias por semana ou um empregado com carga de quatro horas, seis dias por semana, e, ainda assim, contrato de trabalho haverá, com alguns benefícios reduzidos no caso do tempo parcial, como a quantidade de dias de férias.
- Outrossim, a jurisprudência se orientou no sentido de que, não tendo sido cumprida a carga horária integral prevista pelo direito do trabalho, é válida a pactuação de **salário inferior ao mínimo legal**, respeitada a proporcionalidade, caso o empregado decida finalmente admitir a existência de um contrato de trabalho, pois se não houver relação de emprego, repita-se, nem mesmo o salário mínimo diário ou horário estava assegurado.
- Neste sentido, a **Orientação Jurisprudencial 358**, da Subseção I da Seção Especializada em Dissídios Individuais, data de 14 de março de 2008: "Havendo contratação para cumprimento de jornada reduzida, inferior à previsão constitucional de oito horas diárias ou quarenta e quatro semanais, é lícito o pagamento do piso salarial ou do salário mínimo proporcional ao tempo trabalhado".
- O **trabalho eventual revela-se pejorativo** em alguns segmentos de trabalhadores, por assumir um sentido de trabalho precário. Precário é o termo mais preciso para esse conceito, pois em sua acepção original sig-

nifica provisoriedade ou possibilidade de ruptura a qualquer instante, como se nota na expressão contratação a título precário, concessão a título precário ou simplesmente contrato precário. Ocorre que, com o passar do tempo, a própria precariedade virou sinônimo de mazela, baixa qualidade ou degradação, como nas expressões transporte precário – não necessariamente um transporte provisório instituído pela municipalidade para durar algumas semanas, mas, sim, um transporte desumano – ou emprego precário – que não pretende definir o emprego como sendo breve ou experimental, mas, normalmente, como sendo indigno ou ruim.

- Com base nessas premissas surgiram **expressões populares depreciativas**, como "bico", para definir de maneira geral um trabalho precário prestado por alguém que não pode se fixar na estrutura da empresa e apenas prestou um auxílio eventual; "extra", normalmente usada por garçons; "chapa", relacionado com a atividade de carga e descarga; e "free lancer", muito cara aos jornalistas, que hoje nem se dão ao trabalho de pronunciar todas as nove letras e falam algo como "freela" ou simplesmente "free".

Capítulo 6

Onerosidade

Na legislação civil e comercial em geral, contrato oneroso é estudado como oposto ao contrato a título gratuito, ou seja, evoca a necessidade de contraprestação, normalmente pecuniária. Assim, são onerosos os contratos de compra e venda, de locação de imóvel e vários outros. O comodato pode ser a título gratuito ou oneroso, por exemplo.

O contrato de trabalho é necessariamente a título oneroso, pois do contrário se aproxima de uma atividade de voluntariado ou nem ao menos se configura como uma forma de prestação de serviços, mas isso está longe de ser o bastante para explicar o alcance da onerosidade no direito do trabalho. Há necessidade de um outro elemento, nem sempre enaltecido nas atividades civis e comerciais, que vem a ser a garantia absoluta de recebimento dos salários pelo empregado, independente do que possa ter ocorrido com o empregador. Esse elemento complementar não tem um nome fácil de ser apontado, sendo comum a referência à palavra alteridade como forma de frisar que o trabalho é prestado por conta e risco alheio. A palavra não encontra consenso na doutrina, mas é satisfatória para se destacar que o caráter oneroso não pode ser afastado por dificuldades financeiras ou conjunturais por parte do empregador. Aponta-se a origem do termo alteridade na expressão castelhana *ajenidad*.

É neste passo que residem as principais observações sobre a onerosidade no direito do trabalho, como característica marcante na formação de uma relação de emprego.

Em resumo, para haver contrato de trabalho, não basta a contraprestação em dinheiro. É preciso que também haja a assunção dos riscos e das oscilações por parte do empregador para que se possa falar verdadeiramente em uma relação de emprego. Conforme se verá no capítulo destinado ao conceito de empregador, neste volume, os riscos normalmente são ligados a uma atividade econômica, mas nem todo empregador é exercente de atividade econômica, assim entendida a produção ou a circulação de bens e serviços.

Diversos empregadores são órgãos da administração pública direta ou indireta, outros são entidades de benemerência, clubes recreativos ou simplesmente famílias que nem ao menos exercem atividade produtiva, de tal forma que a expressão "riscos da atividade econômica" deveria ser simplesmente substituída por riscos ou por dificuldades financeiras enfrentadas pelo empregador. Destarte, o desemprego do chefe de família ou a retenção de verbas da União ou dos Estados para os Municípios não servem de escusa para sonegação do pagamento dos salários aos empregados da família ou aos empregados da municipalidade, por exemplo.

Portanto, a onerosidade tem mão dupla, evocando simultaneamente o caráter sinalagmático do contrato de trabalho – prestação de trabalho e contraprestação em dinheiro ou em bens e dinheiro – e o caráter de assunção dos riscos apenas por um dos lados da relação. Se ambos os lados concorrerem para os riscos e para os prejuízos, perde-se a noção de contrato de trabalho.

Este capítulo pretende abordar, portanto, essas duas faces da onerosidade.

Na primeira parte, abordaremos as formas pelas quais essa contraprestação pode ser feita, habitualmente em dinheiro. Na segunda parte, apreciaremos o alcance da alteridade.

Certa vez foi vista uma placa num lava-rápido de veículos a seguinte expressão: "Tua caixinha é meu salário". Será que essa frase resiste ao direito do trabalho? Pode o empregador contratar um empregado prometendo-lhe apenas uma boa arrecadação de "caixinhas" ou gorjetas? Não e não.

A contraprestação pelos serviços prestados deve ser feita pelo empregador, para que se aperfeiçoe o contrato de trabalho. Admite-se, é verdade, que essa contraprestação avance muito além da singela rubrica denominada salário ou salário base e passe a contemplar algumas outras formas de remuneração, como os adicionais condicionais – adicional de insalubridade, adicional de periculosidade, adicional noturno, hora extraordinária – e as bonificações previstas em lei – décimo terceiro salário, férias e o mais.

Às vezes, quem retira o caráter salarial da parcela é o próprio legislador, o que pode ser feito dentro de uma política de promoção e desenvolvimento do direito do trabalho. A estratégia costuma ser utilizada para desonerar alguma rubrica em particular, porque quando deixa de ter natureza salarial automaticamente a parcela sai da base de cálculo dos recolhimentos previdenciários e fiscais, do fundo de garantia e de outros encargos trabalhistas. Foi assim que se fez com o vale-refeição pela Lei nº 6.321/1976, com o vale-transporte na Lei nº 7.418/1985, com a participação nos lucros e resultados via Constituição Federal de 1988 e com os benefícios assistenciais na reforma ao art. 458 da Consolidação das Leis do Trabalho pela Lei

Nesses e noutros casos, há parcelas que muito se aproximam da contraprestação dos serviços prestados, mas que, por força de lei, foram consideradas como prestações indiretas, livres da maioria dos encargos e inconfundíveis com o salário corriqueiro.

Há, ainda, um terceiro círculo do conjunto remuneratório, representado pela curiosa situação de algumas profissões receberem gratificações pelos serviços por parte de clientes e fornecedores que se sentiram bem atendidos. A gratificação mais famosa é a gorjeta normalmente oferecida para os garçons, mas a ela podem ser comparadas a gratificação da manicure e do barbeiro, a chamada caixinha dos manobristas e floristas ou a guelta dos comerciários. A guelta ainda não é muito conhecida pelo direito do trabalho e corresponde a uma espécie de gorjeta invertida: em lugar de ser paga pelo cliente, a guelta é paga pelo fabricante do produto desovado de forma mais eficiente pelo vendedor da rede varejista. Por exemplo, o fabricante de aparelhos de televisão pode estipular uma guelta para o vendedor que conseguir comercializar mais a sua marca do que as marcas da concorrência. Para o cliente, essa diferença talvez não seja tão importante, mas para o produtor do aparelho é evidente a vantagem.

Essas vantagens giram em torno do contrato de trabalho, mas não substituem o salário.

É verdade que a gorjeta produz impacto na fixação do salário, sem que, com isso, possa eliminá-lo. O impacto principal consiste em achatar ou representar o reajuste salarial. Por exemplo, um *maître* ou gerente de hotel de alto padrão pode se submeter a um contrato de trabalho com salário modesto, porque sabe que, naquela profissão e naquele contexto, o valor das gorjetas a ser rateado é bastante significativo. Também os garçons e demais atendentes podem se contentar com patamares simbólicos de salário – evidentemente acima do salário mínimo e respeitado o piso da norma coletiva, se houver – por saberem da existência de gorjetas generosas naquele contexto, naquele empreendimento ou naquela cidade. Em outros cenários, os garçons, gerentes e atendentes poderão pressionar por salários maiores, se na região não houver o hábito das gorjetas ou se o empregador as proíbe, como ocorre em alguns empreendimentos que praticam preço fechado para a clientela, incluindo no valor da diária a hospedagem, a alimentação e os gastos extraordinários.

É assim que, aos poucos, as gorjetas passaram a influenciar a fixação do salário, mas o operador do direito deve manter firme a noção de que são dois círculos concêntricos sobre o mesmo tema – remuneração – mas em planos diferentes – salários pagos pelo empregador, de um lado, e gratificações pagas por terceiros, de outro lado. No volume dedicado especialmente ao tema da remuneração, quando este Curso passar pelo art. 457 da Consolidação das Leis do Trabalho, o tema será aprofundado, inclusive quanto à aplicação prática do salário e da gorjeta na base de cálculo de férias, décimo terceiro salário, aviso prévio indenizado, hora extraordinária, adicional noturno e descansos semanais remunerados, de que cuida, por exemplo, a Súmula 354 do Tribunal Superior do Trabalho.

Adotada a premissa de que a gorjeta complementa o salário mas nunca o suplanta ou o dispensa, a placa do lava-jato, de que tua caixinha será meu salário, é falsa do ponto de vista do direito do trabalho e infame do ponto de vista da dignidade do trabalhador.

Há outras variações em torno do tema de o empregador pretender se liberar do pagamento do salário, como pode ocorrer com as parcelas denominadas comissões e percentagens. Não há mistério, porém.

Caso o empregador avence com o empregado a remuneração à base de comissões – sobre suas vendas, sobre as vendas da equipe ou sobre o faturamento da loja – ou percentagens – sobre os negócios fechados, sobre as televendas efetuadas, sobre o número de clientes que conseguem ser convencidos a não desistir do contrato, sobre o número de informações prestadas e assim por diante – estará implícito no contrato de trabalho que o salário mínimo ou o piso da categoria, se houver, será assegurado em caso de não-atingimento desses patamares.

Não há obrigatoriedade de pagamento de salário fixo e simultaneamente comissões ou percentagens, ao contrário do que sucede com as gorjetas, que devem ser obrigatoriamente acopladas ao salário. A diferença entre as duas hipóteses é o fato de que salários e comissões são oriundos da mesma fonte pagadora – o empregador – o que representa que ele pode fundir ou desdobrar rubricas livremente, com a única restrição de respeitar as bases mínimas legais, ao passo que na outra situação – salário e gorjeta – as fontes pagadoras são diferentes e uma não pode compensar ou neutralizar a outra. Contrato de trabalho só com gorjeta não pode existir; só com comissões, sim.

Outra situação relevante para estudo da onerosidade diz respeito aos trabalhadores autônomos que conseguem, na Justiça do Trabalho, o reconhecimento de uma relação de emprego camuflada sob a roupagem de outro tipo contratual, exigindo que o julgado trabalhista fixe a data de admissão, a data da rescisão, a função exercida e o salário praticado naquele contrato.

Ora, se a atividade vinha sendo exercida sob a forma de autonomia ou de cooperativa ou sob qualquer outra forma dentre aquelas acima mencionadas, o valor auferido pelo trabalhador no curso daquela relação não representa necessariamente o valor que ele receberia se empregado fosse. Explica-se. Suponhamos que um representante comercial autônomo aufira 1% sobre suas vendas e, com isso, saque notas fiscais ou emita recibos de R$ 5.000,00 a R$ 6.000,00 por mês. Sobre esses valores, recolhe impostos e demais encargos legais, além de arcar com as despesas para o exercício da profissão, como deslocamentos, visitas a clientes e despesas de consumo. Como não aufere décimo terceiro salário, férias e fundo de garantia, normalmente faz pressão por rendimentos maiores para fazer frente aos gastos e às desvantagens da relação.

Logo, se empregado fosse não receberia salário fixo de R$ 6.000,00 em nenhuma hipótese, seja porque o empregador tem de prever as despesas adicionais do contrato de trabalho, como os benefícios legais e convencionais, como também porque as despesas de combustível e manutenção correriam por conta da empresa. Além disso, como autônomo não retém os R$ 6.000,00 líquidos, sendo esse valor apenas a importância bruta.

Daí por que a solução mais harmônica passa pelo arbitramento salarial por parte do juiz, quando de eventual sentença confirmatória da relação de emprego. Se contrato de trabalho foi declarado, é porque o trabalhador preencheu todas as exigências do art. 3º da CLT, inclusive a onerosidade no sentido trabalho por conta e risco alheio, mas isso não representa obrigação de se seguir, a título de salário, o valor praticado sob a consideração da atividade autônoma. O arbitramento salarial, que não se confunde com a arbitragem privada para solução de litígio, tem expressa autorização legislativa pelo art. 460 da CLT e atinge mais adequadamente a finalidade da norma.

No capítulo dedicado ao conceito de subordinação abordou-se o exemplo do motorista de frota de táxi, ali se concluindo que o sistema das municipalidades de autorizarem mais pessoas jurídicas e menos pessoas físicas a deterem alvarás para carros de praça gera algumas deturpações. Retome-se o exemplo do taxista de frota agora do ponto de vista da onerosidade, a fim de se aclarar o significado da alteridade.

Oneroso o contrato certamente é, seja entre a frota e o motorista, seja entre o motorista e a clientela. Porém, o taxista não trabalha por conta e risco alheio, assumindo ele próprio os riscos do empreendimento individual para o qual se lança ao locar o veículo munido de alvará de autorização para transporte de passageiros. Provavelmente arcará com uma diária junto à frota e terá de torcer para que as corridas daquele dia sejam suficientes para cobrir os custos da diária, do combustível, da manutenção e demais despesas para o exercício da profissão. Surgem, então, dois cenários.

Caso o taxista não atinja o patamar suficiente para os gastos do dia, arcará com o prejuízo e terá de tirar dinheiro de suas reservas pessoais, tomar empréstimo ou esperar que o dia seguinte compense o marasmo da véspera. Caso o taxista atinja o patamar e o suplante, auferirá a diferença como rendimento de seu trabalho e de sua energia, mas sem ter alguém para chamar de patrão, porque o pagamento foi feito por uma coletividade de pessoas estranhas e de contato fugaz. Nenhum dos dois cenários satisfaz o conceito de onerosidade para os fins do direito do trabalho. Numa hipótese, ele assumiu diretamente os riscos do negócio, ferindo de morte um dos elementos essenciais do contrato de trabalho. Noutra hipótese, ele não amarga prejuízo, mas não encontra a pessoa que assuma os riscos da atividade. Não trabalha por conta e risco de terceiros, assumindo-os ele mesmo.

Sobre a onerosidade do contrato de trabalho, algumas ponderações finais:

- **o nome do pagamento** é sempre irrelevante para o direito do trabalho, que se atém muito mais às características do que à rubrica ou parcela. Sendo pagamento feito pelo empregador, de maneira habitual, terá a devida natureza salarial, salvo se o legislador dispuser em sentido contrário de forma expressa, como nos citados exemplos da participação nos lucros e resultados e do vale-refeição.
- O nome mais usado é salário, mas também se encontram as expressões salário-base, importância, comissões, percentagens e gratificação, dentre outras.
- Alguns nomes são associados a determinadas profissões, **por força dos usos e costumes**. Assim, os servidores públicos costumam dizer vencimentos, os militares preferem a palavra soldo, os artistas falam muito em cachê, os juízes recebem subsídios, os bancários auferem ordenado e os jogadores de futebol pleiteiam bichos.
- Todos recebem salários, mas, como sempre acontece na **genética das palavras**, algumas expressões adquirem conotações diferentes de suas

origens, sendo bem provável que alguns profissionais de alto padrão sintam-se constrangidos se disserem que são assalariados, preferindo dizer que aguardam honorários ou vencimentos.

- Trabalhador que concorre diretamente com os prejuízos não é empregado. A onerosidade vem acompanhada pela assunção dos riscos por terceiros, como uma espécie de garantia de recebimento dos salários e demais vantagens do contrato de trabalho. No entanto, é possível que o empregado concorra **com os lucros e com os resultados** do empreendimento. Não há nenhuma contradição nessa afirmação.
- Concorrer com o prejuízo é tomar parte dos rumos e da administração da empresa, na qualidade de empregador ou beneficiário direto dos serviços. Concorrer com os lucros é apenas uma forma criativa de complemento de remuneração, como forma de alavancar o desempenho dos empregados, estimular maior adesão aos projetos em curso e proporcionar uma melhor harmonia no ambiente de trabalho. Até mesmo em caso de co-gestão da empresa por parte dos empregados fica mantida a noção de contrato de trabalho subordinado pelo empregado estranho aos prejuízos da empresa.
- A onerosidade e a alteridade delineiam a formação de um contrato de trabalho, **mas não devem ser vistas como forma absoluta**. Não perde a natureza de contrato de trabalho o período em que trabalho e salário são suspensos. Isso ocorre, por exemplo, na licença médica após quinze dias de afastamento, quando os rendimentos do trabalhador são assumidos pela Previdência Social, ou mesmo em situações peculiares, como a suspensão temporária para requalificação do empregado, na forma do art. 476-A, em que nenhum rendimento é assegurado ao empregado. Em ambas as hipóteses, bem como em situações análogas, os salários são sobrestados, mas o contrato de trabalho é mantido. Isso leva à conclusão de que a onerosidade não é apenas o pagamento dos salários ou a garantia do pagamento dos salários, mas também a plausibilidade de se receber salário no momento oportuno, quando do retorno à normalidade.
- Onerosidade, portanto, é um tema mais amplo do que parece à primeira vista. Abrange a contraprestação dos serviços prestados, **a garantia a que esta contraprestação não pereça** com a crise financeira do empregador e, ainda, a simples potencialidade de haver contraprestação no curso da interrupção contratual ou ao término da suspensão contratual.
- Em caso de crise financeira aguda do empregador, ele não está autorizado a cassar o pagamento dos salários nem a rebaixar a condição do em-

pregado, mas pode chamar a entidade sindical para ajudar a administrar a crise – ou seja, indiretamente surge uma brecha para jogar sobre os ombros do trabalhador o risco da atividade econômica.

- Essa **administração de crises pelo sindicato** é expressão que vem sendo utilizada para lembrar que a Constituição Federal de 1988 autorizou a redução salarial e o aumento de jornada sem pagamento de hora extraordinária, inclusive em turno de revezamento, desde que mediante negociação coletiva.
- **Também a via coletiva** foi requerida pela lei ordinária para assuntos polêmicos como o banco de horas e a suspensão temporária para requalificação profissional, tudo destinado a equilibrar a dificuldade financeira do empregador – e embora o direito do trabalho negue três vezes, eis que os riscos da atividade econômica acabaram sendo, aos poucos, passados ao empregado, no todo ou em parte. Do contrário, como justificar uma redução salarial ou não pagamento da hora extraordinária, se não pelo compartilhamento das aflições econômicas com os empregados?

Capítulo 7

Pessoalidade

O empregador é aquele que procura uma **pessoa específica e determinada** para ser seu empregado, pois a prestação de serviços tem de ser pessoal para que se possa falar em contrato de trabalho.

Prestação de serviços impessoal, daquelas em que o interessado simplesmente deixa o paletó na lavanderia e o espera limpo dentro de 24 horas ou em que se almeja a pintura da fachada do estabelecimento comercial, normalmente refoge ao âmbito do direito do trabalho.

Uma curiosidade sempre mencionada nos estudos da pessoalidade corresponde ao fato de que ela é a única característica da figura do empregado que não consta do art. 3º da Consolidação das Leis do Trabalho – o art. que explica o que vem a ser empregado – mas que surge no art. 2º, **na definição de empregador**. Em princípio, é irônico que o requisito para ser empregado surja na definição de empregador, mas quando se analisam os artigos em conjunto bem se nota que o legislador quis destacar a pessoalidade como um pressuposto para a formação do contrato de trabalho, do ponto de vista do empregado, donde a expressão "prestação pessoal de serviços" como sinônimo de objeto do contrato de trabalho.

A pessoalidade desempenha papel importante na localização de contratos de trabalho escamoteados sob outras denominações jurídicas, como ocorre com a **falsa cooperativa e com a falsa terceirização**.

Diante da banalização do uso de sociedades cooperativas como forma de substituição de mão-de-obra efetiva e subordinada, costuma-se observar uma verdadeira ginástica que as empresas demandadas em processo do trabalho fazem para tentar demonstrar a lisura do procedimento. Fazem referência à liberdade de associação, partilha de sobras, participação ativa em assembléias de cooperados e independência de atuação, mas se olvidam do ridículo que é a "troca de cooperativa" mantendo-se intactos os cooperados. A situação se tornou freqüente.

Sob o singelo argumento de que os próprios cooperados desejavam se engajar a uma cooperativa mais combativa e de que o tomador de serviços ambicionava redução de custos, argumenta-se que a substituição de uma cooperativa por outra seja procedimento válido e correto do ponto de vista jurídico. Todavia, salta aos olhos a pessoalidade nessa prestação de serviços, se os trabalhadores continuam a ser os mesmos, tanto no contrato entre a empresa e a primeira cooperativa como no contrato entre a empresa e a segunda cooperativa. Diz-se que a pessoalidade ficou realçada neste caso, porque o importante era a presença do trabalhador, específico e determinado, e não da cooperativa interposta ou de natureza jurídica da relação que as unia.

A pessoalidade pode ser verificada, sob semelhantes condições, quando uma empresa decide terceirizar uma parcela de sua atividade, como a limpeza, a segurança, a vigilância, o departamento de pessoal, a recepção, o setor de televendas, dentre outros, e mantém em suas dependências os mesmos empregados, agora sob denominação de prestadores terceirizados. Primeiro, eles são todos dispensados, homologando-se a rescisão; depois, são convidados a permanecer, como empregados da empresa terceirizada e lotados, por coincidência, na tomadora de serviços que conhecem à perfeição, pois ajudaram a formá-la e desenvolvê-la. É necessário muito cinismo para dizer, sem constragimento, que os empregados passaram para a empresa terceirizada "porque quiseram", pois tinham a opção de ir embora sem ficar sob o regime da terceirização.

Novamente, será a pessoalidade o elemento determinante em eventual configuração de nova relação de emprego, pois a subordinação pode talvez ter sido abrandada, com a inserção de outros escalões intermediários, assim como a onerosidade foi quebrada na ligação direta entre tomador e trabalhador, mas a pessoalidade ficou intacta.

Não se faz necessário, seja no caso da "troca de cooperativas", seja no caso da terceirização com aproveitamento dos ex-empregados, que a coincidência atinja 100% dos trabalhadores, patamar muito difícil de alcançar em qualquer escrutínio, sendo bastante que a manutenção dos trabalhadores tenha sido verificada com relativa intesidade.

Da mesma forma que a "troca de cooperativas" com a manutenção dos mesmos cooperados desafia a pessoalidade, também a troca de empresas terceirizadas sem que sejam trocados os trabalhadores mostra-se abusiva e claramente desvirtua a legislação trabalhista, formando-se muito provavelmente a relação de emprego direta com o tomador de serviços. A hipótese é tão comum que se tornou banal avisar aos trabalhadores que a prestadora, sua empregadora, perdeu a concorrência com o tomador, recomendando-se que eles se demitam dos empregos e corram a preencher ficha na nova prestadora, para que permaneçam no posto de serviço com o qual já estão familiarizados, sem solução de continuidade. A maioria se submete, claro está, porque sua fidelidade à empresa derrotada tem um enredo conhecido: recolhimento à base, sem posto definido; envio a postos longínquos, precários e de baixa qualidade de trabalho; e, finalmente, a rescisão do contrato de trabalho sem quitação das verbas rescisórias porque a maioria das empresas prestadoras de serviço não dispõe de um único patrimônio sólido para garantia de solvência de pagamentos. As empresas são os contratos e nada mais. Maior desenvolvimento sobre essa história sombria pode ser conferido no capítulo da terceirização.

Participação da empresa tomadora de serviços no processo de seleção feito pela prestadora de serviços também é indício de pessoalidade. Evidentemente que nenhuma tomadora irá admitir que fez ingerências na escolha dos trabalhadores terceirizados ou que teve voz ativa nessa seleção, mas sua presença se infere por uma série de comportamentos que não necessariamente eram explícitos.

Por exemplo, empresas existem que fazem tantas exigências ao prestador de serviços que, na verdade, estão a direcionar o processo para sobrar apenas um candidato; outras exigem nível de experiência incompatível com candidatos novatos ou desconhecidos no mercado; outras, ainda, mantêm enviado especial dentro da sala de entrevista ou de recrutamento, sob a alegação de controle de qualidade sobre os serviços da terceirizada; por fim, algumas promovem anúncios em jornal avisando que a vaga é para contrato de trabalho diretamente com a tomadora, sem explicar que o regime será de terceirização. O uso dos eufemismos parceria e colaboração não deve sensibilizar o direito do trabalho, pois a pessoalidade efetivamente nasceu entre o trabalhador e a suposta tomadora.

Conforme já se sustentou neste Curso, é comum que um requisito de formação do contrato de trabalho se alie a outro de forma indissociável, o que volta a acontecer com a pessoalidade, quando comparada, por exemplo, com a subordinação e com a habitualidade. Em outras palavras, se somente uma pessoa específica e determinada pode prestar os serviços almejados pelo empregador, é grande a chance de ali existir uma forma de subordinação jurídica, haja vista achar-se essa pessoa sujeita aos comandos do empresário quanto aos procedimentos a serem adotados e considerando-se, ainda, o fato de que ela não deterá liberdade ampla de comparecer se e quando desejar. Simultaneamente, essa pessoa específica e determinada tende a ser aguardada de novo no dia e horário combinados, gerando aquela repetição razoável que demarca o conceito da habitualidade.

Dificilmente se conseguirá vislumbrar um contrato em que a pessoalidade seja marcante, mas não haja subordinação nem habitualidade. A hipótese é difícil, mas nunca deve ser considerada impossível. No contrato de mandato, por exemplo, mesmo na vertente judicial entre um cliente e um advogado, pode haver cláusula de vedação ao substabelecimento, pela qual o cliente nega o direito de o advogado se fazer substituir, mas nem por isso surge o contrato de trabalho automaticamente. Os graus de subordinação e de habitualidade, neste cenário, permanecem em patamares moderados, insuficientes para a formação do contrato de trabalho. Também no contrato de gestão de negócios e mesmo na locação pode haver um caráter personalíssimo apto a guardar alguma semelhança com o contrato de trabalho, mas apenas alguma semelhança e não identidade.

Outro contrato normalmente citado nas listas de liames personalíssimos é aquele de sociedade. No direito comercial, aliás, é muito comum o estudo da afeição societária, como uma exigência determinante para a formação das pessoas jurídicas do tipo sociedade de responsabilidade limitada. Sem a confiança recíproca, nem se pode imaginar como os sócios conviveriam entre si e como partilhariam os lucros, dentre outros assuntos cotidianos.

A propósito da conexão entre a pessoalidade e a habitualidade, vem a calhar a referência a uma conhecidíssima pergunta formulada pelos advogados em depoimento pessoal do trabalhador, quando da instrução sobre o pedido de declaração de vínculo de emprego: **se o trabalhador podia se fazer substituir**.

Por trás da pergunta – tão repetida que nenhum trabalhador admite a hipótese, ainda que lhe tenha ocorrido – reside a noção de pessoalidade, pois o trabalhador que pode enviar amigos e parentes para a prestação dos serviços se aproxima muito mais do pequeno empresário ou profissional liberal substalecido, do que propriamente a um empregado subordinado e de presença cotidiana. Mas, sejamos francos, nenhum empregado ou trabalhador autônomo se faz substituir por tantos amigos e parentes assim, o que nos devolve à questão original sobre a freqüência com que essa pergunta é formulada em depoimento pessoal no processo do trabalho.

A pergunta decorre provavelmente da tentativa de, com a redução do grau de pessoalidade, buscar-se demonstrar uma conseqüente redução do grau de habitualidade – pois a pessoa que se faz substituir também está a se ausentar – e a inevitável diminuição do grau de subordinação – pois esse trabalhador tinha a liberdade, negada aos empregados, de optar entre a atividade pessoal ou o envio de terceiros ao lugar. Daí por que a jurisprudência se mostra severa com aqueles que se fazem substituir, mesmo que raramente, não tanto pela via exclusiva da mitigação do conceito de pessoalidade, mas também pelo abalo que o fenômeno provoca sobre a habitualidade e a subordinação. Três elementos tão expressivos abalados por um único aspecto da prestação de serviços não é assunto a ser desprezado, por óbvio.

O rigor excessivo no trato da questão deve ser sopesado porque o contrato de trabalho convive tranqüilamente com o direito de ausência, justificada ou injustificada, e com a substituição de um colega pelo outro.

Não fosse assim, a Consolidação das Leis do Trabalho não estaria tão repleta de situações e exemplos de ausências e suas repercussões, como a redução proporcional do número de dias de férias, a perda do direito aos descansos semanais remunerados e a configuração de possível dispensa por justa causa, em situações de abuso do empregado, sem falar nas longas listas de matérias justificativas de faltas, como aquelas do art. 473. Ora, se as ausências são abordadas pelo legislador e são um dado concreto indissociável da realidade, não é surpresa que o empregador necessite de outra pessoa para fazer frente à falta do empregado. Nem todas as empresas são grandes e organizadas o suficiente para redistribuir as tarefas de um empregado ausente, entre os presentes, e suportar aquele evento.

A maioria das empresas terá necessidade de buscar cobertura, seja acionando em caráter de urgência algum ajudante em atividade meramente eventual – o já mencionado ajudante "extra" a fazer um "bico" – seja procurando serviços especializados, como as agências de colocação de mão-de-obra urbana, de que cuida a Lei nº 6.019/1974. Hipoteticamente, a empresa pode aceitar que esse ajudante seja indicado por ninguém menos do que o próprio empregado faltante, pela relação de confiança existente ou por absoluta falta de opção. Assim procedendo, porém, não desnatura o contrato de trabalho, pois a tolerância manteve intacta a pessoalidade que recai sobre o empregado.

Em suma, a pessoalidade não inibe as ausências ocasionais ou toleradas, ainda que cobertas por pessoas da confiança do trabalhador.

Entretanto, caso a remuneração do suplente seja paga pelo trabalhador, surge a forte possibilidade de desnaturar o contrato de trabalho pela quebra da onerosidade no sentido trabalhista da expressão. Entenda-se bem: a onerosidade continua a subsistir nessa prestação de serviços, mas o trabalhador assumiu despesas e riscos incompatíveis com a configuração do contrato de trabalho, ao remunerar ajudantes a suas expensas. Mal comparando, é como se ele fosse um pequeno empreendedor, que, na impossibilidade de estar em dois lugares ao mesmo tempo, vai a um dos lugares e envia colega noutro local, auferindo o lucro entre aquilo que a empresa lhe paga e aquela diária que ele pactua com o colega. Se ele amargar prejuízo, pois prometeu diária superior ao valor recebido da empresa, tanto pior para fins do contrato de trabalho, pois nesse caso terão sido mitigadas tanto a pessoalidade quanto a onerosidade, no sentido de trabalho por conta e risco alheios.

Pode haver pessoalidade na contratação de uma pessoa jurídica para a prestação dos serviços?

Não deveria haver pessoalidade quando o assunto é o relacionamento de pessoa jurídica para pessoa jurídica, pois o próprio conceito de pessoa jurídica envolve uma pluralidade de pessoas físicas ou naturais, inclusive com a possibilidade de novos sujeitos serem agregados aos contratos sociais ou deles retirados, como é natural no desenvolvimento das sociedades civis e comerciais.

No entanto, o assunto foi retomado de forma inesperada pela já comentada "MP do Bem", como ficou conhecida a Medida Provisória nº 252, de 1º de julho de 2005, de conteúdo tributário, convertida na **Lei nº 11.196, de 21 de novembro de 2005**. Essa norma foi objeto de comentário ao término do capítulo sobre a subordinação moderada, mas se faz necessária uma nova abordagem, porque o assunto é a natureza personalíssima da prestação de serviços da pessoa jurídica – um quase contrasenso.

Dispõe o art. 129 da Lei nº 11.196/2005 que a tributação segue as normas destinadas às pessoas jurídicas, sempre que houver prestação de serviços intelectuais, "em caráter personalíssimo ou não" por parte de "sociedade prestadora de serviços". Isso significa que o legislador contempla a hipótese de contratação de uma pessoa jurídica, a sociedade prestadora de serviços, para a prestação de serviços em caráter personalíssimo, o qual, em tese, deveria ser feito sob a forma de um contrato de trabalho típico. O conceito de serviço intelectual é bastante vago, abrangendo desde a atividade dos profissionais liberais, como advogados, engenheiros e médicos, até a consultoria técnica ou a atividade artística.

Embora se trate de uma lei voltada preponderantemente para o direito tributário, produziu acirradas controvérsias no âmbito do direito do trabalho, tendo havido questionamento sobre sua constitucionalidade e sobre sua pertinência, pois parece incentivar a contratação da pessoa jurídica unipessoal – pessoa jurídica na aparência, mas pessoa física na realidade e na essência, porque não se vale de empregados e prepostos, havendo prestação de serviços apenas pelo proprietário da sociedade, único sujeito daquela relação. A tributação destinada à pessoa jurídica é sabidamente inferior àquela que se aplica à folha de pagamento da pessoa física, mesmo com o somatório dos impostos locais e demais taxas e contribuições, aduza-se.

Consoante já se explicou, pode, sim, haver caráter personalíssimo em alguns outros contratos civis e comerciais que não se confundem com o contrato de trabalho, como os citados exemplos do mandato, da gestão e da sociedade. Logo, a afirmação do art. 129 de que uma prestação de serviços, mesmo que firmada entre duas pessoas jurídicas, pode ser feita mediante pessoalidade, não é o bastante para representar vício de inconstitucionalidade ou de irregularidade da lei ordinária. Em tese, sua hipótese é plenamente justificável. Todavia, isso não afasta o ato falho do legislador, que acabou institucionalizando a "pejotização", neologismo pavoroso que define o uso excessivo de contratos de pessoas jurídicas, que, na verdade, procuravam pelas pessoas físicas.

Última pergunta deste capítulo: **haveria pessoalidade na figura do empregador**?

Normalmente, não há pessoalidade do ponto de vista do empregador, pois ele pode ser sucedido, fracionado, fundido ou incorporado, sem que, com isso, o empregado possa se sentir melindrado.

Isso se deve justamente ao fato de que normalmente o contrato de trabalho é firmado entre o empregado, de um lado, e uma pessoa jurídica, de outro lado. Mesmo que o empregador esteja constituído sob a forma de pessoa física, como um profissional liberal, ou seja um ente despersonalizado, como uma família ou um condomínio, continua a inexistir pessoalidade na qualidade do empregador.

É compreensível, no entanto, que quanto menor a empresa maior será a familiaridade entre empregado e empregador até chegarmos às situações, nada raras, em que no empreendimento existem apenas duas pessoas, o empregado e o empregador. Neste caso, mesmo que a legislação negue a existência da pessoalidade como requisito obrigatório da parte do empregador e mesmo que o direito do trabalho minimize os efeitos do caráter personalíssimo patronal, será natural a ligação mais estreita entre as partes, podendo o empregado se incomondar com eventuais alterações bruscas.

Isso normalmente acontece com os ofícios de aprendizagem metódica, como os marceneiros, os carpinteiros, restauradores, fotógrafos de pequeno porte e alguns profissionais liberais. Desta forma, a chegada de outro marceneiro para administrar o negócio, após dez ou vinte anos de convivência entre o marceneiro empregado e o marceneiro empregador, não será feita sem perplexidade. Pode ter havido o falecimento do empregador antigo ou simplesmente seu afastamento da atividade. O marceneiro empregado fica na difícil posição entre prosseguir no contrato de trabalho, com uma pessoa que lhe é estranha e com quem talvez não desenvolva afinidade, ou pedir demissão por sua conta e risco.

Existe uma desconhecida regra no art. 483, § 2º, da CLT, pela qual o empregado pode dar por rescindido o contrato de trabalho se houver alteração do empregador pessoa física ou do empregador com quem tinha maior afinidade – ou seja, um empregador com caráter personalíssimo, algo extraordinário – **por motivo de falecimento do primeiro**. Porém, o empregado sempre pode dar por rescindido o contrato de trabalho, por sua conta e risco, sem sacar fundo de garantia e desde que cumpra o período de aviso prévio. Logo, a regra era desnecessária aparentemente, porque não haveria necessidade de um artigo de lei dizer que o empregado está autorizado a pedir demissão, se ele sempre pode pedir demissão.

Por outro lado, também não se poderia falar em justa causa do empregador, pois a simples alteração de empregador está longe de corresponder a um caso de falta grave ou de descumprimento da legislação trabalhista ou de cláusula contratual por parte do empregador, como são as alíneas descritas no art. 483 da CLT.

Assim sendo, o art. 483, § 1º, parece se inserir no tênue limite entre um pedido de demissão e uma rescisão indireta por falta grave do empregador, numa figura não estudada no direito do trabalho e desprovida até mesmo de denominação, algo como um "pedido de demissão com justo motivo". A solução mais harmônica para essa figura pitoresca é considerar o fato como um autêntico pedido de demissão – afinal, a iniciativa é exclusivamente do empregado e nenhum motivo faltoso foi dado pelo empregador – mas com a liberação do cumprimento do aviso prévio, para que ele seja poupado da convivência com o novo empregador, um estranho.

Foi assim que o conceito de pessoalidade no direito do trabalho, criado originalmente pensando no empregado, foi parar no art. 483 da CLT, do ponto de vista do empregador.

Capítulo 8

Empregados sem acesso à CLT

Não basta ser empregado para se ter acesso aos benefícios previstos pela Consolidação das Leis do Trabalho, que ainda hoje norteia o direito do trabalho brasileiro. Além de ser trabalhador subordinado e habitual, prestando serviços em caráter personalíssimo e oneroso a um empregador, faz-se necessário que seu nome não conste do rol dos excluídos representado pelo art. 7º da CLT.

O legislador temeu que a adoção desse tipo de Consolidação já seria suficientemente impactante se abrangesse toda a sociedade urbana do Brasil de 1943, o que não correspondia à maioria dos trabalhadores mas já provocaria certamente uma grande repercussão sobre as relações sociais, de tal forma que se entendeu razoável deixar de lado três grandes segmentos de trabalhadores: os servidores públicos, os empregados domésticos e os empregados rurais. Não se trata de três minorias, como se usa dizer, mas de três grupos numerosos de trabalhadores, dotados de algumas peculiaridades próprias.

Dos **servidores públicos em sentido estrito** não cuida o direito do trabalho. Muito embora se trate de trabalhadores a empreender sua energia em torno de uma atividade organizada da mesma forma que os empregados com contrato de trabalho, os servidores públicos se caracterizam pela presença da administração pública na posição oposta, ocupando o posto do empregador, o que significa forte ingerência das normas do direito administrativo. A diferença pode parecer pequena è primeira vista, especialmente para aqueles que se detêm apenas nos aspectos triviais do cotidiano, como a prestação de serviço, o recebimento da remuneração e as obrigações de pontualidade, assiduidade e produtividade. Todavia, quando bem analisada a questão, notam-se incontáveis diferenças quanto aos princípios informadores das duas disciplinas. Algumas formas de alteração de salários e jornadas, que no direito do trabalho são impensáveis, no direito administrativo são toleradas, com a supremacia do interesse público sobre o interesse isolado do trabalhador. E assim sucessivamente.

Dos **empregados domésticos** o direito do trabalho cuida, mas de forma tímida e lacunosa.

Durante muitas décadas, não havia tratamento legislativo de nenhuma espécie, relegando-se a matéria ao velho Código Civil de 1916, como se fosse uma locação de serviços. Isso representava meramente o direito à contraprestação singela dos serviços prestados, sem benefícios assistenciais ou garantias contra a dispensa arbitrária. Apenas em 1972 a situação foi parcialmente normalizada, com a promulgação da Lei nº 5.859, que ao menos teve o mérito de inserir o empregado doméstico no contexto do direito do trabalho e da previdência social. Chega a ser absurdo que somente em 1972 os domésticos tiveram acesso generalizado ao regime de previdência social, deixando de ser considerados uma espécie de agregados da família.

A formação do contrato de trabalho doméstico exige **serviços de natureza contínua**, o que para muitos mostra-se mais difícil de acontecer do que os serviços de natureza não eventual mencionados pela CLT, como se fosse necessário um serviço de natureza cotidiana e não apenas de natureza habitual. Em capítulo anterior sobre a habitualidade, este Curso já manifestou não haver fundamento científico para a distinção, sendo preferível o enfoque no conceito da repetição dos trabalhos para a formação da relação de emprego, e não a carga horária ou diária de trabalho.

O trabalho deve ser feito para o **âmbito residencial de uma família**. Admite-se que no conceito de família se incluam tanto a instituição nuclear quanto as formações contemporâneas de compartilhamento do lar. Normalmente os dois pontos de destaque são a vida comum sobre o mesmo teto e a contribuição conjunta de seus membros para sua economia. Assim, a república de estudantes e a convivência de pessoas sem grau de parentesco também podem ser inseridas no conceito de família.

Não se tolera, porém, o exercício de atividade econômica – produção ou circulação de bens e serviços – no lar, quando o assunto é a fixação do contrato de trabalho doméstico. Não existe meio doméstico, parcialmente doméstico ou preponderantemente doméstico. No exato momento em que o empregado doméstico auxilia em tarefas voltadas para a atividade econômica, deixou de sê-lo e atingiu o patamar de trabalhador urbano ou rural, conforme o caso, mesmo que esse auxílio esteja restrito a apenas uma hora do dia ou um dia da semana, para o profissional liberal que mantém o escritório em casa ou para a cozinheira que explore comercialmente os quitutes preparados em casa. Também deixa de ser doméstica a empregada que prepara refeições para os empregados da empresa da família ou para os lavradores da fazenda em cuja sede ela vive. Mantém a qualidade de doméstica a empregada que prepara as refeições para outros trabalhadores igualmente domésticos, porque se preserva o âmbito do lar e se mantém afastada a atividade econômica daquele local.

O contrato de trabalho doméstico pode evidentemente ser prestado fora dos domínios do lar mas em nome do ambiente familiar, como é o caso do motorista, que normalmente se ativa mais externa do que internamente, do jardineiro e do guarda-costas.

A característica de não haver nenhum tipo de atividade econômica exerce uma força atrativa sobre as profissões. Assim, o segurança passa a ser doméstico e deixa de ser representado pelo sindicato dos seguranças, porque não está mais envolvido nas atividades urbanas, assim como o motorista, o jardineiro e o piscineiro. Entretanto, discute-se se uma profissão regulamentada não deveria preservar suas características independentemente do local em que a atividade fosse desenvolvida. A prevalecer essa tese, não se poderá falar em médico doméstico, enfermeiro doméstico ou piloto de helicóptero doméstico, porque nesses três exemplos, conquanto os profissionais tenham sido contratados para prestação de serviços exclusivos a uma família, devem guardar seu estatuto particular em homenagem à formação profissional e à fiscalização de suas entidades de classe.

Os críticos desse argumento frisam que a ausência de atividade econômica torna aquele emprego todo especial, repleto de peculiaridades de convívio com a família e maior grau de intimidade, capazes de justificar o afastamento de seus estatutos profissionais e, por conseguinte, das leis trabalhistas devotadas aos empregados urbanos e rurais. Outra crítica que se faz diz respeito à discriminação infundada entre as profissões mais modestas, da arrumadeira e do jardineiro, e as profissões que exigem ensino médio ou superior: apenas pelo grau de estudos da pessoa não se deveria separar a natureza jurídica do contrato de trabalho, se doméstico ou urbano, e, sim, pelo conteúdo das atividades desenvolvidas. Afinal, haveria mais afinidade entre o jardineiro e o auxiliar de enfermagem confinados na mesma casa – com a administração dos conflitos familiares, os humores dos proprietários e a intimidade própria de um lar – do que entre o auxiliar de enfermagem da residência e o auxiliar de enfermagem em plantão médico de hospital, cuja realidade e cujas exigências são completamente diferentes. Pode-se, então, adotar a premissa segundo a qual é o ambiente do lar que fixa a natureza do contrato de trabalho doméstico, qualquer que seja a profissão e qualquer que seja o grau de estudos exigidos do profissional.

Com a inservação do parágrafo único ao **art. 7º da Constituição Federal de 1988**, dez direitos foram lançados aos trabalhadores domésticos, que haviam ficado muito desfavorecidos com a simplicidade da Lei nº 5.859/1972 e com a omissão dos demais dispositivos legais.

Os dez incisos do parágrafo único são aqueles que prevêm direito ao salário mínimo, irredutibilidade de salário, décimo terceiro salário, descansos semanais remunerados, férias, licença-maternidade, licença-paternidade, aviso prévio e aposentadoria. Desses, o único realmente inédito àquela altura era o direito aos descansos semanais remunerados, porque a Lei nº 605/1949 bania os domésticos e nenhuma outra norma havia regularizado a situação. Somente em 2006 o legislador alterou a redação da norma de 1949, retirando a vedação de acesso dos domésticos aos descansos semanais remunerados.

É curioso notar que o inciso V, de **piso proporcional à extensão e à complexidade** do trabalho, não foi estendido aos empregados domésticos, mas normalmente eles conseguem alcançar esse piso através de um desvio: pela Lei Complementar nº 103, de 14 de julho de 2000, a União delegou aos estados o direito de legislar sobre essa questão específica de direito do trabalho, o que não viola a competência exclusiva da União e satisfaz a exigência do art. 22, parágrafo único, da Constituição Federal de 1988. Ao legislar sobre o piso proporcional à complexidade do trabalho, os Estados, porém, normalmente acrescentam o empregado doméstico, como se o assunto se confundisse com o "salário mínimo estadual", expressão reprovável, que não encontra amparo na Constituição Federal de 1988, mas que acabou se popularizando, talvez pela feiúra do termo piso proporcional à complexidade regional. Volta-se a esse assunto no volume seguinte, no tópico do salário mínimo.

Continuam fora do contrato de trabalho os demais incisos do art. 7º da Constituição, especialmente o salário família (que chegou a fazer parte da Lei nº 11.324/2006, mas foi vetado pela Presidência da República), o adicional noturno, as horas suplementares, a proteção ao trabalho da mulher, o adicional para atividades insalubre e perigosas, a negociação coletiva, o seguro obrigatório contra acidentes de trabalho e o direito a creches e pré-escolas para os filhos de até cinco anos.

Um inciso em particular fez muita falta no parágrafo único. Trata-se do inciso XXIX, que regula a **prescrição das pretensões trabalhistas**. Não haveria grande dificuldade prática se ele houvesse sido inserido no rol das conquistas dos empregados domésticos, pois o prazo de cinco anos durante o contrato de trabalho, até o limite de dois anos após a cessação do contrato de trabalho, mostra-se razoavelmente aceito e praticado pela sociedade, sem grandes sobressaltos mesmo no âmbito dos pequenos empresários e, no caso, dos domésticos. Foi necessária uma imensa ginásticas jurídica para se chegar ao quase consenso de que, mesmo ausente o inciso XXIX do parágrafo único, a melhor solução é aplicar também ao contrato de trabalho os prazos de cinco e dois anos, sob o fundamento de que o inciso XXIX versa sobre direito de ação, que não é propriamente um direito trabalhista e ao qual todos têm acesso, inclusive aqueles que formalmente não compõem o rol do art. 7º, como é o caso dos domésticos, dos empregadores e dos pequenos artífices ou artesãos, citados brevemente no art. 652 da CLT. O prazo, assim, fica unificado, harmônico e justo.

Outro nó jurídico se encontra no tema das férias.

O contrato de trabalho já detinha o direito às férias pelo art. 3º da Lei nº 5.859/1972 e o teve ratificado pela conquista do inciso XVII do art. 7º. Todavia, ganhar o direito às férias não significa que todos os assuntos ficam resolvidos, pois são muitos os temas correlatos, como a quantidade de dias, o fracionamento, forma de aviso e de pagamento, período para conquista e período para gozo, casos de perda do direito, superveniência da rescisão do contrato de trabalho, férias proporcionais e assim sucessivamente.

Por óbvio, a melhor solução é adotar, de uma vez por todas, o capítulo das férias previsto na Consolidação das Leis do Trabalho, que bem ou mal presta bons serviços desde 1943 – esse capítulo em particular foi reformulado em 1977, como veremos – e não contém nenhuma solução traumática. Há vantagens, como a dobra das férias atrasadas e o pagamento proporcional das férias não implementadas, mas há também desvantagens, como a perda de alguns dias por causa das faltas ou de todas as férias por causa de licença médica prolongada. Recomenda-se aplicar o capítulo das férias da CLT para os domésticos não por favorecimento ou por capricho, mas pelo simples fato de que essa é a única solução capaz de atender à finalidade da norma – proporcionar descanso de férias anuais aos domésticos – e simultaneamente assegurar à família empregadora uma certa previsibilidade desse pagamento. A resistência, entretanto, é enorme. Três décadas não bastaram para sedimentar a questão.

Os detratores dessa tese argumentam que a Consolidação das Leis do Trabalho nunca, jamais, em tempo algum, poderá ser aplicada aos trabalhadores domésticos. Porém, deve-se reconhecer que o direito lhes foi outorgado, buscando-se apenas uma forma de operacionalizar ou de viabilizar na prática o exercício desse direito. Mal comparando, é como se o aviso prévio conquistado pelos domésticos via inserção do inciso XXI no parágrafo único do art. 7º fosse devido mesmo no caso de óbito do empregado ou no caso de justa causa. Sabe-se que a justa causa retira o direito ao aviso prévio, mas esses e outros conceitos aparecem mais claramente destacados no rol dos arts. 487 e seguintes da CLT, razão pela qual, se eventualmente se fez necessário abrir o texto legal, não se procedeu assim para violar a proibição de acesso do doméstico à CLT mas apenas para implementar um direito adrede conquistado.

A própria Lei nº 5.859/1972 faz referência à CLT noutra passagem, sem que tenha causado tanto furor. Para fins de saque de fundo de garantia, o empregado doméstico não pode ter cometido justa causa, assim entendida a lista do art. 482 da CLT, conforme art. 6º da lei em questão, com redação dada pela Lei nº 10.208/2001. Não significa liberdade de aplicação da CLT, mas adequação de uma hipótese – o saque do fundo de garantia – e um padrão de conduta – a não-realização da justa causa – que seria muito difícil de ser sistematizada em poucas palavras e se mostra mais coerente a remissão ao conhecido texto trabalhista.

O Regulamento da Lei do Trabalho Doméstico – que vem a ser o Decreto nº 71.885, de 9 de março de 1973 – teve exatamente essa intenção, porque a ele foi delegado o direito de especificar como seriam adquiridas e desfrutadas essas férias. Mas na hora de dizer como seriam os aspectos práticos, o art. 2º do Regulamento usou uma expressão ambígua: "Excetuando o capítulo referente a férias, não se aplicam aos empregados domésticos as demais disposições da Consolidação das Leis do Trabalho". A jurisprudência parece não ter captado a mensagem. O Decreto não estava furando o bloqueio de aplicação da CLT aos domésticos, mas apenas adotando a tese um tanto preguiçosa de que, no lugar de uma regulamentação detalhada sobre as férias, era possível se reportar à CLT. Essa remissão legislativa não foi bem aceita, sendo muito comum o julgado que declara a ilegalidade do Decreto, por usurpação dos poderes que lhe são confiados, mas sem oferecer solução prática para a sistematização das férias do doméstico.

A **Lei nº 11.324, de 19 de julho de 2006**, perdeu a grande oportunidade de pôr fim à pendência, limitando-se à singela alteração da expressão arcaica "vinte dias úteis", que era usada na época em que não havia descansos semanais remunerados no direito brasileiro, pela expressão mais moderna "trinta dias corridos".

Do sistema do **fundo de garantia**, em que o empregador é obrigado a depositar mensalmente 8% dos rendimentos do empregado ao longo do contrato de trabalho, aproximadamente um salário por ano, os empregados domésticos historicamente estiveram alijados. Não são mencionados na Lei nº 8.036/1990, que cuida do tema, nem tiveram acesso ao inciso III do art. 7º da Constituição. Após grandes discussões no Congresso Nacional, não houve consenso sobre a pertinência ou não dessa extensão aos domésticos, de tal forma que o único avanço foi tornar facultativa a adesão por parte do empregador, conforme alteração da Lei nº 5.859/1972 promovida pela Lei nº 10.208/2001 e não afetada pela Lei nº 11.324/2006.

Uma observação, porém, se faz necessária: a adesão ao fundo de garantia é mera faculdade do empregador doméstico, mas aquele que aderir deve fazê-lo mediante todas as exigências da legislação aplicável à matéria, quanto às alíquotas, bases de cálculo, datas de recolhimento e acréscimo de 40% em caso de dispensa sem justa causa ou rescisão a ela equiparada. Não há meio caminho nesta adesão e tampouco se pode falar em desistência da adesão já consumada.

Cabe **seguro desemprego** para o empregado doméstico?

A Lei nº 10.208/2001, alterando a redação da antiga Lei nº 5.859/1972, diz que cabe, mas formula tantas exigências que é quase impossível encontrarmos um doméstico beneficiário do fundo de garantia: a) seu empregador precisa ter aderido ao fundo de garantia; b) o valor será sempre de um salário mínimo, ao contrário dos demais empregados, que têm direito a um percentual da média dos três últimos salários, com um teto próximo de dois salários mínimos; c) serão sempre três parcelas, enquanto os demais trabalhadores auferem de três a seis parcelas; d) o doméstico tem de ter trabalhado por quinze dos últimos 24 meses, ao contrário dos demais empregados, de quem se exigem apenas seis meses de contrato de trabalho; e) perde-se o direito ao saque em caso de justa causa e, como essa figura não constava expressamente da Lei nº 5.859/1972, sendo aplicada ao contrato de trabalho doméstico apenas com base nos princípios do direito do trabalho, o legislador houve por bem destacar que os domésticos estão sujeitos ao art. 482 da CLT, aquele que lista as hipóteses de justa causa, mas desde logo, para evitar alegação de ridículo, avisa que não cabem concorrência desleal e violação de segredo em caso de empregado doméstico.

Garantia de emprego de gestante é, por fim, o outro elemento controvertido da realidade dos domésticos. A conquista do paráráfo único do art. 7º foi o direito à licença-maternidade, conforme remissão ao inciso XVII, o que significa o direito de ser a gestante afastada por quatro meses, para dar à luz a seu filho, sem prejuízo de sua renda, a ser paga pela Previdência Social. Ao retorno da licença, em tese poderia a gestante ser dispensada, pelo fato de que a garantia de cinco meses a contar do parto está prevista no art. 10 do Ato das Disposições Constitucionais Transitórias, que regulamenta o art. 7º, I, da Constituição Federal de 1988. Recapitulando, o inciso I é aquele que fala em relação de emprego protegida contra a dispensa sem justa causa, na forma de uma futura lei complementar que nunca foi editada, mais de duas décadas depois de promulgada a Constituição Federal de 1988. Ora, se o artigo 10 do ADCT é parte integrante do art. 7º, I, e esse não foi estendido ao doméstico, é de supor que a garantia de cinco meses a contar do parto também ficou de fora dos direitos da gestante.

Porém, essa garantia foi fixada, tempos após, pela Lei nº 11.324, de 19 de julho de 2006. Certamente haverá uma dúvida razoável se a lei ordinária poderia ou não ter fixado garantia de emprego e se houve quebra de hierarquia pelo fato de a lei ordinária fazer as vezes de lei complementar exigida pelo art. 7º, I. À primeira vista, houve de fato essa inversão de hierarquia, mas, em casos análogos, o Tribunal Superior do Trabalho e o Supremo Tribunal Federal já decidiram que a lei ordinária pode estabelecer garantias de emprego momentâneas e apenas para um grupo de empregados, sendo de alçada exclusiva da lei complementar a estabilidade duradoura e destinada à generalidade dos empregados. Essa diferença de duração e de âmbito de aplicação da estabilidade serviu para liberar a aplicação do art. 118 da Lei nº 8.213/1991, sobre a garantia de emprego do acidentado, bem como várias outras pequenas garantias espalhadas pela legislação, como no caso do dirigente de cooperativa e do conciliador da Comissão de Conciliação Prévia.

Está fora da aplicação integral da Consolidação das Leis do Trabalho **também o trabalhador rural.**

Neste caso, o fundamento para a discriminação legislativa é de outra ordem, não relacionada com a ausência da atividade econômica, mas relacionada com a diferenciação de métodos e de usos e costumes existentes no campo e na cidade.

Uma boa forma de se separarem as duas esferas é aplicar a noção de transformações físicas e transforções químicas, tal como aprendemos no ensino fundamental. Aplicando-se esse conceito ao ciclo da natureza, temos que as transformações físicas são aquelas que não afetam a substância do produto, como a colheita, a poda, o beneficiamento, o ensacamento e o escoamento da produção agrícola, pecuária ou do extrativismo mineral. Por sua vez, a transformação química é aquela que afeta a natureza do produto, passando a assumir uma nova forma sem retorno ao estágio anterior, como a mudança da cana para o álcool ou o açúcar, o preparo de embutidos a partir da carne suína ou a fabricação dos queijos a partir do leite. Via de regra a atividade industrial se insere, portanto, na seara urbana.

Essa distinção singela entre transformações físicas, normalmente mais ligadas às atividades do campo, e transforções químicas, consideradas mais sofisticadas, ajuda também a entender por que o trabalho rural pode eventualmente ser exercido na cidade, como em uma chácara ou em um sítio localizado na zona urbana, assim como o trabalho urbano pode também ser exercido na zona rural, como uma indústria ou um entreposto localizado dentro da área rurícola. Não é a localização geográfica do empregador que define a natureza do trabalho prestado, claro está. O próprio art. 2º da Lei nº 5.889/1973 enfatiza que o trabalho rural pode ser prestado em "prédio" da zona rural ou "prédio rústico", assim entendido aquele com aspectos rurais na zona urbana.

O critério da distinção das atividades pela natureza da transformação dos produtos não é perfeito, mas atende satisfatoriamente à maioria das atividades produtivas e ajuda a entender por que algumas empresas podem ter simultaneamente empregados urbanos e empregados rurais, sendo aqueles dedicados às atividades da indústria e do comércio da produção, enquanto estes normalmente se dedicam às etapas primárias do ciclo.

A propósito, o art. 4º, § 4º, do Regulamento do Trabalho Rural, Decreto nº 73.626, de 12 de fevereiro de 1974, refere expressamente como sendo rurais as atividades que "compreendem o primeiro tratamento dos produtos agrários *in natura* sem transformá-los em sua natureza", oferecendo exemplos como o "beneficiamento, a primeira modificação e o preparo dos produtos agropecuários e hortigranjeiros". Ao revés, considera urbanas as atividades que alteram a natureza dos produtos, "retirando-lhe a condição de matéria-prima".

Empregados que trabalham na residência de uma família localizada em chácara, sítio ou fazenda, sem envolvimento em qualquer tipo de atividade econômica, não são nem urbanos nem rurais, mas domésticos, à luz da legislação trabalhista brasileira, o que leva à conclusão de que, preliminarmente, devem-se separar os empregados entre aqueles engajados em atividades econômicas e aqueles não engajados em atividades econômicas ou similares, para, ao depois, separar os empregados das atividades primárias, de alteração meramente física nos produtos, que são os rurícolas, e aqueles ligados às atividades mais elaboradas, de alteração química dos produtos, que são os urbanos.

Sabemos que a separação entre domésticos, de um lado, em urbanos e rurais, de outro lado, tem relevante repercussão, haja vista a ausência de muitos direitos trabalhistas para os domésticos sob o fundamento de que desfrutam de elevado grau de fidúcia e de intimidade com os empregadores e não poderiam ser contemplados, por exemplo, com horas suplementares e adicional noturno.

No entanto, qual seria a importância prática da distinção entre os empregados urbanos e os empregados rurais?

Houve um tempo em que a distinção era de grande impacto, porque a legislação aplicável ao trabalhador rural era incipiente e lhes privava de grande parte dos direitos, tanto através do chamado Estatuto da Terra dos anos 1960 quanto através da Lei nº 5.889/1973, ainda hoje em vigor, mas agora com caráter complementar. Então, havia forte pressão para se alterar o enquadramento de urbano para rural, surgindo teses como a prevalência do trabalho urbano em caso de atividades mistas ou, ainda, o enquadramento pelo objeto social da empresa e não pela atividade exercida pelo empregado, tudo para ampliar o quadro de urbanos e minimizar o quadro de rurícolas.

Porém, esse cenário sofreu forte alteração com a Constituição Federal de 1988.

Como se sabe, o art. 7º da Constituição afirma, desde sua primeira linha, que todos os variados direitos trabalhistas ali apresentados valem tanto para os empregados urbanos quanto para os empregados rurais, perdendo um pouco o sentido da distinção acadêmica. E ainda havia uma agravante: no tema da prescrição, o rural saía em vantagem, pois desfrutava a prerrogativa de não ter computada a prescrição na vigência do contrato de trabalho – uma espécie de causa impeditiva da fluência do prazo prescricional fundamentada na subordinação mais acentuada que o rural sofre na vigência do contrato de trabalho – mantendo-se apenas o biênio prescricional posterior à extinção do contrato de trabalho, comum aos dois tipos de trabalhadores. Ante essa distinção mais favorável aos rurais, houve um movimento inverso de pressão, para que, na dúvida, o empregado fosse considerado rural, como forma de, além de todas as vantagens asseguradas aos urbanos, ele tivesse o direito de não contar prescrição durante o contrato de trabalho. Esses movimentos pendulares, de ora pressionar mais de um lado, ora pressionar mais de outro lado, não são científicos nem jurídicos e demonstram uma precipitação incompatível com o direito do trabalho. De qualquer forma, essa distinção da prescrição viria a desaparecer, entretanto, com a Emenda Constitucional nº 28, de 25 de maio de 2000, que unificou os prazos prescricionais para todos os trabalhadores.

O que temos hoje, em resumo, é o seguinte: a) o art. 7º da CLT continua a negar o acesso dos trabalhadores rurais às vantagens ali previstas; b) a Lei do Trabalho Rural, nº 5.889, de 8 de junho de 1973, admite a aplicação da CLT aos rurícolas, desde que não haja disposição expressa na própria lei, sendo apenas algumas poucas diferenciações; c) o art. 7º da Constituição Federal de 1988 os iguala para a grande maioria dos assuntos.

Torna-se relevante, então, saber quais são essas poucas distinções da Lei nº 5.889/1973 que ainda façam sentido e que ainda diferenciam os empregados rurais, o que pode ser resumido através da seguinte relação:

1. **redução de jornada durante o aviso prévio.** O sistema de aviso prévio é idêntico ao praticado na zona urbana, quanto à natureza jurídica, duração, conversão em pecúnia e incidências, exceto num único aspecto: caso o empregado exija o trabalho durante os trinta dias, a redução de jornada segue a regra particular de um dia por semana, ante sete dias corridos ou ante a redução de duas horas diárias, mencionados pela CLT. A justificativa mais aceita para essa distinção diz respeito à realidade do campo, em que muitas tarefas não podem ser realizadas com jornada reduzida, como o plantio, a colheita, a alimenação dos animais, a irrigação e assim por diante.
2. **Conceito de grupo econômico.** Embora haja grande divergência sobre o conceito de grupo econômico, o fato é que a redação do art. 2º, § 2º, da CLT e a redação do art. 3º, § 2º, da Lei nº 5.889/1973, não são idênticas. Nota-se no grupo rural uma maior abrangência, pois incluir a figura do agrupamento por coordenação – desprezando a necessidade de uma empresa mãe ou *holding* – e uma maior precisão terminológica para se abranger o grupo misto, ou seja, aquele que atua tanto em empreendimentos urbanos como rurais, sendo exemplo o banco e a seguradora que investem em fazendas de reflorestamento ou de gado de corte como forma de alavancar suas reservas. Daí a expressão grupo econômico e financeiro, no lugar de simples grupo econômico.
3. **Intervalo para refeição e descanso.** O art. 5º da Lei nº 5.889/1973 prevê a existência do intervalo para refeição e descanso, mas, ao contrário do art. 71 da CLT, não delineia a duração mínima e máxima, valendo-se da expressão "observados os usos e costumes da região". O Decreto nº 73.626/1974 cuidou de limitar o intervalo ao patamar mínimo de uma hora, remetendo as demais questões para os usos e costumes. Então, a grande diferença reside no intervalo máximo, que na CLT é de duas horas, salvo negociação coletiva, e na área rural é remetido para o hábito regional.
4. **Serviços intermitentes.** Em caráter inédito, a Lei nº 5.889/1973 contempla a hipótese de não contagem do tempo de descanso do empregado entre uma tarefa e outra, "nos serviços caracteristicamente intermitentes", como a ordenha do gado leiteiro, a alimentação dos animais e semelhantes serviços prestados de acordo com a movimentação do sol e a incidência das chuvas. Para que se evite o abuso, pede-se a anotação dessa particularidade em Carteira de Trabalho e, paralelamente, o art. 10 do Decreto nº 73.626/1974 ex-

plica que o serviço intermitente é aquele com pausas necessárias acima de cinco horas, provavelmente aqueles desempenhados ao nascer e, depois, ao pôr do sol.

5. **Trabalho noturno**. Para fins da Lei nº 5.889/1973, considera-se noturno o trabalho prestado das 20h00 às 04h00 na pecuária e das 21h00 às 05h00 na agricultura, diversamente ao disposto na CLT.
6. **Remuneração superior do trabalho noturno**. Há apenas uma forma de remuneração superior do trabalho noturno, que é o adicional noturno de 25% sobre a hora diurna, diferentemente da lei urbana, que contempla duas vantagens – o adicional noturno e a hora noturna reduzida.
7. **Descontos salariais**. Enquanto a CLT permite descontos previstos em lei, em norma coletiva e em casos de culpa e dolo do trabalhador, a Lei do Trabalho Rural apenas admite os descontos previstos em lei, os descontos sobre moradira e alimentação bem como, evidentemente, o adiantamento salarial. São muitas as conseqüências dessa limitação.
8. **Salário utilidade**. Para afastar a natureza salarial das vantagens fornecidas sob a forma de moradia e bens que a guarnecem, na Lei nº 5.889/1973 existe a previsão em contrato escrito e a notificação à entidade sindical, formalidades inexistentes na CLT para fins de salário utilidade e configuração dos benefícios assistenciais.
9. **Plantação intercalar**. O empregador pode tolerar que o cultivo informal feito pelo empregado morador da propriedade rural avance por entre os espaços vagos da plantação principal, que passam a ser denominados plantação intercalar ou plantação secunária. Abre-se a possibilidade de o empregado auferir lucros com essa colheita. Diante do difícil enquadramento jurídico do tema, a lei optou pela formação de um "contrato em separado" e pela vedação a que os lucros da plantação secundária componham o cálculo do salário mínimo.
10. **Metade do salário mínimo para o empregado menor de 16 anos**. Distinção meramente histórica, hoje obsoleta. Esse dispositivo da Lei do Trabalho Rural não foi recepcionado pela Constituição Federal de 1988 por duplo fundamento: de um lado, o contrato de trabalho exige a idade mínima de 16 anos, não havendo mais a possibilidade de ingresso no mercado de trabalho antes dessa idade, salvo na condição de aprendiz; de outro lado, a todos os menores de dezoito anos, empregados ou aprendizes, é assegurado o direito trabalhista e previdenciário, conforme art. 227 da Constituição.
11. **Segurança e medicina do trabalho**. Embora a proteção ao meio ambiente do trabalho deva ser uma preocupação geral a todas as profissões e em todas as

circunstâncias, o trabalho rural dispõe de peculiaridades próprias que justificaram a criação da exclusiva Norma Regulamentadora nº 31 (Portaria nº 86/2005 do Ministério do Trabalho e Emprego).

12. **Contrato de trabalho por prazo determinado**. Enquanto o art. 443 da CLT especifica três contratos por prazo determinado, a Lei nº 5.889/1973 enfatiza particularmente o contrato "por pequeno prazo", assim entendidos dois meses, na forma do art. 14-A, inserido pela Lei nº 11.718, de 20 de junho de 2008, e o "contrato de safra", assim entendido aquele sujeito a "variações estacionais da atividade agrária", estipulando para essa figura uma indenização especial a ser paga quando de seu encerramento – à razão de 1/12 do salário mensal, por mês de duração da safra. Nos comentários à Lei do Fundo de Garantia, a serem efetuados em conjunto com os arts. 477 e seguintes da CLT, este Curso sustentará a tese de que referida indenização é cumulável e compatível com o complemento de 40% sobre os depósitos do fundo de garantia.
13. **Conceito de justa causa**. Um critério obsoleto e primitivo previa justa causa por incapacidade total e permanente, resultante de idade avançada, enfermidade ou lesão, o que certamente não resiste à menor análise jurídica sobre o tema. Considera-se ilegal o art. 23, parágrafo único, do Decreto nº 73.626/1974, por haver usurpado os poderes de simples Regulamento e inconstitucional por haver desprezado o valor social do trabalho.
14. **Enquadramento sindical**. O Decreto-lei nº 1.166, de 15 de abril de 1971, ainda hoje em vigor e referido indiretamente pelo art. 10, § 2º, do Ato das Disposições Constitucionais Transitórias, preconiza o enquadramento sindical rural de forma um pouco diferente do tratamento dado às profissões urbanas: em lugar de as agrupar por categorias ou por afinidades, os rurículas são todos congregados num só sindicato, eclético quanto às ocupações, do veterinário ao lavarador, mas harmônico quanto às singularidades do trabalho no campo.

Capítulo 9

Identificação profissional (Carteira de Trabalho)

Proporcionalmente, a Carteira de Trabalho ocupa um lugar de maior destaque na Consolidação das Leis do Trabalho do que assuntos importantes no cotidiano das relações de emprego, como as horas extras, os descansos semanais remunerados e o aviso prévio indenizado. Uma possível explicação para semelhante tratamento reside no fato de que o documento não se atém a certificar a existência de um contrato de trabalho e sua importância tampouco está adstrita ao universo do empregado e do empregador – até porque se a Carteira de Trabalho se destinasse apenas ao empregado e ao empregador, talvez ela nem mesmo fosse necessária, porque as partes poderiam lidar com o contrato de trabalho de outras formas.

Para os trabalhadores de alta renda, o que conta é um bom currículo profissional para ser exibido ao empregador e aos concorrentes; para os empregados de baixa renda, conta muito ter uma Carteira de Trabalho bem conservada, com contratos de trabalho preferencialmente longos e com evolução salarial constante. O trabalhador de nível superior exibe sua carteira da entidade de classe como forma de distinção social, enquanto o trabalhador de baixa escolaridade exibe a Carteira de Trabalho como motivo de dignidade de quem conseguiu uma vaga "com carteira assinada" ou "com carteira fichada".

Além da importância social, a Carteira também guarda relevância para a Previdência Social, forma eficiente de comprovar tempo de serviço e tempo de contribuição, conquanto sujeita ao acréscimo de outros documentos a corroborarem a assertiva. Daí a alteração de seu nome, pelo Decreto-lei nº 926, de 10 de outubro de 1969, de "carteira profissional" para "Carteira de Trabalho e Previdência Social". Alguns, chamam-na de CTPS; outros ainda falam "a profissional", como nos velhos tempos.

Passemos, agora, à análise dos arts. mais expressivos do Capítulo I do Título II da Consolidação das Leis do Trabalho.

O art. 13 refere à **obrigatoriedade da Carteira de Trabalho** para qualquer emprego, doméstico, rural ou urbano, efetivo ou temporário, havendo uma extensão até mesmo para o pequeno proprietário rural que explore área "não excedente do módulo rural". Módulo rural é unidade de medida, em hectares, fixada em harmonia com a dimensão do imóvel rural com sua situação geográfica e exploração econômica, variando de região para região e de atividade para atividade.

Hipótese bastante curiosa surge nos §§ 3º e 4º do art. 13 quanto à possibilidade de o empregado começar um contrato de trabalho sem dispor da Carteira de Trabalho.

Em princípio, isso não deveria ocorrer, pois o documento é essencial para qualquer relação de emprego. Às vezes ouve-se o empregador dizer que não registrou o contrato de trabalho porque o trabalhador não levou o documento. Não há negociação sobre o assunto: em o empregado não apresentando o documento indispensável, deve ser impedido de trabalhar, logo no primeiro dia. O empregador deve saber que ali reside uma semente de intriga e que será sempre ele o responsável pela condução do problema. A norma é de ordem pública, envolve terceiros interessados, como a própria Previdência Social, e não admite tolerância. O empregador deve procurar outro empregado que se disponha a levar a Carteira de Trabalho. Algumas empresas bem orientadas não permitem nem mesmo que o empregado se apresente no teste de seleção e entrevista se ele ainda não dispõe de Carteira de Trabalho.

No entanto, pode acontecer de uma cidade pequena não ter posto de emissão da Carteira de Trabalho e ao mesmo tempo o empregado ter necessidade de começar um trabalho em uma vaga pronta para ser preenchida. Neste caso – e somente neste caso – o legislador admite que a falha encontra-se mais nos poderes públicos, que não tornaram o documento mais acessível, do que propriamente no empregador. Criou-se, então, a pouca conhecida figura do contrato de trabalho por até trinta dias sem Carteira de Trabalho, desde que o empregador se comprometa a liberar o empregado para obter a sua naquele período.

Enquanto a Carteira de Trabalho não for providenciada, a fim de que o empregado detenha algum documento em seu poder que comprove seu estado de trabalhador ativo, o art. 13 refere a elaboração de um documento pelo empregador em que constem a data de admissão, a função, o salário e sua forma de pagamento, as quatro informações consideradas mais relevantes àquela altura.

E se o contrato de trabalho terminar antes que a Carteira de Trabalho tenha ficado pronta, seja por pedido de demissão do empregado, seja por dispensa sem justa causa?

Para essa hipótese ainda mais cerebrina, o art. 13 prevê o fornecimento de um "atestado" pelo empregador, contendo o "histórico" da relação de emprego.

Os arts. 14 a 28 descrevem a **emissão e a entrega da Carteira de Trabalho** ao trabalhador, normalmente a cargo das Delegacias Regionais do Trabalho, que são órgãos fracionários do Ministério do Trabalho e Emprego, ou mediante convênio com órgãos federais, estaduais e municipais da administração direta ou indireta. Em cidades pequenas, é comum a existência de ponto de emissão de Carteira de Trabalho na Prefeitura da localidade, por exemplo. Prevê o art. 14, ainda, a possibilidade de convênio com as entidades sindicais, tudo para aumentar a capilaridade desse sistema de emissão do documento. O art. 14 não exige que o sindicato emita Carteira de Trabalho apenas para seus associados, mas o art. 26 menciona que, em o sindicato se comprometendo a retirar as carteiras no órgão federal para fazer a entrega aos trabalhadores, que se atenha a distribuir entre os membros da categoria e, claro, sem cobrar taxas pelo serviço.

O art. 16 aponta a validade de qualquer documento "*oficial de identificação pessoal do interessado, no qual possam ser colhidos dados referentes ao nome completo, filiação, data e lugar de nascimento*", o que facilita muito a vida do trabalhador num país sabidamente subdocumentado em termos de certidão de nascimento, certidão de casamento, título eleitoral e registro geral. Mesmo diante da liberdade ampla de apresentação de documento, o trabalhador ainda tem a chance de solicitar a Carteira de Trabalho mediante declaração de duas testemunhas sobre seus dados pessoais, a fim de que ele não fique privado do emprego por falha de sua documentação particular.

Mas o dispositivo mais relevante dessa seção é o 17, § 1º, que fala da emissão da Carteira de Trabalho ao menor de 18 anos, para quem "*as declarações previstas neste artigo serão prestadas por seu responsável legal*". A partir dessa afirmação, chegou-se ao entendimento de que o responsável tem presença assegurada no início da vida profissional do trabalhador, ao anuir com a emissão da Carteira de Trabalho. Se assim o fez, é natural de que tenha ciência de que o jovem está em busca de seu primeiro emprego, se já não o encontrou, razão pela qual não poderá manifestar oposição ou perplexidade de que o filho ou tutelado ingressou no mercado de trabalho. É devido ao art. 17 da CLT que não se exige a anuência do pai ou responsável para firmar um contrato de trabalho do jovem, que pode resolver a questão com independência, tanto aos 16 quanto aos 17 anos – 14 e 15 anos apenas como aprendiz – porque tacitamente autorizado pelo pai ou responsável quando da emissão da Carteira de Trabalho.

Os arts. 29 a 35 dispõem sobre **as anotações na Carteira de Trabalho.**

Uma curiosidade do art. 29 é a exigência de um recibo do empregador de que recebeu a Carteira de Trabalho do empregado para fazer as anotações. Ninguém emite esse recibo. Fica-se imaginando a conseqüência de um empregado que, um belo dia, resolver questionar o empregador, logo na contratação, sobre o motivo pelo qual ele não apresenta recibo de que a Carteira de Trabalho lhe foi confiada. Provavelmente nunca terá o registro efetuado, porque o contrato de trabalho morreu naquele instante. Aburdos à parte, o fato é que a redação do art. 29, ao dizer que o documento é apresentado “contra recibo” parece ter fixado o ônus de uma prova muito difícil de ser feita: a comprovação de que a Carteira de Trabalho estava em poder do empregador quando desapareceu. O assunto não é assim tão raro.

Em muitas lides trabalhistas, os empregados costumam postular a devolução da Carteira de Trabalho dolosamente retida pelo empregador, que responde, em contestação, não conhecer o fato e não estar em poder do documento. Instala-se, então, um debate sobre o assunto, mas é certo que o ônus de provar o fato constitutivo da pretensão recai sobre o trabalhador demandante. A empresa não detém ônus neste caso, nem aptidão para a prova nem incumbência de provar a negativa – a afirmação de que não reteve a Carteira de Trabalho. Daí o significado prático da expressão “contra recibo”, um preciosismo dentro de um contrato que podia ser verbal ou tácito.

Caso hipoteticamente o empregado consiga produzir essa prova, é razoável que obtenha êxito em pedido de indenização por perdas e danos, porque na realidade o valor desse documento é inestimável. Em sede de dissídio coletivo, a Seção Especializada do Tribunal Superior do Trabalho dispõe de jurisprudência dominante favorável a que esse tipo de indenização conste de norma coletiva – Precedente 98 da SDC. Afora esse dano material, o empregado deve também arcar com multa de caráter administrativo, no dizer do art. 52 da CLT.

Outra curiosidade ainda na primeira linha do art. 29 é um enigmático prazo de 48 horas para o empregador promover as anotações. Na verdade, a lei não precisava ter fixado prazo, porque, contanto que não se afaste da realidade dos fatos relacionados à data de admissão, função e remuneração, o empregador pode fazer a anotação na hora, no dia seguinte ou alguns dias depois, devolvendo ao trabalhador o documento convenientemente registrado. Ao falar em 48 horas de prazo, o legislador levou alguns intérpretes mais apressados a entender o recado como sendo direito de refletir em 48 horas se vai ou não fazer o registro e quiçá o direito de experimentar o trabalhador por 48 horas sem compromisso. Houve até mesmo quem dissesse que o empregador poderia registrar o contrato de trabalho retirando aqueles dois primeiros dias da marcação, o que evidentemente descumpre a finalidade da norma. O prazo é meramente burocrático e não merece relevância jurídica.

O conteúdo das anotações está ligado basicamente à data de admissão e remuneração do trabalhador.

Estranhamente, o art. 29 não exige a anotação da função do empregado, assunto de extrema relevância porque definirá o enquadramento sindical, a aplicação ou não de leis específicas e a incidência de normas coletivas. Tanto isso é verdade que todos os modelos de Carteira de Trabalho aprovados pelo Ministério do Trabalho contêm o campo da função exercida, tendo sido até mesmo criado um Código Brasileiro de Ocupações (CBO), através das Portarias nºs 3.654/1977, 1.334/1994 e, a mais recente, nº 397, de 9 de outubro de 2002, todas do Ministério do Trabalho.

Os modelos aprovados pelo Executivo normalmente incluem, ainda, campos para evolução salarial, gozo de férias, recolhimentos sindicais e afastamentos previdenciários, muito embora essas exigências formalmente não constem da CLT. O art. 13, § 3º, inciso II, quando falou do documento a ser fornecido ao empregado que ainda não obteve a Carteira de Trabalho, fez expressa referência à função exercida, aduza-se.

A data de admissão dispensa maior dificuldade de registro, devendo figurar dia, mês e ano. A data de rescisão pertence ao futuro incerto e indefinido, devendo ser aguardado o momento oportuno do encerramento do contrato de trabalho para tal finalidade. Mesmo que o contrato de trabalho seja por prazo determinado, pode haver rompimento antecipado ou até mesmo o óbito do trabalhador, de tal sorte que ninguém deve se precipitar marcando a data da cessação. Quanto à remuneração, normalmente se aponta o salário fixo e, depois, se preenchem os campos das atualizações salariais. Havendo gorjeta, deve-se registrar a estimativa, ainda que provisória, pois se trata de uma exigência do art. 29, § 1º. Alguma dificuldade surge quando a remuneração é variável, do tipo comissão, pois a média em dinheiro ainda é desconhecida. Uma solução encontrada é marcar apenas o percentual das comissões – como recomenda que conste em norma coletiva o Precedente 5 da Seção de Dissídios Coletivos do TST – acompanhado ou não de algum patamar mínimo garantido.

Além do binômio admissão/remuneração, o art. 29 prevê o registro de "condições especiais". Discute-se o que sejam essas condições especiais.

Há condições especiais espalhadas pela própria legislação, como a condição de trabalho externo incompatível com controle de jornada, de que cuida o art. 62 da CLT, a condição de trabalhador temporário da Lei nº 6.019/1974 ou, como visto no capítulo anterior, o fornecimento de moradia e de espaço para cultivo de plantação intercalar no contrato de trabalho rural. Outras condições especiais podem surgir da própria situação do contrato de trabalho, como a ocorrência de sucessão de empregadores ou a alteração da forma de remuneração de salário fixo para comissionista, por exemplo, ambos nas anotações gerais da carteira.

A propósito do tema das anotações de condições especiais, vem à tona a questão sobre o valor probante dos registros. Afinal, para fins do processo do trabalho, vale o que está na Carteira de Trabalho ou vale fazer prova contra ela?

As anotações da Carteira de Trabalho, a serem efetuadas sempre livres de abreviações, consoante art. 33, têm valor de presunção relativa, ou seja, comportam provas em sentido contrário, conforme já decidiu o Tribunal Superior do Trabalho pela Súmula 12, de 1969.

Do ponto de vista do empregado, pode haver provas para alargar o período de registro, antes ou depois, afirmando-se a existência de contrato de trabalho não contemplado na marcação; para fazer prova de salário pago por fora da escrituração; para demonstrar a ausência do gozo de férias registradas no campo próprio; para alterar o enquadramento sindical ou a profissão ali demarcada; ou até mesmo para alterar o empregador, quando se alega, por exemplo, fraude na terceirização. Do ponto de vista do empregador, pode haver provas de que o registro é falso, normalmente acompanhada da alegação de que a assinatura nele constante carece de autenticidade, embora seja controvertida essa possibilidade.

As anotações não podem fugir do estritamente essencial, justificando-se a importância do tratamento dado pelo legislador sobre o tema. Estão fora de cogitação anotações sobre advertências e suspensões sofridas pelo empregado durante o contrato de trabalho e a forma da extinção da relação de emprego, sobretudo se provocada por justa causa do empregado, porque esses assuntos se circunscrevem à vida do empregado naquela empresa e não podem persegui-lo indefinidamente. A Lei nº 10.270, de 30 de agosto de 2001, fez incluir os §§ 4º e

5º ao art. 29 da CLT com o propósito justamente de vetar o procedimento das "anotações desabonadoras" e sujeitar essa prática a multa pecuniária para os cofres públicos, sem prejuízo de indenização pecuniária ao trabalhador pelos prejuízos causados na busca de novo emprego.

Cabe à entidade sindical a anotação no caso do trabalhador avulso, estatui o art. 34.

A seção dos arts. 36 a 39 refere a uma peculiar **reclamação administrativa na Delegacia Regional do Trabalho** por falta de anotações profissionais, bem como esconde o tema do **pedido implícito de declaração de relação de emprego**.

Diz-se peculiar porque o procedimento interno, que poderia ocorrer em qualquer órgão do Poder Executivo, tem a potencialidade de se tornar um processo judicial, a se desenvolver na Justiça do Trabalho, mesmo sem a concordância do empregado demandante.

Cuida-se certamente de um resquício pré-histórico que sobreviveu intacto no texto da CLT e para o qual pouca atenção se tem prestado. Por esse artifício, o auditor fiscal do trabalho observando que a anotação não será efetuada, pela recusa justificada do empregado quanto à inexistência da relação de emprego, "será o processo encaminhado à Justiça do Trabalho". Por óbvio, a multa administrativa fica sobrestada no aguardo da decisão judicial. O tempo verbal no futuro do presente ("será encaminhado") costuma ser interpretado no mundo jurídico como um comando imperativo, não cabendo ao fiscal do trabalho analisar se convém ou não a remessa dos autos, dada a imposição do art. 39 da CLT. Surge, assim, uma rara hipótese de ação ajuizada pelo fiscal do trabalho, sob a suposta provocação da parte.

Os dois parágrafos do art. 39 esclarecem que ao Juiz do Trabalho compete determinar que as anotações sejam efetuadas, uma vez passada em julgado a sentença, tanto no que diz respeito ao objeto da reclamação original como no que se refere a outras informações omitidas a que o juiz teve acesso. Esse complemento, mencionado no § 2º, levou ao entendimento de que o pedido de registro profissional é do tipo implícito e se o julgado o fizer sem previsão expressa na petição inicial não terá havido decisão fora nem além do pedido, apenas decisão atenta a uma norma de ordem pública. Mal comparando, esse panorama ocorre quando o julgado, ao término da condenação, determina os recolhimentos previdenciários e fiscais sem que haja pretensão de nenhuma das partes a respeito, ou, ainda, o tratamento que recebem as despesas processuais alheias à controvérsia das partes.

Daí por que para muitos parece tecnicamente incorreta a declaração de inépcia de uma petição inicial que, postulando hora extraordinária e adicional noturno, esqueceu-se de dizer que o contrato de trabalho não estava registrado. Deveria o juiz, neste cenário, considerar a relação de emprego como uma prejudicial de mérito e, declarando-a, mandar registrar o período em Carteira de Trabalho, para, ao depois, deferir ou rejeitar a pretensão material.

Um singelo artigo, o 39, esconde grandes temas de direito processual, portanto, especialmente a possibilidade de a ação ser ajuizada à revelia de seu próprio autor, o que parece ser possível, e a possibilidade de um pedido tão expressivo, como é o registro da relação de emprego em Carteira de Trabalho, ser considerado no mesmo patamar que os recolhimentos previdenciários e fiscais e as despesas processuais, isto é, ser aceito de forma implícita.

Enquanto o empregado carrega sua Carteira de Trabalho, a empresa deve manter o espelho dessas anotações em seus próprios guardados, assim entendido o **Livro de Registro de Empregados**, de que fala o art. 41.

A Lei nº 7.855, de 24 de outubro de 1989, dentre outras inovações, passou a permitir que tanto a Carteira de Trabalho como o Livro de Registro pudessem ser elaborados pelos meios tradicionais de papel ou também pelos meios mecânicos – chancelas, carimbos, etiquetas produzidas em série – e, ainda, pelos meios eletrônicos, conforme pequenas alterações de redação impressas nos arts. 29 e 41 sobre o tema. Abre-se a possibilidade de a Carteira de Trabalho inteira ser produzida pelos meios eletrônicos, como anunciado pelo Ministério do Trabalho em 30 de abril de 2008, substituindo aos poucos os mais de sessenta milhões de documentos já emitidos.

Desde a edição do Decreto-lei nº 229, de 28 de fevereiro de 1967, já se tinha por crime de falsidade, na forma do art. 299 do Código Penal, a adulteração de Carteira de Trabalho, do ponto de vista do empregado, com informações deturpadas, e do ponto de vista do empregador com registro alterado dolosamente. O art. 49 da CLT relata especialmente a matéria.

A novidade, que não consta do texto da CLT, foi a tipificação, no corpo do art. 297 do Código Penal, dos crimes de falsa anotação ou omissão de anotação em Carteira de Trabalho. A alteração foi empreendida pela Lei nº 9.983, de 14 de julho de 2000, e traz as seguintes previsões: pena de reclusão de dois a seis anos para quem insere ou faz inserir "*na Carteira de Trabalho e Previdência Social do empregado (...) declaração falsa ou diversa da que deveria ter sido escrita*". Na mesma pena incorre aquele que omite "*nome do segurado e seus dados pessoais, a remuneração, a vigência do contrato de trabalho ou de prestação de serviços*".

Por se tratar de tipificação criminal, impõe-se a interpretação restritiva, de tal forma que a jurisprudência não tem aceito a condenação do empregador que discutia a existência ou não de contrato de trabalho, em controvérsia razoável sobre trabalho autônomo, eventual ou avulso, que veio a ser dirimida pela Justiça do Trabalho, assim como nas hipóteses de controvérsia sobre as datas e a remuneração. Ainda assim, não deixa de ser expressiva a alteração do Código Penal, preocupado sobretudo com a Previdência Social mas favorável indiretamente ao direto do trabalho.

Capítulo 10

Generalidades sobre a figura do empregador

Décadas não bastaram para se chegar a um consenso sobre o conceito de empregador.

A noção aproximada de empregador, no sentido de empresário, é fácil de ser assimilada pelos leigos, mas os problemas começam quando se lembra que, de um lado, existem vários empreendedores desprovidos de empregados, e, de outro lado, existem vários empregadores que não exercem atividade econômica, tratando-se de pessoas físicas, como são os profissionais liberais, de pessoas jurídicas de direito público interno, como as prefeituras, e de direito público externo, como as embaixadas e organizações internacionais.

Complica ainda mais o cenário a constatação de que para ser empregador nem ao menos se faz necessário ser uma pessoa, porque também os entes despersonalizados podem contratar empregados, como se observa no contrato de trabalho com a família, no âmbito doméstico, ou com a sociedade de fato e a sociedade irregular. Condomínios, massas falidas e cooperativas também podem ter empregados, ainda que exista controvérsia sobre a natureza jurídica dessas entidades.

Assim sendo, toda vez que se começa uma definição de empregador já se esbarra na dificuldade terminológica, sendo o conceito obrigado a usar a vastíssima expressão "pessoa física, pessoa jurídica, ente despersonalizado ou qualquer outro sujeito", isto é, tudo e nada ao mesmo tempo.

O art. 2º da CLT se referiu a empregador como sendo a "**empresa**". O uso da palavra empresa, aliás, foi objeto de pesadas críticas ao legislador, por tentar emprestar um caráter de sujeito a uma expressão normalmente associada a objeto, no sentido de empreendimento ou empreitada, pelo direito comercial. De repente, aquela atividade amorfa se tornou, então, o empregador, o que nunca foi aceito de forma consensual nos estudos do direito do trabalho e processo do trabalho.

Não bastassem as dificuldades em torno do sujeito da oração, o próprio comportamento capaz de identificar a figura do empregador será igualmente objeto de dúvida na fixação do conceito.

Ao acatarmos o art. 2º, seriam suficientes **os atos de admissão, direção e remuneração** dos empregados, para a constatação de um empregador, mas pode haver contrato de trabalho com maior ou menor volume de comando e de disciplina.

Por exemplo, ser empregador pode tanto envolver a admissão de um empregado ou a autorização para que se admita um empregado. Pode evidentemente haver a admissão forçada de um empregado, como no caso do preenchimento de uma cota social que o ordenamento jurídico repute razoável, que, ainda assim, não estará desnaturado o contrato de trabalho.

Acerca do tema da admissão, nota-se uma constante ingerência do legislador para balizar os critérios do empregador, o que mitiga razoavelmente a tese de que empregador é aquele que admite. Melhor seria dizer que empregador é aquele que, respeitadas as condições exigidas pelo legislador, admite um empregado dentre as opções existentes. Por exemplo, voltando ao caso das cotas para deficientes físicos ou para menores aprendizes – ou ainda para veteranos de guerra, em alguns países –, o empregador continua a ser aquele que admite, mas dentro da lista disponível de candidatos habilitados ao preenchimento de determinada vaga. Diz-se que a autonomia da vontade, que permeia o contrato de trabalho, não restou eliminada, mas reduzida ou limitada.

A admissão não pode utilizar critérios de gênero, etnia, faixa etária e estado civil – art. 7º, XXX, Constituição Federal de 1988 – nem pode exigir comprovação de experiência de mais do que seis meses na atividade, como forma de se estimularem a busca do primeiro emprego e a qualificação profissional – art. 442-A da CLT, inserido pela Lei nº 11.644, de 10 de março de 2008 – muito embora seja dificílimo comprovar que a não admissão decorreu de critérios reprováveis utilizados na mente do empregador ou que a falta de experiência de mais de seis meses foi determinante para a recusa daquele postulante à vaga. Enquanto o empregador não exteriorizar essas ações, por palavras, atos ou comportamento em geral, a desconfiança do empregador não produzirá efeitos concretos.

Pode haver a direção dos trabalhos ou a delegação para que se dirijam os trabalhos. Como estudado neste Curso no capítulo dedicado ao conceito de subordinação do empregado, esse fenômeno da sujeição do empregado às ordens do empregador encontra diversificada justificativa mas também encontra multiplicidade de graus, o que significa que alguns empregados serão mais dirigidos do que outros, havendo aqueles que se autodirigirão, sem que, com isso, esteja eliminada a relação de emprego.

Por fim, o assalariamento do empregado é um aspecto importante no contexto da relação de emprego, sobretudo para delinear o tema da onerosidade, também já abordado por este estudo, mas nem de longe é matéria satisfatória para se encontrar a qualidade de empregador. Preferível que se lancem luzes sobre o tema da assunção dos riscos da atividade, no sentido da alteridade ou do trabalho do empregado por conta e risco do empregador, a que propriamente se ocupar do tema do pagamento do salário em sentido estrito – até porque empregados existem que contam mais com os pagamentos feitos por terceiros, do tipo gorjeta ou honorários de sucumbência num escritório de advocacia contenciosa, do que com os pagamentos feitos pelo empregador, que podem ser mais modestos quando comparados com a oportunidade de ganhos que aquele relacionamento abriu ao trabalhador.

O art. 2º teve uma boa visão ao enaltecer **os riscos da atividade econômica** como premissa básica para a definição do empregador, mas parece se olvidar que nem todo empregador, afinal de contas, exerce atividade econômica. Logo, alguns não assumem risco nenhum – mas continuam e continuarão a ser empregadores. Poderíamos tentar dizer assunção de riscos da atividade, econômica ou não econômica, mas ainda assim teríamos dificuldade de atrair para esse campo de estudos, por exemplo, a família como empregador ou a prefeitura como empregador, pois essas figuras não assumem risco de nada.

A propósito da assunção dos riscos da atividade, é oportuno lembrar que no direito do trabalho essa responsabilidade é plena e não comporta nem mesmo a exceção da onerosidade excessiva ou a escusa pelo motivo da força maior. Ainda que o empregador se veja envolvido em desastres de causas naturais ou tenha sua atividade proibida pelos poderes públicos, alvará de funcionamento cassado, rua interditada, capital de giro bloqueado ou matéria-prima com importação suspensa, nada será o bastante para justificar a sonegação dos salários e demais vantagens do contrato de trabalho, pelo simples fundamento de que a energia humana uma vez empreendida é irrecuperável, irretornável e inexorável.

Pode-se, quando muito, sustentar motivo de força maior para a rescisão do contrato de trabalho, por dificuldades de sua manutenção, mas ainda assim essa exceção recebe interpretação restritiva no direito do trabalho e não elimina as verbas rescisórias, apenas reduzindo-as à metade, conforme art. 501 da CLT, ao contrário do direito civil, em que a comprovação de verdadeiros motivos de força maior torna possível o não pagamento de algumas verbas contratuais, sob certas circunstâncias.

A parte final do art. 2º, ao afirmar que empregador é aquele que dirige a **prestação pessoal de serviços**, já refoge um pouco ao foco da definição do sujeito, porque se ocupa mais do objeto do contrato de trabalho, que vem a ser precisamente o trabalho a ser empreendido pelo empregado.

Essa desconstrução do art. 2º da CLT, muito conhecido e pouco aprofundado, se fez necessária para chegar à seguinte premissa: dada a imensa complexidade da figura do empregador, capaz de assumir dezenas de naturezas jurídicas e numerosas formas de atuação, com os mais diversos propósitos e as mais diversas nomenclaturas, não há elementos suficientes para se abarcar satisfatoriamente todo o conceito de empregador numa só expressão, ao contrário do que foi possível fazer, a duras penas, com o empregado. É preciso alterar ligeiramente o enfoque para se chegar a um consenso. Explica-se.

No caso do empregado, foi possível analisar o contrato de trabalho e isolar quatro elementos essenciais de sua personalidade, que são a subordinação, a habitualidade, a pessoalidade e a onerosidade no sentido de trabalho por conta alheia, sem falar no fato bastante acessível de ser o empregado obrigatoriamente uma pessoa física. A tarefa da definição do empregado ficou facilitada, portanto, por se tratar de um sujeito único – a pessoa física – dotada de um conjunto necessário e suficiente de quatro qualidades.

No caso do empregador, o sujeito é multifacetado e o rol de qualidades é vasto e dinâmico, oscilando de acordo com sua natureza jurídica ou com sua permanência no tempo e no espaço.

Este Curso propõe, então, que se considere **empregador aquele que contrata um trabalhador como empregado**. A definição consta da CLT, mas está ligeiramente escondida.

Recordando que o art. 2º definiu empregador como sendo a empresa, convém lembrar que na seqüência foi elaborado um § 1º para alargar essa restrição terminológica, mediante indicação de uma lista contendo outras hipóteses de empregador. O rol complementar, então, mostrou-se ainda mais impreciso ao evocar "profissionais liberais", que servem como os únicos representantes das pessoas físicas, "as instituições de beneficência, as associações recreativas ou outras instituições sem fins lucrativos", que, por seu turno, servem como representantes dos não exercentes das atividades econômicas. Ficaram de fora os entes despersonalizados, a administração pública, os lares e diversas outras formas que o empregador pode assumir.

Elogios sejam feitos ao § 1º do art. 2º, entretanto, pois em sua parte derradeira ele dá uma pista concreta e bem cristalina de como devemos fazer para encontrar um empregador: basta que se investigue quem admitiu "**trabalhadores como empregados**".

A desconcertante definição tem suas virtudes: a) escapa de dificuldade de perquirir a natureza jurídica do sujeito; b) deixa em aberto possibilidade de qualquer ente, físico ou jurídico, público ou privado, interno ou externo, formal ou informal, duradouro ou fugaz, ser alçado ao patamar de empregador; c) desloca o núcleo do problema para a outra parte, a saber, para o empregado, que tem definição e localização mais objetiva; d) faz lembrar que ninguém consegue ser empregador sozinho, sendo necessário que haja uma contratação de outro alguém para que aquele sujeito isolado se torne, finalmente um empregador; e, por fim, e) observa que objeto do contrato é o trabalho ou a prestação de serviços, porque todos podem contratar trabalhadores, mas nem todos contratam trabalhadores na condição de empregados.

Justifica-se, assim, a inversão dos estudos proposta por este volume, que teve o empregado em sua primeira parte e o empregador nesta segunda parte, muito embora na CLT tenhamos o empregador no art. 2º e o empregado no art. 3º.

Embora todos os empregadores tenham sido considerados no mesmo plano pelo art. 2º da CLT, inclusive entes públicos e privados, a própria Constituição Federal de 1988, art. 146, III, *d*, enaltece a necessidade de algumas prerrogativas para as chamadas **microempresas e empresas de pequeno porte**. Dessa forma, ao longo dos tempos foram sendo estabelecidas algumas peculiaridades para o contrato de trabalho firmado entre essas empresas e seus empregados.

Há quem se oponha a essa discriminação sob o fundamento de que as microempresas podem ter incentivos e facilidades no campo da burocracia e dos impostos, mas jamais deveriam receber algum beneplácito a expensas do trabalhador. Afinal, o trabalho humano será o mesmo, quer a empresa tenha cinco, cinqüenta ou quinhentos empregados. Existe um risco latente de, ao se favorecer a microempresa, deixar-se violar a igualdade de tratamentos entre os trabalhadores e, em situações mais graves, violar a dignidade do ser humano.

Por isso, as diferenciações até o presente momento foram todas de impacto pequeno ou médio sobre as relações de trabalho. O art. 179 da Constituição Federal de 1988, cuidadosamente, omite a simplificação trabalhista propriamente dita, com o fundado receio de precarização do contrato de trabalho nesse particular, limitando-se a estimular a "*simplificação de suas obrigações administrativas, tributárias, previdenciárias e creditícias, ou pela eliminação ou redução destas por meio de lei*".

A definição de microempresa e de empresa de pequeno porte ficou a cargo do legislador. Não serve de ajuda o art. 47 do Ato das Disposições Constitucionais Transitórias quando define microempresas como sendo aquelas com rendimentos de até dez mil Obrigações do Tesouro Nacional, a uma porque esse índice já desapareceu do ordenamento jurídico e a duas porque o artigo fala claramente na definição apenas para os fins de remissão das dívidas do Plano Cruzado ali estipulada. O art. 179, mais genérico, admite lei ordinária para tratar do assunto, enquanto o art. 146, específico sobre isenções tributárias, reclama lei complementar.

Vigora atualmente a Lei Complementar nº 123, de 14 de dezembro de 2006, conhecida por Estatuto da Microempresa, que já sofreu reforma pela Lei Complementar nº 127, de 14 de agosto de 2007. O art. 3º do Estatuto fixa os valores de rendimentos anuais das empresas para enquadramento nas duas categorias.

Colhem-se na legislação os seguintes exemplos de peculiaridades contempladas aos pequenos empresários:

1. dispensa de marcação de jornada de trabalho dos empregados em **cartões de ponto** ou livros de ponto, conforme art. 74 da CLT. A dispensa, porém, não significa proibição, pois os documentos escritos ainda são uma forma muito apropriada para registro dessas informações e posterior produção de prova em caso de controvérsia sobre hora extraordinária, adicional noturno e férias.
2. Dispensa de formação de **Comissão Interna de Prevenção de Acidentes** para qualquer empresa com menos de vinte empregados e para a maioria das empresas com menos de cinqüenta empregados, variando esse número de acordo com os riscos inerentes à atividade econômica desenvolvida. A obrigatoriedade geral somente começa com o 300º empregado, conforme Norma Regulamentadora 05, instituída pela Portaria nº 3.214/1978 do Ministério do Trabalho, em atenção ao art. 165 da CLT.

3. Autorização para consórcio de pequenas empresas em busca dos serviços especializados em **segurança e medicina do trabalho** (Lei Complementar nº 123/2006, art. 50).
4. Dispensa de afixação de **Quadro de Trabalho** em suas dependências e da posse do livro de Inspeção do Trabalho (art. 51, I e IV, ambos na Lei Complementar nº 123/2006).
5. Dispensa da **anotação das férias** nos livros de registro, mas não na Carteira de Trabalho (art. 51, II), e dispensa de comunicação à Delegacia Regional do Trabalho quanto a férias coletivas como previa o art. 139 da CLT (art. 51, V, sempre da Lei Complementar nº 123).
6. Se a atividade econômica envolver mão-de-obra especializada dos Serviços Nacionais de Aprendizagem, as pequenas empresas não estão obrigadas ao cumprimento das exigências do art. 429 da CLT quanto ao **menor aprendiz** (art. 51, III).
7. Autorização para **envio de preposto**, às audiências na Justiça do Trabalho, que não sejam empregados efetivos do estabelecimento, como um parente do empresário, um contador autônomo ou qualquer outra pessoa com conhecimento dos fatos, conforme art. 54 do Estatuto, que influenciou uma reforma sobre a redação da Súmula 377 do Tribunal Superior do Trabalho.
8. Anuência do legislador quanto à negociação coletiva para fixar tempo médio gasto em trajeto de transporte fornecido pelo empregador para locais desprovidos de transporte público – a conhecida **jornada itinerária** – bem como a forma e a natureza jurídica da remuneração, consoante art. 58, § 3º, inserido na CLT pelo Estatuto. A matéria certamente é controvertida, devido à jurisprudência do Tribunal Superior do Trabalho que considera a quantificação das horas extras e a alteração de uma natureza jurídica – de salarial para indenizatória – matérias infensas à negociação coletiva.
9. Dispensa de recolhimento da **contribuição sindical patronal** prevista pelo art. 578 da CLT. O tema é controverso. O art. 13, § 4º, do Estatuto, que impunha a obrigação de recolhimento da contribuição sindical patronal também para as microempresas, foi vetado pela Presidência da República, sob o fundamento de que o tratamento diferenciado favorecido exige medidas mais amplas como a desoneração desse tipo de contribuição. Lembra a mensagem de veto, ainda, que a lei anterior que cuidava das microempresas, a Lei nº 9.317/1996, e que foi revogada quando do advento do Estatuto, já desonerava os empresários desse encargo, sendo retrocesso que a lei revogadora revigore uma contribuição extinta. Logo, não há um dispositivo expresso

cancelando a contribuição sindical patronal, mas o veto ao dispositivo que o obrigava.

Por fim, outra justificativa se faz necessária no tocante ao estudo do empregador. Trata-se das variações contemporâneas em torno da relação empregado-empregador, que deixou de ser linear e passou a assumir outras formas dinâmicas e fracionadas, havendo um grande incremento nas hipóteses de contrato de trabalho com grupos econômicos, com empresas em regime de terceirização e com empresas em processo de alienação comercial do tipo fusão e incorporação, no fenômeno que o direito do trabalho chama de sucessão de empregadores. Vejamos as três variações separadamente.

Na primeira situação, mais difundida e mais antiga cronologicamente, o empregado é contratado para prestar serviços a seu empregador, mas se vê simultaneamente aproveitado em outros empreendimentos coligados ao empregador, no fenômeno **conhecido por grupo econômico**. Sob aparência de simplicidade – um empregado ajuda no sucesso da empresa parceira ao oferecer também seus produtos para os clientes de seu empregador – esconde-se um dos temas mais controvertidos e ricos do direito do trabalho.

Surgem dúvidas atrozes sobre o direito de o empregado reivindicar dois salários, duas férias e dois registros em Carteira de Trabalho, algo que lhe foi negado pela jurisprudência do Tribunal Superior do Trabalho; questões sobre enquadramento sindical, que a jurisprudência entende ser mais adequada quando feita em torno da categoria preponderante do grupo como um todo e não apenas do empregador isoladamente considerado; possibilidade de somatório dos períodos laborados em diferentes empresas do mesmo conglomerado para fins de conquista de direito de gozo de férias, da indenização de 40% sobre o fundo de garantia ou, à época em que não existia o fundo de garantia, formação da estabilidade de dez anos de contrato de trabalho; e, o que é ainda mais debatido, a viabilidade de se prosseguir a execução em processo do trabalho sobre os bens de empresa associada, mesmo que não tenha tomado parte do processo desde sua fase inicial, sob o fundamento de que uma se beneficia dos lucros da outra e, assim, uma deve socorrer o passivo da outra.

Em uma única expressão pode ser resumida a controvérsia do grupo econômico: saber se ele é ou não é empregador único. Se for, será para todas as conseqüências, na vigência do contrato de trabalho, exigindo mais serviços da mesma pessoa, e depois de encerrado o contrato de trabalho, concorrendo com os prejuízos deixados por um dos integrantes do agrupamento. Se não for, não o será para nada, não podendo se imiscuir na administração da empresa alheia nem podendo ser acionado em processo do trabalho ajuizado por empregado de empresa parceira. A jurisprudência sumulada do Tribunal Superior do Trabalho normalmente prioriza a tese do grupo econômico como empregador único, o que se procura demonstrar a partir do próximo capítulo.

Na segunda situação, o empregado é contratado por seu empregador, mas para prestar serviços em local estranho, numa forma de subcontratação de serviços, também chamada de subempreitada, se usada a palavra no âmbito da construção civil, e "outsourcing" quando relacionada com a contratação dos serviços de fontes externas ao empreendimento, no âmbito da administração de empresa. Nenhuma palavra, porém, conseguiu o prestígio do neologismo-celebridade dos anos 1990: **terceirização**.

Através dessa espécie de triangulação, o empregado canaliza sua energia, a mando do empregador, em benefício de terceiros, donde a popularidade do nome terceirização. Na verdade, a energia sempre é destinada a favorecer terceiros, que podem ser clientes, fornecedores ou associados do empregador, mas, no particular, o que diferencia a terceirização de uma simples compra de produtos e serviços do empregador é sua durabilidade e seu grau de especificações técnicas. É como se o empregado mantivesse a subordinação em grau máximo com o empregador, mas assumisse, na terceirização, uma subordinação em grau médio com o responsável pela contratação dos serviços. À falta de melhor expressão, convencionou-se chamar o beneficiário dos serviços de tomador, ficando o empregador com o nome de dador ou de prestador de serviços.

A verdadeira triangulação existiria no caso de as três partes envolvidas subscreverem o mesmo contrato de trabalho, como no caso da colocação de mão-de-obra temporária prevista pela Lei nº 6.019/1974, em que deve existir a assinatura do empregado, a assinatura do empregador e a anuência do tomador dos serviços. Porém, nesse caso da Lei nº 6.019/1974 há quem afirme que nem ao menos se deveria falar em terceirização, porque o trabalho é prestado efetivamente com subordinação do empregado ao tomador, com pessoalidade e com habitualidade, apenas não se formando vínculo de emprego entre eles dois devido ao caráter provisório e justificado da subcontratação – acréscimo extraordinário de demanda ou substituição momentânea de empregado efetivo, até o limite de três meses de duração, dentre outras exigências da norma. Não deixa de ser uma forma de contratação atípica, o que justifica considerar o trabalho temporário como uma espécie, ainda que mitigada, de terceirização – na linguagem de alguns autores, um "contexto terceirizante".

Na terceira e última variação em torno do tema do empregador, um empregado, acostumado com seu empregador, vê-se surpreendido pela alienação do estabelecimento e chegada de novos responsáveis pelo empreendimento, operando-se a chamada **sucessão de empregadores ou sucessão empresarial** ou meramente alteração da estrutura jurídica da empresa.

A alteração da estrutura jurídica da empresa não deve impressionar, cuidando-se de um movimento que sempre existiu e sempre existirá. Como o critério da pessoalidade é decisivo apenas para a definição do empregado e não do empregador, pouco importa se o empreendimento estava constituído sob a forma de um sociedade limitada e passou a sociedade anônima, se era estatal e teve o capital privatizado, ou, ainda, se contava três sócios e passou a ter quatro. O empregado não trabalha para o sócio nem para a razão social, mas para a atividade, de modo genérico, empreendida pelo empregador.

Até aí os exemplos de alteração jurídica da empresa foram relativamente simples, representados mais por uma mudança de capital do que propriamente por uma mudança de empregador. A grande novidade, que vem sendo estudada com afinco pelo direito do trabalho desde muito tempo e que ganhou novo impulso com a mundialização acelerada na década de 1990, são os processos de fusão e incorporação de empresas, pelos quais uma pequena padaria amanhece sob nova direção e sob nova denominação, podendo mudar de objeto social e de perfil, para, no dia seguinte, mudar de novo.

Colhe-se o ensinamento novamente do direito comercial para se usar a nomenclatura sucessão, quase que no sentido de sucessão por morte, tratada no Código Civil de 2002, em que os sucessores assumem o patrimônio do falecido, mas com particularidades próprias em torno da responsabilidade plena que os sucessores empresariais assumem quanto aos débitos trabalhistas, ainda que não quisessem ou não soubessem.

Por trás dessa constatação do direito do trabalho reside a noção de que a aquisição de um estabelecimento formado e desenvolvido sempre se obtêm simultaneamente a força da clientela, o poder da marca e as vantagens do ponto comercial, algo bem à frente do que a constituição, a partir do zero, de uma nova empresa.

Em resumo, empregador é aquele que admite trabalhadores como empregados, mas o desenho dessa relação há muito deixou de ser linear ou estático (empregado-empregador, apenas) e passou a ser intenso e dinâmico, **assumindo sobretudo três figuras geométricas diferentes**: a) no caso do grupo econômico, uma figura em zigue-zague, quase em formato das árvores genealógicas que aprendemos com as ciências biológicas (empregado-empregador em linha reta e empregador com as empresas irmãs e com a empresa mãe, se houver, dele se ramificando); b) no caso da terceirização, uma figura triangular (empregado-empregador em um vértice, empregador-tomador noutro vértice e empregado-tomador no terceiro lado); e c) no caso da sucessão, uma repetição de linhas retas (empregado-empregador-sucessor, como se nada tivesse acontecido).

Esse esforço de abstração geométrica ajuda a entender por que não se deve falar em ilegitimidade de parte, quando alegada em processo judicial, pelo integrante do grupo econômico, pelo tomador de serviços na terceirização ou pelo sucessor: nas três hipóteses, ele pode tranqüilamente ter mantido contato reduzido ou nenhum com o trabalhador, mas o que define a legitimidade de parte no processo comum e no processo do trabalho não é o maior ou menor grau de ingerência de uma parte sobre a outra, e, sim, a presença daquele sujeito na relação material controvertida. O que exatamente o sujeito estava fazendo naquela relação ou qual era a natureza jurídica de sua presença ou de seu contato com os demais sujeitos, tudo é assunto irrelevante para fins de fixação de demanda e apreciação das condições da ação, que, de resto, perfazem conhecimento meramente superficial do assunto e não permite maior aprofundamento de caráter meritório, sobre possível absolvição ou condenação de cada ente apontado pela petição inicial.

Diz-se que todos os três são partes legítimas para figurarem na demanda trabalhista porque estiveram presentes nas relações trabalhistas, mesmo não sendo no papel de protagonista. Um era figurante como "parente" do empregador (empresa componente do grupo econômico, que sabidamente compartilha lucros e dividendos); outro era coadjuvante como "parceiro" do empregador (tomador de serviços, beneficiário da relação de emprego alheia); e o último assumiu o papel de protragonista, mas no meio das filmagens (sucessor que adquiriu o estabelecimento e prosseguiu o empreendimento).

Enfrentemos as numerosas peculiaridades de cada uma dessas três películas.

Capítulo 11

Grupo econômico

O estudo do grupo econômico deve ser feito em duas partes distintas e igualmente complexas: do ponto de vista do direito material do trabalho, investiga-se como os grupos se formam e quais são seus impactos no dia-a-dia de um contrato de trabalho, quanto às obrigações dos empregados e aos impactos no nascimento, desenvolvimento e cessação das relações; do ponto de vista do processo do trabalho, analisam-se as implicações da responsabilidade solidária tanto na fase de conhecimento como, sobretudo, na fase de execução, bem como os ônus e encargos processuais de parte a parte. Esta a proposta deste capítulo.

Em primeiro lugar, **o grupo econômico no direito material do trabalho**.

Para traçar esse panorama, abordaremos: a) os sujeitos que podem compor o grupo econômico; b) os requisitos de sua formação, segundo a CLT e a Lei do Trabalho Rural; c) as figuras análogas existentes em outros diplomas legais; d) possibilidade de prestação de serviços conomitante para mais de uma empresa integrante do grupo econômico; e) a questão do enquadramento sindical.

Os sujeitos componentes de grupo econômico são normalmente **pessoas jurídicas de direito privado**, exercentes de atividade econômica.

A CLT chega a dizer expressamente que o grupo econômico é dotado de empresas que mantenham sua personalidade jurídica própria. Fôssemos adotar a interpretação gramatical, o assunto nem ao menos teria desdobramento porque somente as pessoas jurídicas, com essas características, poderiam ser chamadas de integrantes do grupo econômico.

Ocorre, porém, que a finalidade da norma não é exatamente cercar as pessoas jurídicas, mas, sim, abarcar todos os entes que compartilhem informações e recursos financeiros uns com os outros, como forma de os identificar à operação conjunta de atuação no mercado econômico, no direito do trabalho e no processo do trabalho. Dessa forma, é razoável que se incluam no agrupamento econômico as pessoas físicas que exerçam atividade econômica independente, como os profissionais liberais, corretores ou investidores e que porventura tenham ficado de fora do comando de alguma das pessoas jurídicas. Observe-se que a inclusão das pessoas físicas nada tem que ver com a pessoa dos sócios ou acionistas, pois estes são os co-responsáveis pelas empresas, independentemente de expressa menção pela CLT. A pessoa física aqui mencionada é aquela com atuação separada mas que mantenha a coligação com o grupo econômico.

Admite-se, ainda, a presença de entes despersonalizados, especialmente a sociedade de fato, se partirmos da premissa de que o ponto mais relevante é a atuação coligada dentro de um grupo econômico e não exatamente a natureza jurídica da pessoa componente.

Não podem compor grupo econômico as pessoas jurídicas de direito público, interno ou externo, pois estas não exercem atividade econômica e não se submetem ao mundo das coligações.

Por fim, as pessoas jurídicas desprovidas de atividade econômica, como a casa de caridade, a associação recreativa e a caixa de assistência, podem compor grupo econômico, mas desde que coligadas com outras entidades que exerçam a atividade econômica, como no caso de um grupo econômico formado por banco, seguradora, distribuidora de títulos e uma fundação benemérita. Excluí-la do grupo pela ausência de atividade econômica nela mesma seria solução muito cômoda e passível de transferência de patrimônio inatingível para ela. O que não se pode admitir é a formação de um grupo econômico exclusivamente dotado de pessoas sem atividade econômica, pois isso seria uma contradição em sua essência.

Por atividade econômica se entendem normalmente a produção e circulação de bens ou serviços, conforme art. 966 do Código Civil de 2002.

Esses sujeitos acima delineados comporão um grupo econômico se forem observados comportamentos tendentes à **administração, direção ou controle conjuntos**.

Essas palavras são sempre muito repetidas no direito do trabalho, mas pouco aprofundadas em seu conteúdo. Há uma possibilidade de as compreendermos como sinônimos – quem administra normalmente dirige e, ainda, controla o empreendimento – ou de as assimilarmos como formas opcionais de exercício de poder sobre a atividade, chamando a atenção para a presença da conjunção alternativa "ou" em detrimento da partícula aditiva "e". De qualquer forma, impõe-se debater quais comportamentos do empregador e dos demais agentes coligados podem ou não conduzir à formação de grupo econômico por administração, direção ou controle.

Sobre o tema do controle conjunto, a forma mais objetiva e simples de identificação do grupo econômico reside na leitura dos estatutos sociais das empresas, especialmente quando se verificam coincidências totais ou parciais de cotistas. Se do contrato social de um estabelecimento constam sócios idênticos àqueles do contrato social da outra empresa, a presunção de existência do grupo econômico será fortíssima. Como se trata de presunção relativa, é possível a produção de provas em sentido contrário, a fim de se demonstrar a mera coincidência, ou a atuação independente de empresas ligadas nuclearmente.

O cruzamento de cotas não precisa ser de 100%, pois seria muito preciosismo exigir que a configuração de um grupo econômico dependesse da paridade absoluta de sócios. De maneira cômoda, bastaria a inserção de um sócio minoritário em cada contrato social para jogar por terra todos os esforços do direito do trabalho e do direito comercial em busca da aferição das atuações orquestradas das empresas. Ademais, a legislação não menciona quantidade mínima de capital necessário para o aperfeiçoamento de um grupo econômico, não sendo razoável que o intérprete procure um percentual aleatório. É muito mais razoável que se procurem parâmetros no lugar de índices numéricos. Indaga-se quais sejam esses parâmetros.

Quanto maior a quantidade de sócios ou de cotas comuns, tanto maior a presunção relativa favorável à formação do grupo econômico. Havendo coincidência muito reduzida, o fato assume característica de mero indício, e se faz necessário o complemento probatório com outras informações, tais como:

- o compartilhamento de instalações físicas;
- objeto social complementar, análogo ou idêntico;
- aproveitamento de mão-de-obra conjunta;
- concentração dos processos de compra junto a fornecedores ou de distribuição junto à clientela;
- uso comum de alguns departamentos da empresa, como o setor comercial, a parte financeira ou, às vezes, o departamento de pessoal;
- envio de preposto comum para audiências trabalhistas, especialmente diante da orientação do Tribunal Superior do Trabalho no sentido de que preposto deva ter a qualidade de empregado e, no caso, ele se apresenta como empregado do grupo econômico na qualidade de empregador único;

- apresentação de defesa conjunta, ainda que em outros processos, não sendo exemplo de lealdade processual a decisão de negar o grupo econômico num processo e admiti-lo em outro;
- presença constante de sócio de uma empresa a emitir ordens e orientação de serviços sobre gerentes e demais empregados de outra empresa.

Como de praxe no direito do trabalho, esses indícios atuam de forma dinâmica, podendo variar em grau de intensidade e de importância de acordo com a atividade econômica – algumas têm maior incidência de mão-de-obra e outras priorizam mais o investimento em tecnologia –, com a época do ciclo produtivo e, ainda, com a realidade financeira das empresas.

Outro desdobramento dessa expressão "administração, direção e controle", normalmente encontrada na doutrina do direito do trabalho, é a exigência de que para todo grupo deva existir necessariamente uma empresa mãe, ou *holding*, como se diz no idioma inglês, no sentido de pilar ou eixo de sustenção do conglomerado. Essa realidade é muito cara ao direito comercial, até mesmo por facilitar a organização produtiva e centralizar a tomada das decisões, mas há sérias dúvidas se devemos realmente exigir que se aponte a empresa líder de um grupo ou se, para fins do direito do trabalho, é o bastante que se confirme a existência do grupo propriamente dito.

A linguagem utilizada pela CLT deixou em aberto o tema, ao passo que a **lei do trabalho rural**, mais jovem em trinta anos porque editada em 1973, foi expressa no sentido de que grupo é grupo ainda que não tenha um líder ou pilar.

Ainda que involuntariamente, a CLT apresenta um argumento favorável à tese da empresa mãe em torno da qual orbitam as empresas coligadas, ao concluir o dispositivo do art. 2º, § 2º, com a informação de que a solidariedade será atribuída entre "a empresa principal e cada um das subordinadas", ou seja, deve haver uma empresa principal nessa galáxia.

Ocorre, porém, que a excessiva importância que se dá à localização da "empresa principal" frustra a finalidade da norma – muito mais preocupada em identificar os efeitos da coligação, para fins de solidariedade na vigência e após a cessação do contrato de trabalho do que realmente em analisar o organograma capitalista – e cria embaraço quase intransponível para a prova processual, especialmente aquela a ser produzida pelo trabalhador.

Ora, se o tema é a responsabilidade solidária, como se sabe todos os integrantes do conglomerado se tornam co-responsáveis pela dívida, seja ele um componente discreto do grupo, um integrante de envergadura ou a própria empresa principal. Se a opção do legislador houvesse sido a responsabilidade de segundo grau, também chamada de responsabilidade subsidiária, como se verifica na relação afiançado-fiador ou, no caso da Súmula 331 do TST, na relação prestador-tomador de serviços, seria compreensível que se buscasse incessantemente a figura da empresa principal para, ao depois, serem procuradas as empresas coligadas.

Como, porém, o assunto é a responsabilidade solidária de todas para com todas e, ainda, o direito do trabalho nunca se pautou pela prevalência da forma em detrimento do conteúdo, parece muito mais harmônico com a finalidade da norma o entendimento de que o grupo econômico prescinde da indicação da empresa líder, justificando-se a redação do dispositivo da CLT como sendo mero reforço de argumento ou força de expressão.

Como já mencionado, a Lei nº 5.889/1973, ao estipular o grupo econômico para fins do trabalho rural, teve o cuidado de lembrar duas peculiaridades relevantes. A primeira advertência aponta para a fixação de um grupo misto, que congregue interesses urbanos e rurais, donde surgiu a expressão grupo econômico e financeiro, para lembrar o caso dos bancos e demais instituições financeiras, tipicamente urbanas, com investimentos em reflorestamento, agricultura e pecuária. A segunda observação foi a inserção da frase "mesmo cada uma guardando sua autonomia" na definição do grupo, de que cuida o art. 3º, § 2º.

Entendeu-se que a expressão "guardar sua autonomia" fosse uma senha para se dispensar a indicação da empresa mãe ou *holding*, a partir do que se passou a utilizar a nomenclatura grupo econômico por coordenação em contraposição ao tópico grupo econômico por subordinação, mais apropriado para fins da CLT. No entanto, como se procurou demonstrar, essa aparente dicotomia entre coordenação do rural e subordinação do urbano é tema muito mais gramatical do que teleológico. A virtude como sempre está no meio termo, sendo fortemente sugerido que se liberem as energias em torno da procura da empresa mãe e se concentre no essencial, que é precisamente saber se as empresas atuaram de forma coligada, transferiram recursos financeiros de uma para outra, cobrindo o déficit de uma com o lucro da outra e, enfim, agiram em concerto para a obtenção de finalidades comuns. O mentor dessa orquestra é assunto interno da corporação.

Discute-se também se o grupo econômico trabalhista guarda alguma relação com figuras análogas encontradas no Código Civil de 2002 e na Lei de Sociedade Anônima – Lei nº 6.404, de 15 de dezembro de 1976, reescrita pela Lei nº 10.303, de 31 de outubro de 2001.

No Código Civil de 2002 constam a figura da sociedade coligada, que tem como pressuposto a singela coincidência da 10% das cotas entre um contrato social e o outro comparado, e a figura da sociedade controlada, de cujo capital outra sociedade possua a maioria dos votos nas deliberações, consoante arts. 1.097 a 1.101.

Não há falar em paralelo entre o grupo econômico para fins do direito do trabalho e as sociedades coligadas do direito civil, entretanto. Aquele parte de outras premissas e se destina unicamente à marcação da responsabilidade solidária durante ou depois do contrato de trabalho, admitindo-se a forma não escrita de agrupamento pela simples harmonização de administração, direção e controle. Toleram-se provas orais em detrimento das provas documentais sobre sua formação e, ainda, prescinde-se de averbação em assentamos como em Juntas Comerciais. Já as sociedades coligadas e as controladas são fundamentalmente construções obtidas a partir da análise dos contratos sociais e têm propósito voltado para a tomada das deliberações e não para a co-responsabilidade de créditos resultantes da relação de emprego. Quando muito, a existência da sociedade controlada, oriunda da legislação civil, pode auxiliar na identificação do grupo econômico, como um indício ou um meio de prova documental, e não vice versa.

Semelhante explicação é válida para o grupo de sociedades referido nos arts. 265 e seguintes da Lei das Sociedades Anônimas, cujo propósito é a combinação de recursos ou esforços "*para a realização dos respectivos objetos, ou a participar de atividades ou empreendimentos comuns*". Exigem-se obrigatoriamente a forma escrita, mediante convenção, e a identificação da sociedade controladora ou de comando, de nacionalidade brasileira.

Também prevê a Lei nº 6.404/1976, em seus arts. 278 e seguintes, a formação de consórcio de sociedades, para a execução de determinado empreendimento, desprovido de personalidade jurídica própria. Essa figura novamente assumirá características muito parecidas com aquelas esperadas pela CLT para a formação do grupo econômico, e o documento representativo da convenção de formação do grupo ou do consórcio servirá de prova muito importante, quiçá suficiente, para a demonstração do grupo econômico no direito do trabalho, mas, repita-se, caso não exista a convenção ou caso o grupo de sociedades ou consórcio não seja comprovado, ainda assim a formação do grupo para fins trabalhistas é viável por outros meios de prova e outros elementos de convicção acima abordados.

Diz-se que o grupo econômico se destina à formação da responsabilidade solidária no processo do trabalho, que será visto logo abaixo, mas também influenciam a relação em seu cotidiano, no que tem sido denominado uma forma de responsabilidade ativa, quando comparada com a responsabilidade passiva própria da execução. Estuda-se, assim, até que ponto o empregado de um conglomerado econômico ou financeiro está sujeito às ordens de terceiros, se pode eventualmente se recusar ao cumprimento de ordens de estranhos, qual a natureza jurídica dos rendimentos auferidos das empresas coligadas e, ainda, se essa união afeta o enquadramento sindical. Vejamos.

Que um empregado terá de se submeter à prestação de serviços para mais de uma empresa do grupo econômico não resta a menor dúvida. Dificilmente se poderia imaginar uma hipótese em que um empregado, contratado para trabalhar em um banco, pudesse validamente se recusar a oferecer produtos e serviços das empresas associadas, como os cartões de crédito, os títulos de capitalização, os seguros e os planos de previdência privada. Há duas formas de entender juridicamente a questão.

Uma forma é dizer que a ordem emana do próprio empregador – atenta a minhas ordens bem como às ordens daqueles a quem eu apontar, o que significa simultaneamente atender a minhas ordens – o que não afeta, portanto, a noção do poder diretivo patronal. Outra forma é imaginar que as empresas coligadas, conquanto dotadas de relativa autonomia e identificação própria, atuam como se fossem departamentos ou seções de um só empreendimento, concluindo-se que o início do contrato de trabalho com uma dessas empresas implica automaticamente a aceitação das regras de que o âmbito de atuação é maior e mais diversificado do que se o contrato de trabalho houvesse sido firmado apenas com um pequeno estabelecimento comercial.

O grupo econômico pode ou não aquinhoar o trabalhador com alguma bonificação, prêmio, comissão ou aumento salarial, pelo desempenho na venda de produtos das empresas coligadas. Não há lei que exija a melhoria salarial neste caso, mas é comum o oferecimento de algum tipo de abono. Se, então, houver o complemento salarial, teria ele a mesma natureza jurídica do salário pago pelo empregador?

Sim, porque o pagamento será feito de maneira habitual pelo empregador ou pelo conceito ampliado de empregador, mormente para aqueles que adotarem a tese do **grupo econômico como empregador único**. A tese não é a melhor nem a pior, mas atualmente é aquela que mais atende à finalidade da norma e a que melhores respostas oferece para a complexa situação entre ser abstratamente considerado como um só e, quando visto de perto, fragmentar-se em diversos seres autônomos.

Com a tese do grupo econômico como empregador único, surgem as seguintes conseqüências:

- o empregado está obrigado a cumprir as ordens do empregador no sentido de atender aos anseios também das empresas coligadas, ainda que isso não tenha sido inicialmente avençado;
- o pagamento de alguma bonificação ou comissões feito pelas empresas coligadas tem a mesma natureza salarial que o pagamento dos salários e demais vantagens habituais, pois todas elas se supõem feitas pelo empregador;
- a prestação de serviços para mais de uma empresa do mesmo grupo econômico não gera direito a mais de um contrato de trabalho, mais de uma anotação em Carteira de Trabalho, dois décimos terceiros, duas férias ou duas contas em fundo de garantia, sendo suficiente que o empregado aufira seu salário ajustado e, se houver, as horas extras e demais parcelas de um único contrato de trabalho, como, aliás, historicamente tem sustentado a Súmula 129 do Tribunal Superior do Trabalho;
- pode haver ajuste em sentido contrário, ou seja, podem as empresas do grupo econômico promover dois registros em Carteira de Trabalho – pois o contrato de trabalho, lembre-se, normalmente não exige exclusividade nem inibe a existência de duas relações ao mesmo tempo – e assumir duplo pagamento de salários e demais vantagens, mas esse ajuste nada tem que ver com o fato de se tratar de um grupo econômico, pois a qualquer tempo, em qualquer circunstância, as partes podem celebrar contratos de trabalho;
- o enquadramento sindical do trabalhador pode ser efetuado sobre a categoria econômica preponderante do grupo – empregador único – e não sobre a categoria econômica isolada de cada um dos integrantes, conforme evoca a Súmula 93 do TST;
- o empregado pode somar períodos laborados para cada empresa separadamente considerada como se fosse um só contrato de trabalho, para obtenção daquelas vantagens que normalmente se alcança com o escoamento do tempo, tais como a antiga estabilidade decenal do art. 492 da CLT, os períodos de aquisição e de gozo de férias, a indenização de 40% sobre o fundo de garantia do contrato de trabalho, o adicional por tempo de serviço previsto em alguma norma coletiva ou regulamento interno de empresa e parcelas assemelhadas;
- o empregado pode acionar um integrante do grupo econômico e, posteriormente, reivindicar o redirecionamento da execução para qualquer dos componentes do grupo, mesmo se omitido seu nome na fase de conhecimento, nunca antes citado e ausente do dispositivo da sentença,

porque novamente o fundamento é superior ao próprio conceito de responsabilidade solidária – o empregador único, como o próprio nome já diz, é um ente abstrato considerado uniforme e ao mesmo tempo fragmentado;

- o pedido de equiparação salarial pode apontar como paradigma colega de trabalho registrado por empresa coligada, porque, ainda assim, terá indicado empregado do mesmo empregador único e não de empregador estranho;
- o grupo econômico pode se fazer representar por um único preposto, porque basta a existência de uma relação de emprego entre ele e uma determinado componente do grupo econômico para que ele seja empregado de todo o empregador único.

Se havia, assim sendo, duas Súmulas do Tribunal Superior do Trabalho favoráveis à tese do grupo econômico como empregador único – a 93, sobre enquadramento sindical pela categoria preponderante do agrupamento, e a 129, sobre a existência de um só contrato de trabalho, mesmo havendo prestação de serviços para mais de uma empresa simultaneamente –, é bem verdade que uma terceira súmula provocava o incômodo de um entendimento contrário.

A análise dessa terceira súmula, estranha no ninho, abre a seção dedicada ao grupo econômico do **ponto de vista da fase de execução**. Trata-se da Súmula 205.

A Súmula 205 se tornou conhecida por enaltecer a independência de atuação de cada empresa do grupo econômico, impondo que, caso o trabalhador desejasse garantir a execução com o patrimônio das empresas coligadas, deveria acioná-las desde a fase de conhecimento, pois, do contrário, não poderia haver redirecionamento de execução para as empresas coligadas, nada obstante a prova concreta de que as entidades fossem agrupadas e agissem em harmonia. Logo, a premissa desse verbete não era o grupo econômico como empregador único, mas como empregador fragmentado e independente, assegurando o exercício do contraditório e da ampla defesa não de forma conjunta mas de forma isolada a cada um dos integrantes – se o objetivo era levar a rigor o art. 2º da CLT, a premissa revelava evidente preciosismo.

Temia-se o abuso, como o ajuizamento com uma empresa desidiosa em sua contestação, pouco combativa no curso do processo que, posteriormente, pusesse o grupo econômico em ruínas quando do chamado para concorrer com os bens à penhora, num momento processual em que sabidamente resta pouco a ser efetuado em termos de quantidade e de qualidade. Porém, as dificuldades de comunicação interna do grupo econômico – indagam-se as razões pelas quais uma empresa acionada esconde o fato às outras e os motivos pelos quais o grupo não detém controle sobre seu próprio passivo – não podem nem devem ser opostas a terceiros, muito menos ao direito do trabalho. Andou bem o Tribunal Superior do Trabalho, portanto, ao cancelar a Súmula 205.

Outro motivo determinante para o cancelamento da Súmula é o chamado **grupo econômico superveniente**. Ora, a petição inicial pode ter apresentado apenas um réu simplesmente porque não havia mesmo grupo econômico àquela época ou à época do contrato de trabalho, o que não significa esquecimento do trabalhador ou negligência em seu direito de ação. Passados alguns meses ou alguns anos, quando já não cabem mais aditamentos ou remédios jurídicos, o empregador pulveriza seu patrimônio entre várias empresas coligadas, mas o empregado fica de mãos atadas, à luz da antiga jurisprudência, por não poder postular execução sobre empresas que não figuram no título executivo judicial. O cancelamento da Súmula 205 tem a virtude de deixar a questão em aberto.

Não há certeza de que o Tribunal Superior do Trabalho sinalizou para a liberdade total em matéria de execução trabalhista, quando o assunto for o grupo econômico. Não estão garantidas as teses segundo as quais o trabalhador pode acionar quem quiser e redirecionar a execução contra quem quiser, quando melhor lhe aprouver. Porém, o empregado pode a qualquer momento sustentar e demonstrar a existência do grupo econômico, obtendo êxito em sua tese de empregador único e, portanto, autorizando-se o alcance do patrimônio das empresas coligadas.

Uma solução harmônica e equilibrada é a análise da verossimilhança das alegações, numa cognição sumária sobre o tema do grupo econômico, já em fase de execução avançada. Não se deve olvidar que matéria de cognição pode efetivamente ocorrer em fase de execução, ao contrário do que se poderia supor no senso comum – por exemplo, os embargos de terceiro, conquanto enquadrados como incidente de execução, envolvem matéria tipicamente de conhecimento.

Assim, tal como se faz na tutela antecipada da lide, cabível em qualquer fase do processo, o juiz deve ponderar se o trabalhador apresenta indícios favoráveis ao grupo econômico, preferencialmente a prova documental, como a coincidência de sócios ou de endereço, antes de autorizar o prosseguimento da execução perante terceiros.

Se o conjunto de provas for insuficiente ou, de qualquer modo, não permitir a formação de convencimento judicial, pode-se, ainda, reivindicar a produção de prova testemunhal, igualmente permitida em fase de execução, apesar de bastante rara na prática. Notar que o art. 884, § 1º da CLT, contempla a prova testemunhal mesmo em matéria de embargos à execução, normalmente associada a assuntos jurídicos e documentais.

Advirta-se, ainda, que, caso o juiz concorde com a verossimilhança das alegações e aceite o prosseguimento da execução na pessoa de empresa coligada, sob o fundamento de grupo econômico como empregador único, a forma mais adequada de dar início a essa nova fase da execução é a expedição do mandado de penhora e avaliação e não do mandado completo de citação, penhora e avaliação. Se a cada vez que uma nova diligência do oficial de justiça for realizada, nova citação tiver de ser efetuada, o processo do trabalho terá de assumir vocação para a eternidade, pois a todo instante seria renovado prazo para discussão primitiva em torno de cálculos de liquidação, juros, correção monetária e acertos em geral. Como o grupo econômico foi tratado na forma de empregador único, esse tipo de contraditório e de ampla defesa já foi observado anteriormente e já foi sustentado por aquele que estava à frente do empreendimento à época da citação – de novo, pouco importa, para o direito do trabalho, se esse componente do empregador único alertou aos parceiros ou sabotou o conglomerado.

Quando muito, o integrante do grupo econômico poderá manejar os embargos de segundo grau, assim entendidos os embargos sobre matéria superveniente à penhora, de que cuida o art. 746 do Código de Processo Civil – embargos à arrematação e embargos à adjudicação.

É comum, ainda observarmos as empresas apontadas como integrantes do grupo econômico defenderem-se mediante uso da ação incidental denominada embargos de terceiro, negando evidentemente a ocorrência do agrupamento e, ato contínuo, sustentando a defesa de bens de sua posse ou propridade. A medida é razoável mas simultaneamente arriscada, porque, uma vez derrubados os embargos, a execução prosseguirá normalmente e, ademais, os embargos de terceiro se atêm a debater o acerto ou desacerto da penhora em particular e não dos rumos da execução.

Aforamento simultâneo de embargos de terceiro e de embargos à execução pelo mesmo réu e pelo mesmo motivo mostra-se incoerente, passível de punição por litigância de má-fé e deliberação contrária aos interesses do embargante pela contradição flagrante.

Caso o processo do trabalho não adote a premissa do grupo econômico como empregador único, é natural que exija a presença de cada um dos integrantes do agrupamento na fase de conhecimento e, por conseguinte, na coisa julgada, para que, somente então, seja declarada a responsabilidade solidária e se possa executar a qualquer deles no momento oportuno. A noção satisfaz às exigências do Código Civil de 2002 quanto ao conceito de co-responsabilidade e às exigências do Código de Processo Civil quanto à formação do título executivo judicial e ao conceito de legitimidade de parte em fase de execução, mas nada disso assegura que tenha sido atendida a finalidade da norma trabalhista – a saber, manter na fase de execução trabalhista um equilíbrio o mais parecido possível com o cotidiano da relação de emprego, em que o conjunto heterogêneo de empresas age de forma homogênea no desenvolvimento da atividade econômica e na perseguição dos objetivos em comum.

É precisamente a homogeneidade de atuação dentro da heterogeneidade que justifica a teoria do grupo econômico trabalhista e o faz uma figura toda particular no âmbito do direito material e do direito processual. Provavelmente, a dificuldade encontrada pelo direito do trabalho para fazer valer a tese do empregador único reside mais num aspecto prático – acreditar que as partes podem perfazer uma unidade e ao mesmo tempo manter sua autonomia – do que propriamente em aspecto teórico.

Coerência ainda é o valor mais caro para o operador do direito. Recomenda-se que a adoção de uma premissa vincule as decisões futuras: ou bem o grupo econômico é empregador único, sem direito a duplo vínculo de emprego pelo empregado, mas com direito à execução homogênea, ou bem o grupo econômico não é empregador único, com direito a duplas vantagens trabalhistas ao empregado sujeito à prestação de serviços para mais de uma empresa simultaneamente, mas sem direito à execução homogênea. A coerência reforçava a necessidade de cancelamento da súmula destoante.

Cabe, aqui, um pequeno desvio para analisar o alcance da responsabilidade solidária, quando comparadas a lei urbana – CLT – e a lei rural – nº 5.889/1973.

A CLT afirma que a responsabilidade solidária se refere aos "efeitos da relação de emprego", enquanto a lei rural expressa a solidaridade sobre as "obrigações decorrentes da relação de emprego".

Há quem afirme que a CLT foi reducionista – "efeitos da relação de emprego" seriam apenas os efeitos de execução processual – enquanto a lei rural foi expansionista – "obrigações decorrentes da relação de emprego" abrangeriam tanto a execução trabalhista como o cotidiano do trabalho, no que se convencionou chamar de **solidariedade ativa**. Porém, não há indícios válidos para essa interpretação em nenhum outro dispositivo legal nem mesmo na interpretação sistemática ou teleológica da norma, donde se mostra mais razoável a interpretação de que em qualquer dos dois cenários se deveria propor tanto a homogeneidade na vigência como na posteridade do contrato de trabalho.

Como acima já se disse, a comunhão de interesses pode acarretar obrigação ao trabalhador de prestar serviços para mais de uma empresa – a mando do mesmo grande empregador – e direitos esparsos, como o somatório de períodos de férias e de tempo de serviço para vantagens acumuladas ao longo dos contratos de trabalho, sem prejuízo de essa comunhão justificar também a necessidade de uma execução uniforme sobre todo e qualquer bem de propriedade do grupo econômico. Logo, também na CLT se pode afirmar a presença da solidariedade ativa, conquanto não referida de forma cristalina pelo art. 2º.

Outra conseqüência instigante sobre o grupo econômico diz respeito à possibilidade ou não de algum integrante exercer o direito à **intervenção de terceiros no processo do trabalho.**

Dentre as formas de intervenção de terceiros, destacam-se, no particular, a assistência simples e a assistência litisconsorcial. Poderiam os entes coligados em grupo econômico apresentarem-se como terceiros intervenientes, em busca de uma prestação jurisdicional favorável para um de seus pares?

Em tese, a possibilidade é plenamente viável.

Na assistência simples, seria suficiente a demonstração dos interesses econômicos e jurídicos do empresário coligado para que se admita sua concorrência em busca de uma sentença melhor para o parceiro do grupo. Os interesses econômicos são evidentes e dispensam maior comentário, pois há forte ligação de solidariedade e, ainda, a perspectiva de execução processual sem nem ao menos se alterar a atuação do pólo passivo. Os interesses jurídicos são igualmente plausíveis e demonstráveis, porque a empresa coligada pode desejar combater a formação de um precedente perigoso em diversas questões que lhe dizem respeito direto, como o enquadramento sindical, o direito à dupla vantagem contratual e o mais.

Pode-se imaginar igualmente o panorama da assistência litisconsorcial. Como se sabe, essa forma mais sofisticada de assistência pressupõe que o terceiro interveniente tenha também ele ligação direta com o autor da demanda e não apenas com o réu a quem deseja assistir. Essa ligação se aperfeiçoa naquelas hipóteses bastante conhecidas em que o terceiro paga prêmios e comissões para os empregados que fecharem vendas de seus produtos – a seguradora que paga bonificação para o bancário ou a administradora de cartão de crédito, igualmente do grupo econômico, que paga premiação para o balconista da distribuidora de títulos e valores mobiliários que conseguir convencer o cliente a aderir àquela bandeira. Motivos de sobra existirão para a empresa coligada apresentar-se em juízo, como a tentativa de descaracterizar a natureza salarial dessas parcelas, sem deixar produzir reflexos em fundo de garantia e recolhimentos previdenciários e fiscais, bem como as velhas questões de aplicação de norma coletiva e o mais.

A dúvida que pode surgir, entretanto, é se, mesmo o terceiro interveniente preenchendo as exigências legais para fins de assistência simples e de assistência litisconsorcial, deveria ele ser realmente chamado de terceiro.

Na própria petição em que se postula a intervenção de terceiro, a empresa que se apresentar como componente do grupo econômico e justificar sua preocupação com o futuro da execução trabalhista estará simultaneamente lembrando ser ela integrante da figura do empregador único. Se o empregador é único, não pode ser ao mesmo tempo o réu e o terceiro interveniente.

De novo, não é o processo civil culpado pela dificuldade de enquadramento jurídico, nem o processo do trabalho apresenta obstáculos intransponíveis. É a figura do grupo econômico, de componentes fragamentados mas de atuação uniforme, que torna bastante peculiar a situação. Não há muitos paralelos na legislação brasileira de entes com esse grau de sofisticação – visto de um lado, é multifacetado; visto de outro lado, é indivisível.

A **convivência com esse hibridismo** é, todavia, possível, saudável e enriquecedora para o direito do trabalho.

Capítulo 12

Terceirização

Propõe-se aqui o mesmo plano de divisão de trabalhos elaborado no capítulo do grupo econômico, frisando a terceirização no direito material do trabalho, com seus requisitos e singularidades, na primeira parte, e a terceirização do direito processual do trabalho, com suas implicações de responsabilidade subsidiária, na segunda parte.

Principia-se com o estudo da formação e do **desenvolvimento da terceirização no direito material do trabalho**.

Por óbvio que a controvérsia começa no próprio sentido da palavra terceirização. A virtude desse vocábulo está na lembrança de que, como diria o humorista, há três pessoas em um sofá para dois. Esse terceiro, porém, advirta-se desde logo, não é um simples cliente ou um fornecedor, como sempre haverá ao longo dos contratos de trabalho como um todo, mas uma pessoa de presença efetiva e permanente. Essa presença atuante, porém, ficou um degrau abaixo da formação de vínculo de emprego diretamente com o trabalhador, pois se houvesse um dimensão maior de subordinação e de pessoalidade teríamos de deixar de lado o sentido de terceirização e partir de pronto para a configuração da relação de emprego entre beneficiário dos serviços e operário executante dos serviços.

Daí a proposta deste Curso, já enunciada no capítulo de subordinação do ponto de vista do empregado, de dizer que para a formação de uma relação de emprego se fazem necessários graus intensos de subordinação, pessoalidade e habitualidade, enquanto, para a terceirização, devem ser mantidos graus moderados dessas características. Repete-se a expressão grau moderado ou grau médio, porque a terceirização não oferece, de fato, um desprendimento total do empregado em relação ao beneficiário dos serviços, mas uma ligação que deve ficar a meio caminho entre a intimidade completa e o estranhamento absoluto.

De toda forma, em homenagem à força dos costumes, adota-se a palavra terceirização, como maneira de se evocar a existência de um contrato de trabalho voltado preferencialmente para a prestação de serviços devotados a terceiros.

O fenômeno é amplamente estudado nas ciências econômicas e no âmbito da administração de empresas. No idioma inglês usa-se em sentido análogo a expressão "outsourcing" para descrever a busca dos serviços de uma fonte (source) externa (out), a fim de a empresa poder se dedicar especificamente ao núcleo de seu objeto social. Em sentido parecido, mas não idêntico, também se pode falar em "downsizing", no sentido de redução (down) de tamanho (size) de uma corporação que já foi maior e que dali em diante procurará ter estrutura mais enxuta e repassar funções acessórias ou de apoio para prestadores de serviços externos. Do idioma francês se colhe a palavra "sous-traitance", como uma espécie de subcontratação de serviços que poderiam ou não ser prestados pelo próprio empregador.

Como diferenciar, então, o simples contrato de compra e venda do contrato de prestação de serviços que configura a terceirização? Como separar com segurança a pessoa do cliente e do freguês da pessoa do tomador de serviços?

O melhor critério passa pela aplicação atenuada dos requisitos caracterizadores de uma relação de emprego. Assim, enquanto no contrato de trabalho o empregado está subordinado ao empregador, na terceirização o prestador de serviços segue algumas ordens e orientações de padronização e de método por parte do tomador – tais como horários em que deve haver a presença de um vigilante no estabelecimento comercial, roteiro a ser cumprido pelos empregados da limpeza e visual a ser concretizado pelos empregados da jardinagem. Enquanto o empregado é contratado de modo personalíssimo, o prestador de serviços pode ser alternado, mas desde que se mantenham as características contratadas e desde que todos sejam da confiança e da responsabilidade do empreendimento contratado.

São também indícios de que a empresa assumiu a posição de tomador de serviços dentro de uma terceirização:

- fixação da organização e dos métodos de desenvolvimento da função;
- cessão total ou parcial das instalações físicas para a realização dos serviços;

- cessão total ou parcial de bens móveis e de ferramentas de trabalho para a execução dos serviços;
- cessão de banco de dados, endereços e telefones dos clientes a serem contatados, especialmente nos serviços de televendas e de cobrança;
- exclusividade ou quase exclusividade do prestador de serviços;
- controle de qualidade feito por pessoa da tomadora dentro da prestadora;
- remuneração calculada não sobre o produto mas sobre as horas de trabalho;
- acesso do tomador à contabilidade do prestador, inclusive com retenção de valores e conferência de recolhimentos previdenciários e fiscais.

Um antigo critério propugnava que tomador é apenas aquele que prestava serviços com empregados diretos e, posteriormente, passou a se valer de empresa prestadora de serviços, ou seja, "terceirizou" aquilo que lhe era próprio, "reduziu o tamanho da empresa" e "procurou fontes exteriores" de suprimento de suas necessidades. Esse critério, entretanto, que já era bastante singelo, revela-se insuficiente a esta altura do desenvolvimento do direito do trabalho, pois muitas empresas já nascem com a estrutura enxuta e nunca irão manter em seus quadros empregados para determinadas funções, desde sempre "terceirizadas".

Se um centro de compras cede espaço físico para exploração de um estacionamento, especificando-lhe os horários de funcionamento e oferecendo essa comodidade para os clientes do complexo, será considerado tomador dos serviços para fins do direito do trabalho, quer tenha repassado essa atividade para o administrador de estacionamentos após alguns anos de exploração com empregados próprios, quer tenha sido inaugurado desde o princípio com serviço terceirizado de exploração comercial.

A terceirização se mostra, na verdade, um procedimento de acerto duvidoso e repleto de ambigüidades.

À primeira vista, representa desoneração de custos por parte do empresário tomador, que supostamente vai se dedicar apenas à tarefa principal de seus objetivos, liberando-se dos encargos da administração de pessoal e insumos relacionados com as atividades de apoio. Ao menos era essa a expectativa com que o procedimento foi recebido tempos atrás. Em vez de abrir processo seletivo quando do aquecimento do mercado consumidor ou ter de arcar com os custos das rescisões contratuais quando do desaquecimento, o empresário pode comodamente contratar mais e melhores empresas prestadoras de serviços e, ao revés, romper os contratos, dentro das regras do direito civil e do direito comercial, sem maiores solenidades. Enquanto isso, por sua vez, a empresa prestadora de serviços se dedicaria em tempo integral à qualificação e à requalificação de seus operários para ficarem como que de prontidão para a prestação de serviços em seus ramos de atuação, como a limpeza, a segurança, o transporte, a jardinagem, a refeição industrial e o mais.

Problemas, porém, não tardaram a aparecer.

De plano, revelou-se excessivamente sombria a distinção entre atividades de apoio, também chamadas de atividades-meio, das atividades nucleares ou centrais do objeto social da empresa, também chamadas de atividades-fim. Normalmente, a vigilância e a limpeza são citadas como exemplos clássicos de atividades passíveis de terceirização, a menos, claro, que a empresa se dedique precipuamente à vigilância e à limpeza. Via de regra, as outras centenas de atividades econômicas precisam de algum tipo de conservação e higiene em suas instalações físicas ou de zelo pelo patrimônio, donde a simbiose na terceirização destas áreas.

Porém, os casos vão num crescendo até que se chegue a algum tipo de atividade que mal se consegue enquadrar. Por exemplo, seria a compensação noturna dos cheques uma atividade meramente de apoio para a instituição financeira ou se insere ela no contexto geral da operação bancária? Decisões nos dois sentidos já foram encontradas nos tribunais superiores, embora haja uma ligeira tendência a não mais se admitir a terceirização desse tipo de lide bancária.

Outro exemplo: numa montadora de automóveis, é atividade-meio ou atividade-fim o procedimento da solda, da pintura e da colocação de vidros e pneus no veículo? Se essas atividades forem meramente de apoio, teremos de concluir que a montadora apenas administra, de longe, a agregação das peças e serviços para a formação do carro, porque todas as parcelas separadamente consideradas seriam etapas de um processo longo. Há também decisões conflitantes a respeito, embora as montadoras tenham mantido ao menos em princípio um corpo numeroso de operários próprios em suas linhas de montagem.

Ainda mais um exemplo: a escola pode manter como empregados apenas os professores e terceirizar as atividade de servente de alunos, secretaria, merendeira e fiscalização? A escola funciona sem a secretaria? A famosa Súmula 331 não chega a resolver a questão por completo. Apenas lança luzes sobre o tema, tendo sido pioneira na referência ao binômio meio-fim e tendo oferecido o que podemos chamar de exemplos das atividades secundárias.

Há um critério razoavelmente bem sucedido nessa distinção, que deixa de lado o objeto social do tomador de serviços, pela dificuldade de se separar precisamente onde acabou o núcleo e onde começou o complemento, e se detém no objeto social do prestador de serviços. A terceirização, assim, seria válida se o prestador fosse uma empresa realmente especializada naquela atividade mais ou menos complementar, mais ou menos de apoio, mais ou menos secundária, quando comparada com a atividade da tomadora. Se a prestadora é efetivamente uma empresa dedicada àquela função, presume-se válida a terceirização, pois contratada para a execução de seus serviços principais, ainda que perante terceiros. Trata-se do **critério da especialização** e não do critério da fragmentação das atividades.

Como fenômeno social, colhido no dinamismo das relações econômicas, a terceirização se mostra quase indomável. O próprio Tribunal Superior do Trabalho parece ter acusado esse golpe, quando se viu na contingência de cancelar a antiga Súmula 256, que combatia a terceirização e afirmava a relação de emprego diretamente com a tomadora na maioria dos casos, e simultaneamente editar a Súmula 331, que se tornou permissiva da terceirização numa quantidade bem maior de casos. Pode-se afirmar que a jurisprudência em geral e o Tribunal Superior do Trabalho em particular estejam apenas descrevendo o que observam na realidade dos fatos, a reboque dos eventos trabalhistas, mas nesse particular não resta dúvida de que a Súmula 331 exerceu papel decisivo na disseminação do regime de terceirização no direito do trabalho brasileiro, para aqueles que andavam receosos, para aqueles que tinham dúvidas sobre o enquadramento legal ou simplesmente para aqueles que nunca tinham ouvido falar nessa decomposição da figura do empregador.

Não se pode dizer, porém, que a Súmula 331, de 1993, tenha sido a primeira grande referência à terceirização no Brasil.

Antes dela já se podia notar um panorama de fragmentação – a que alguns chamam de contexto terceirizante e outros referem genericamente a formas de subcontratação de serviços – nas seguintes normas legais:

- art. 455 da CLT, que dispõe sobre a empreitada e, a seu lado, a subempreitada, normalmente figuras associadas com a contrução civil;
- Decreto-lei nº 200/1967, que preconiza a descentralização dos serviços públicos, mediante repasse de tarefas não essenciais das carreiras de Estado através de contratos de prestação de serviços devidamente licitados;
- Lei nº 6.019/1974, que autorizou de modo expresso a contratação de empregado por meio de empresa interposta, a qual aufere lucros pela comercialização da mão-de-obra, em regime conhecido pela expressão contrato temporário, a não ser confundido com o contrato de trabalho

por prazo determinado, que simplesmente fixa o término, de forma definitiva ou aproximada, sob as condições do art. 443 da CLT;

- Lei nº 7.102/1983, que frisa a prestação de serviços por "empresa especializada contratada" para fins de segurança patrimonial dos bancos.

Há situações, porém, em que as dificuldades financeiras do empregador levam o empregado a mirar para outras pessoas, que giravam em torno daquela relação de emprego, chamando-os de tomadores de serviço em regime de terceirização, sem que, de fato, eles assim devam ser considerados.

Nem todos os personagens que povoam os contratos de trabalho são necessariamente tomadores de serviços, entretanto, devendo a questão ser analisada com a devida cautela, para não se atribuirem em encargos injustos e excessivamente onerosos para clientes, fornecedores e demais entes que acaso tenham orbitado em torno daquela relação de emprego.

Não são tomadores de serviços para fins do regime de terceirização:

- os tomadores de serviços que mantêm contrato com o empregador mas para os quais o trabalhador não presta serviços diretamente ou prestou serviços apenas em caráter eventual, como na cobertura de folgas e faltas dos colegas de trabalho ali lotados; o tomador de serviços pressupõe a permanência do trabalhador em suas dependências ou sob seus auspícios, em caráter permanente ou ao menos em caráter habitual;
- os entes públicos responsáveis pela fiscalização dos serviços, como as agências reguladoras, as autarquias, as prefeituras e as empresas públicas de transportes coletivos, saúde e educação, que apenas outorgam concessão ou permissão para a execução dos serviços; mera fiscalização, mesmo que passível de cassação da concessão por irregularidade nos serviços, não aperfeiçoa o sentido da terceirização;
- o cliente, ainda que habitual, servindo-se dos produtos e dos serviços sem nenhuma especificação ou ingerência e sem compromisso de retorno no dia seguinte ou na temporada seguinte.

No ensejo, cabe uma palavra sobre o fenômeno da **quarteirização**, também chamada de terceirização sucessiva ou superterceirização.

Como sempre acontece com as categorias jurídicas, o regime de terceirização aos poucos foi se sofisticando, a ponto de ganhar novos elos na cadeia de subcontratação de serviços, mas, em sua essência, nada se altera quanto à forma ou quanto ao conteúdo.

Grandes tomadores, como hipermercados, centros de compra e universidades alegam dificuldades no trato cotidiano com cada um dos diversos prestadores de serviço, empreendendo enorme consumo de energia e de recursos para selecionar adequadamente as empresas especializadas, fiscalizar os contratos, renová-los quando oportuno e, ainda, admitir novos prestadores de acordo com o surgimento de novas necessidades – planos de expansão, delegação de outras tarefas, retomada de algumas etc.

Então, aparece uma empresa nova no mercado que se oferece para fazer justamente a pesquisa pelas melhores condições de terceirização e pelas melhores formas de negociação. Forma-se um contrato entre a tomadora e a empresa de prestação de serviços de busca de boas prestadoras de serviço. Esse empresa intermediária, na seqüência, firma os contratos com cada uma das pequenas empresas setorizadas. Pode haver até mesmo duas ou três empresas de vigilância atuando no mesmo espaço físico, duas ou três empresas de limpeza e assim sucessivamente.

Daí o sentido da palavra quarteirização, porque a tomadora terceirizou para a prestadora o direito de procurar novas prestadores especializadas. À falta de melhor expressão, lembrou-se de enaltecer a presença de quatro sujeitos na relação – que era para ser um contrato bilateral entre empregado e empregador – porque além dos dois sujeitos típicos do contrato de trabalho foram inseridos a empresa administradora de contratos e a empresa tomadora de serviços.

O que precisa ficar bem claro é que no campo do direito do trabalho jamais o beneficiário da atividade laboral pode ficar de fora da responsabilidade. Ao contrário de outros segmentos jurídicos, em que claúsulas contratuais de desoneração de responsabilidade podem ser livremente pactuadas, no direito do trabalho o objeto primordial é a energia humana, a qual, uma vez empreendida, é irrecuperável e irretornável, sendo considerado imoral, além de ilegal, que o beneficiário dessa força de trabalho simplesmente sonegue a contraprestação e se considere irresponsável pelas reparações cabíveis. Por conseguinte, o fato de haver no mercado empresas que subitamente se especializaram na administração de contratos de prestação de serviços pode parecer surpreendente para o leigo, mas em nada altera a substância do sentido da terceirização, como forma de delegação de atividades em escala sucessiva, com a manutenção da responsabilidade, ao menos subsidiária, de cada um dos elos.

Diante do cenário de banalização da terceirização – em que se terceiriza de tudo, a toda hora, mesmo sem necessidade – a responsabilidade subsidiária encontra grande importância e representa a única e pequena garantia de recebimento dos haveres trabalhistas. Vozes bastante autorizadas do direito do trabalho preconizam que se passe de uma vez por todas da responsabilidade subsidiária diretamente para a responsabilidade solidária, via alteração legislativa ou alteração da jurisprudência sumulada, como forma de se pressionar ainda mais por maior seriedade no regime de terceirização.

Há quem argumente que a terceirização amplia o número de postos de trabalho, pois muitos prestadores de serviço conseguem manter empregados diversos trabalhadores que, de outra forma, já teriam sido dispensados com o fechamento ou com a redução dos quadros do tomador de serviços. O emprego é mantido entre a saída de um tomador e a chegada do outro, supostamente. A crítica que se faz a essa propalada vantagem é que as empresas prestadoras normalmente são tão pequenas e mal estruturadas que a simples rescisão de um contrato é o bastante para representar seu fechamento. Não é exagero dizer que a empresa é, aqui, o contrato.

A segunda vantagem bastante citada vem a ser a especialização. Dedicando-se unicamente, digamos, aos serviços de limpeza, o empresário tem condições de aprimorar os serviços prestados, contratar pessoal mais apropriado para a função, reduzir custos na escala de compra de grandes quantidades de insumos, máquinas e produtos químicos e, enfim, oferecer serviços melhores por preços menores. No entanto, os serviços terceirizados habitualmente se destinam a tarefas de baixa qualificação e baixa incidência de insumos, pois raramente o prestador de serviços tem capacidade ou gabarito para injetar investimentos polpudos em áreas que envolvam tecnologia, maquinário pesado ou mecânica fina. Logo, a aparente vantagem da super-especialização se perde num cenário de baixíssima qualificação.

A terceira vantagem chega a ser pejorativa: a manutenção de um exército de reserva.

Dado o desemprego estrutural, o mundo convive com altas taxas de desemprego. Porém, o ser humano não pode ficar privado dos víveres e da subsistência vital mínima, de tal forma que, quando se fala em desemprego, deve-se pensar como essas pessoas sobrevivem, alimentam-se, educam os filhos, moram e, enfim, convivem com a adversidade.

Alguns se inserem na fila do seguro desemprego, mas nem todos no país dispõem desse pecúlio e nem sempre as parcelas são de longa duração; outros, escondem-se nas estatísticas do subemprego – atividades de reduzidos rendimentos, elevados níveis de exploração e plena informalidade – ou dos trabalhos eventuais – os chamados "bicos". Prestações previdenciárias como o auxílio-doença, o auxílio-acidente – quando as seqüelas estão convalidadas – ou aposentadorias em geral igualmente ajudam na distribuição de renda, ainda que involuntariamente. Há casos de aposentados que sustentam quatro ou seis pessoas na mesma casa, o que justifica o impacto da política previdenciária pelo país afora. Existem, ainda, os que se tornaram microempresários, trabalhadores autônomos e os avulsos.

As estatísticas variam de acordo com os critérios adotados pela pesquisa, pois alguns institutos não computam na taxa de desemprego aqueles que carregaram uma sacola na feira livre nos últimos trinta dias; outros estudam inclusive a categoria do desalento ou do desencanto, assim entendidos aqueles que, após um prazo que pode variar de dois a quatro anos, simplesmente desistiram de procurar novo emprego.

Diante desse cenário inquietante, advogam os entusiastas da terceirização que o sistema permite pelo menos a manutenção de patamares de um mínimo de dignidade, dentro da noção de trabalho decente, a fim de que os empregados permaneçam de prontidão para ingresso em atividade a qualquer momento. Lamentam, aliás, que não possam manter mais pessoas empregadas sem pagamento de salários, por exemplo, numa espécie de suspensão do contrato de trabalho durante o período de escassez de serviço, o que não conta com amparo legal nem com amparo doutrinário.

Ocorre, porém, que esse possível exército de reserva desfruta de rendimentos baixíssimos, pois os salários são habitualmente achatados e, por se tratar de categoria profissional com reduzido grau de coesão, fragmentada em centenas ou milhares de tomadores de serviço, não há esperança de grande avanço via negociação coletiva, como melhor piso normativo e alguns benefícios assistenciais. Indaga-se, portanto, se é realmente compensatório, para o desenvolvimento do direito do trabalho e para o aprimoramento do trabalho decente, que os trabalhadores estejam vinculados a empresas prestadoras de serviço em condições muito singelas de remuneração e vantagens.

O tema da sindicalização, aliás, é de todos o menos estudado e o mais intrigante no quesito da terceirização. Ao longo de décadas foi assimilado o conceito de terceirização pela união de interesses e de características dos trabalhadores, se não pelo estatuto profissional – como é o caso dos advogados, dos cabineiros de elevedor, dos telefônicos ou dos engenheiros – ao menos pela categoria representativa do objeto social do empregador – pois uma vez engajados numa metalúrgica, por exemplo, quase todos os trabalhadores ali inseridos se mostram envolvidos nos assuntos e nas vicissitudes da metalurgia. Com a terceirização, porém, esses laços foram dissolvidos.

Vários trabalhadores executam serviços assemelhados, de conversação e de apoio, mas em empresas e em realidades completamente diferentes. Em comparação com o direito do trabalho clássivo, o regime de terceirização se marca pela multiplicidade de empregadores que beira o infinito, sem possibilidade de exercício de pressão eficaz dos empregados, quase inviável o direito de greve e de outras formas de solução de conflito. Os empregados, na verdade, mal se conhecem e a rotatividade é altíssima, apesar de em sua origem a terceirização carregar a idéia do prolongamento dos contratos de trabalho. Uma expressão pejorativa que começa a ser usada no direito do trabalho fala de **empregados sem rosto** – pois sem nome eles já eram. Não é motivo de orgulho para ninguém que a terceirização banalizada e agressiva tenha se tornado conhecida pela expressão **terceirização à brasileira**.

Um último neologismo se faz necessário a esta altura do capítulo.

A administração de empresas tem lidado com um fenômeno inesperado conhecido por **desterceirização**. "De meu departamento pessoal cuido eu; do departamento pessoal da prestadora de serviços, não somente eu não posso cuidar como aparentemente ninguém cuida", é a frase mais ouvida no muro das lamentações dos tomadores de serviço que um dia se viram surpreendidos pelo desaparecimento da prestadora de serviços com salários e outras parcelas pendentes.

Algumas ainda conseguem fazer o trabalhoso processo de retenção de valores da fatura mensal ou um complexo empenho de glosar o pagamento, sujeito à prévia comprovação da quitação de débitos trabalhistas e previdenciários. Outros têm força suficiente para inserção de cláusula de responsabilidade pessoal dos sócios da prestadora em caso de acionamento da tomadora ou, ainda, exigem a apresentação de bens móveis e imóveis como garantia em caso de execução.

Essas providências, todavia, além de muito complexas de serem tomadas no dia-a-dia das relações civis e comerciais, são, ainda, insuficientes quando houver o efetivo desaparecimento do devedor. Daí ter surgido o cenário aflitivo das audiências trabalhistas em que, nada obstante a presença de dois réus no pólo passivo – prestador e tomador – apenas um deles comparece para se defender – o tomador. Há constantemente uma cadeira vazia à mesa de audiência quando o processo menciona regime de terceirização.

Por essas e outras surpresas negativas, empresas de médio e de grande porte recuaram na ânsia do regime de terceirização porque, calculando em minúcias as vantagens e desvantagens, percebem que para cada centavo economizado no primeiro momento surge um débito exponencialmente maior em seguida. É como se o regime em questão tenha se tornado de alto risco, não por culpa do direito do trabalho, mas pela voracidade com que o sistema foi posto em prática e pelos procedimentos temerários adotados pelos prestadores mais aventureiros.

Na arte do gerenciamento de riscos, a desterceirização se mostra um porto mais seguro. Os trabalhadores são efetivados, no todo ou em parte, e a empresa volta a desenvolver seus trabalhos por sua conta e risco – de menor intensidade, acredita-se – ou, ainda, nem ao menos embarca na terceirização de alguns setores.

Diante desse panorama nada auspicioso, a **Súmula 331 do Tribunal Superior do Trabalho** parece ter encontrado uma solução paliativa, já pensando na fase de execução do processo do trabalho: em lugar de vetar ou de obstaculizar o regime de terceirização, opta-se pelo aperto ao patrimônio do tomador de serviços quando da execução judicial.

Para quem alegava haver **ilegitimidade de parte** no acionamento do tomador de serviços em processo trabalhista, sob o fundamento de que ele não era o empregador, responde a jurisprudência com a observação precisa de que a legitimidade de parte é condição da ação em sentido genérico, sendo suficiente que o sujeito tenha composto a relação material controvertida, independentemente de sua qualificação jurídica ou da roupagem que revestiu a relação. Ora, o sujeito podia estar na relação na qualidade de beneficiário dos serviços, sem vínculo de emprego com o trabalhador, mas nem por isso passou a ser incólume ou imune ao processo. Semelhante solução contempla o litisconsórcio passivo em sede de grupo econômico e de sucessão de empregadores.

Esclareça-se ser **absolutamente indispensável a presença do tomador de serviços na fase de conhecimento**, para a formação da coisa julgada em que seja pronunciada sua responsabilidade subsidiária.

Não se trata de litisconsórcio obrigatório nem necessário, pois o trabalhador pode optar pelo acionamento único de seu empregador, seja porque tem confiança no patrimônio capaz de suportar a execução, seja porque não pretende molestar o tomador em cujos postos ainda se encontra, por outra prestadora ou por efetivação de seu contrato de trabalho. Trata-se puramente de estudo do contraditório e de ampla defesa, porque a bandeira da responsabilidade subsidiária pressupõe o esgotamento do patrimônio de um para que, ao depois, seja invadido o patrimônio do outro.

Como não se pode saber de antemão se será necessariamente esgotado o patrimônio do empregador, o trabalhador se vê na contingência de acionar simultaneamente os dois sujeitos envolvidos na relação de emprego – aquele que formalmente constava como seu empregador e aquele que se beneficiava de seus préstimos. Na execução, pode ser que prescinda de envolver o tomador, pois o empregador assume a dívida e a quita tempestivamente, mas àquela altura já seria tarde demais se pretendesse uma alteração no pólo passivo para fazer incluir o tomador de serviços que houvesse sido esquecido.

Argumenta-se que o trabalhador que houver deixado de acionar o tomador poderia fazê-lo, posteriormente, se e quando fosse o caso, mediante uma certa ação declaratória de responsabilidade subsidiária, para ser intercalada na coisa julgada condenatória adrede obtida, mas a solução, além de esdrúxula, é temerária.

Caso seja aceita a tese da ação declaratória, o tomador ficará privado de tomar parte da formação da coisa julgada, não podendo invocar prescrição, formular perguntas para o trabalhador em depoimento pessoal, apresentar quesitos e assistentes em perícia de adicional de insalubridade, arrolar testemunhas, recorrer ordinariamente e atuar com todas as prerrogativas de um réu em processo do trabalho. Quando muito, poderia, na ação declaratória, pedir a delimitação da responsabilidade subsidiária no tempo, caso não tenha sido ele o único tomador de serviços ao longo do contrato de trabalho daquele demandante, ou, ainda, pedir o esgotamento prévio do patrimônio da prestadora, o que evidentemente corresponde a um conceito muito trôpego de contraditório e deixa o prestador de serviços em situação muito cômoda; pode, ainda, deixar o processo correr à revelia ou mesmo apresentar uma defesa precária, deixar a conta de liquidação chegar às alturas, de modo que, no momento da penhora, não terá bens para guarnecer a execução e assistirá sem nenhum embaraço ao redirecionamento da execução para o tomador.

Por esses motivos, não se pode admitir a ação declaratória de responsabilidade subsidiária e se exige que o empregado já demonstre desde o princípio sua preocupação quanto ao papel do tomador de serviços nessa triangulação. Alguns tomadores vão se sentir ultrajados e muitos vão observar que o prestador tem endereço certo e patrimônio vultoso; outros vão lembrar que não agiram nem com culpa, nem com dolo; haverá, também, a observação de que não se formou culpa nem na escolha da empresa, feita com critérios sólidos, nem na fiscalização do contrato, pois se tomou a cautela de pedir documentos e comprovantes de pagamento; mas nada disso é realmente importante para que haja a responsabilidade subsidiária no regime de terceirização.

A responsabilidade subsidiária em questão, ventilada nas entrelinhas das quatro normas citadas no rol supra – art. 455 da CLT, Decreto-lei nº 200/1967, Lei nº 6.019/1974 e Lei nº 7.102/1983 – e escancarada na Súmula 331, prescinde de demonstração de culpa ou dolo do tomador de serviços e é alçada ao patamar de conseqüência inerente ao regime de terceirização, ao menos em sede de direito do trabalho. Pode-se sustentar validamente que em outros ramos do direito, especialmente no direito civil, o co-responsável somente deve ser acionado em caso de falha na escolha ou falha na fiscalização do contrato, mas essa realidade é distinta no direito do trabalho, novamente porque se lida com a energia humana, com a dignidade do trabalhador e com matéria impossível de ser reposta, que vem a ser o trabalho empreendido.

A única restrição a ser observada é que o tomador responda tão-somente pelo período em que se beneficiou dos serviços do prestador, num aspecto a que podemos chamar de **limitação horizontal da responsabilidade subsidiária**.

Diz-se limitação horizontal porque numa linha cronológica simples, como se fosse um calendário, a responsabilidade subsidiária tem dia de início – o dia em que o trabalhador foi lotado naquele posto de serviço – e dia de término – o dia em que o trabalhador foi retirado daquele posto de trabalho, ainda que não seja propriamente o dia em que o contrato de trabalho cessou. Não se estende a responsabilidade subsidiária para os meses anteriores nem para os meses posteriores. Afinal, nenhum tomador precisa arcar com os salários pendentes do empregado relativamente ao período em que este empreendeu sua energia para outro tomador e assim por diante.

A questão dos salários mensalmente pagos fica fácil de ser separada – cada tomador arca subsidiariamente com os salários de seu período e, se necessário for, faz-se um cálculo proporcional pelo número de dias, se acaso a mudança de posto foi no meio do contrato de trabalho. Essa facilidade se aplica a todas as parcelas vencíveis com periodicidade mensal, como horas suplementares, adicional noturno, adicional de insalubridade, adicional de periculosidade, adicional por tempo de serviço, gratificação de função, comissões e similares.

Maiores dificuldades vão surgir quando o assunto são as parcelas do contrato de trabalho que não vencem mensalmente, como o décimo terceiro salário, com vencimento no dia 20 de dezembro de cada ano, as férias, que se esgotam no último dia do período concessivo, ou seja, dois anos após o dia do início do contrato de trabalho, e as verbas rescisórias da dispensa sem justa causa, de um a dez dias depois de encerrada a relação de emprego.

Para esses casos, há duas soluções possíveis.

A primeira é muito envolvente em sua aparência mas muito complexa, quase impossível, em sua aplicação prática: trata-se do cálculo dia-a-dia de cada uma dessas vantagens, fracionando-se a responsabilidade de cada tomador pelo número de dias em que o operário esteve lotado em seus domínios. Assim, se um empregado ficou quatro meses em determinada empresa, esta poderia futuramente ser acionada para socorrê-lo em 4/12 de décimo terceiro salário e 4/12 de férias – proporcionais, simples ou dobradas, o que somente seria descoberto meses após, em situação de profunda insegurança jurídica. No caso particular do aviso prévio indenizado, a situação beira o delírio, porque seriam os tomadores chamados para concorrer subsidiariamente com um percentual do valor devido, de acordo com sua participação no contrato de trabalho como um todo.

A segunda forma prática de resolução do tema da proporcionalidade em face da multiciplidade do tomador é mais severa, porém mais cristalina para ambas as partes: observar a **data do vencimento da obrigação**.

Se o décimo terceiro salário vence em 20 de dezembro, é co-responsável o tomador que ali estiver presente em referida data, independentemente de haver tomado os serviços do trabalhador por dois, quatro, seis ou doze meses, porque a responsabilidade subsidiária diz respeito ao inadimplemento de uma parcela qualquer pelo empregador e não ao inadimplemento de uma parcela conquistada dentro das instalações físicas daquele tomador.

Assim sendo, os tomadores que desfrutarem trabalho na época natalina devem se acautelar um pouco mais do que o habitual com relação a seus prestadores mais confusos, assim como devem observar discretamente se as pessoas saem em férias naquela empresa prestadora de serviços, porque, no momento em que a fatura chegar, não poderá argumentar validamente que foi pego de surpresa pelo fato de um mesmo trabalhador ter ficado quatro ou cinco anos consecutivos e ininterruptos naquela prestação de serviços, sem férias ou outra paralisação. Também os tomadores de serviço que pedem para os trabalhadores serem trocados ou simplesmente observam elevada rotatividade de mão-de-obra dentro de seus postos precisam de mais atenção para saber se as verbas rescisórias de cada rompimento contratual estão sendo convenientemente quitadas.

A limitação horizontal da responsabilidade subsidiária é importante para dar maior previsibilidade aos contratos de terceirização e também para os empregados saberem quais são as garantias de recebimento de seus haveres, mas há algumas **pequenas variações, para mais e para menos** – isto é, estender a responsabilidade subsidiária um pouco além do limite cronológico de permanência do trabalhador naquele tomador, ou, ao revés, limitar a responsabilidade subsidiária um pouco abaixo do período de presença do trabalhador naquela empresa.

Variação para mais: pode-se exigir a responsabilidade subsidiária do último tomador de serviços quanto ao pagamento das verbas rescisórias da dispensa sem justa causa, até porque a rescisão do contrato de trabalho normalmente está associada à rescisão do contrato de prestação de serviços. O pagamento das verbas rescisórias muito raramente terá lugar ainda dentro do período de permanência do trabalho no tomador, sendo mais comum que aconteça: a) dez dias depois de concedido o aviso prévio indenizado (na forma do art. 477, § 6º, da CLT), ou seja, dez dias depois de encerrada a limitação horizontal; b) um dia depois de encerrado o aviso prévio laborado com redução de jornada, cumprido integralmente dentro da tomadora; c) um dia depois do aviso prévio trabalhado, mas cumprido em outro lugar que não na tomadora, como na base operacional da prestadora.

Em todas essas três hipóteses, seria solução caricata e exagerada dizer que a tomadora não detém mais responsabilidade subsidiária porque o contrato de trabalho expirara antes. Ora, ele expirara dentro da empresa. O fato de a CLT conceder dilação para pagamento das verbas rescisórias tem muito mais que ver com a programação financeira do empregador do que com a perda da responsabilidade subsidiária.

Variação para menos: retirar a responsabilidade subsidiária do tomador de serviços em caso de suspensão do contrato de trabalho, porque, conquanto o contrato de trabalho esteja formalmente em vigor, já não existe a efetiva prestação de serviços e, portanto, já não existe o benefício do trabalho auferido pelo tomador. Assim, embora o fundo de garantia seja devido durante a suspensão do contrato de trabalho em caso de acidente de trabalho (Decreto nº 99.584/1990, art. 28, III), o ex-tomador de serviços não assume responsabilidade subsidiária nem mesmo se o afastamento médico teve início na época em que o trabalhador se encontrava em seu posto de trabalho.

Outra variação para menos: para que se possa falar em responsabilidade subsidiária, faz-se necessário que o trabalhador tenha se fixado razoavelmente junto ao tomador, não se havendo de falar em responsabilidade subsidiária no tocante ao folguista com baixa freqüência de comparecimento, ao almocista – função peculiar daquele que cobre o intervalo para refeição e descanso de uma hora de todos os colegas em diversos postos de trabalho – ou àqueles que ali comparecem para levar contracheques ou holerites, cartões de ponto para assinatura, talão de vale-transporte ou outros documentos.

Conseqüência interessante da rotatividade dos empregados no regime de terceirização é que o contrato de trabalho pode ter prosseguido normalmente sem que o tomador tenha mais notícias daquele empregado ou daquele prestador de serviços. Se o trabalhador fosse seu empregado, poderia argüir **prescrição total** em caso de ajuizamento da ação mais do que dois anos depois de extinto o contrato de trabalho (art. 7º, XXIX, da Constituição Federal de 1988, e poderia argüir **exceção de incompetência em razão do lugar**, em caso de ajuizamento da ação fora do local da prestação dos serviços (art. 651 da CLT).

Mas, como o trabalhador não é seu empregado, pode ter havido muita mudança depois que perderam o contato e ação distribuída quatro anos depois e em outra Comarca pode estar correta do ponto de vista do direito processual sem que o tomador possa se opor. Fica de mãos atadas por ter assumido o risco de contratar empresa prestadora de serviços com atuação em várias cidades e transferências excessivas de seus empregados.

Note-se que a prescrição total tem como pressuposto unicamente o encerramento do contrato de trabalho e não a data da transferência do empregado de um posto para outro – assim como a fixação da competência das Varas Trabalhistas –; é determinada pela vigência do contrato de trabalho como um todo e não a gosto de cada tomador ou de cada etapa do contrato de trabalho. Não existe prescrição "por tomador" nem competência "por posto de trabalho", nem se aplicam as normas do Código de Processo Civil quanto à competência no foro de domicílio do réu ou em situação parecida. Esse é apenas mais um inconveniente da terceirização, nem o maior, nem o menor, mas a terceirização não deve ser vista como atividade lucrativa a expensas do empregado.

Em resumo, a responsabilidade subsidiária exerce papel relevante no âmbito do regime de terceirização, pois ao mesmo tempo libera a possibilidade de subcontratação dos serviços mas exige maior atenção por parte do tomador, pois seus bens poderão ser constridos em caso de inadimplemento por parte do empregador. Em respeito a essa premissa, deve-se observar a limitação horizontal do período em que o empregado esteve ativo junto a determinado tomador de serviços, tratando-se da interpretação mais razoável da responsabilidade subsidiária. Indaga-se, contudo, se dentro da limitação horizontal existiria alguma forma de limitação quanto às parcelas inadimplidas pelo empregador. A responsabilidade subsidiária se destina apenas aos salários atrasados ou atinge também as parcelas indenizatórias, as multas e demais valores envolvidos em contrato de trabalho?

Impõe-se a interpretação extensiva.

A terceirização envolve o risco de se contratar uma empresa prestadora de serviços que não honra pagamento de salários, de hora extraordinária, de adicional noturno e de outras parcelas de natureza salarial, tendo todas elas o ponto comum de haverem sido empreendidas dentro do local do tomador. Se há adicional noturno atrasado, é porque o empregador não o pagou, é verdade, mas também porque o tomador precisou de serviços no horário noturno, o que reforça ainda mais a noção de responsabilidade subsidiária. Não faria sentido dizer que o trabalhador fez hora extraordinária ou se ativou de noite porque quis ou contra a vontade do tomador, pois ele, como sempre, é o beneficiário direto dessa jornada especial. Pensemos também no caso do adicional de insalubridade: o ambiente insalubre tende a ser também o ambiente da tomadora de serviços e, mesmo que seja o ambiente do prestador, os serviços ali prestados eram voltados para o tomador.

No entanto, a parcela de natureza indenizatória igualmente é passível de responsabilidade subsidiária. Se o empregador não paga vale-transporte, vale-refeição, fundo de garantia e participação nos lucros e resultados – todas as quatro parcelas desprovidas de natureza salarial, segundo as normas que as disciplinam – teremos novamente quatro parcelas oriundas de um contrato de trabalho, em que o empregado se ativou em benefício de um tomador que terceirizou a atividade e assumiu os riscos de contratar empresa incapaz de honrar compromissos comezinhos como o depósito do fundo de garantia. Logo, a natureza jurídica da parcela – se salarial ou indenizatória – é irrelevante para fins da responsabilidade subsidiária.

Questão ainda mais curiosa diz respeito à assunção, pelo tomador de serviços, de responsabilidade por parcelas extracontratuais, ou seja, devidas pelo empregador ao empregado mas não necessariamente oriundas da legislação trabalhista, como aquelas acima mencionadas. Exemplos mais freqüentes neste campo são a indenização por danos morais sofridos pelo trabalhador e indenização por danos materiais no sentido de prejuízos patrimoniais impostos pelo empregador ao empregado.

Pode-se argumentar que o tomador não sabia do ocorrido ou não tinha como prevenir uma falha desse tipo, uma hostilidade ou agressão verbal do empregador ao empregado ou infrações semelhantes. No entanto, o ponto principal não é se o tomador poderia ou não prever os danos morais, mas, sim, a assunção dos riscos inerentes à terceirização, ou seja, ao subcontratar a prestação dos serviços, fica efetivamente sujeito a comportamentos ou a procedimentos com os quais não concorde. Logo, a responsabilidade subsidiária abrange igualmente as indenizações por danos morais e materiais, sempre perante o empregado lotado naquele posto de trabalho.

Corolário dessas três afirmações – responsabilidade subsidiária pelas parcelas salariais, pelas parcelas indenizatórias e pelas indenizações extracontratuais – é a exigência a que o tomador arque também com as despesas processuais, oriundas da demanda a que o empregado se viu obrigado diante do inadimplemento por parte do empregador. Ao argumento do tomador, de que não deu causa ao processo, responde-se com o argumento de que a terceirização deu causa ao processo ou, ao revés, de que ao terceirizar o tomador assumiu o risco de contratar um prestador de serviços que seria incapaz de honrar os compromissos trabalhistas e conexos.

Diante desse leque amplo de matérias passíveis de responsabilidade subsidiária, diz-se que, enquanto no plano horizontal a limitação é viável, no plano vertical não há limite aparente do ponto de vista da natureza ou do fundamento da parcela reivindicada. Daí a expressão **amplitude vertical ou ilimitação vertical** da responsabilidade subsidiária.

Ainda que se trate de uma obrigação de fazer, do tipo reintegrar o empregado ou entregar guias para saque de seguro desemprego, o tomador será chamado à responsabilidade subsidiária caso o prestador deixe de cumprir a determinação pela forma prática e sofra a conversão em pecúnia preconizada pelo direito em geral e pela sentença em particular. Assim, caso o empregado deixe de ser reintegrado e faça jus, digamos, a cinco meses de garantia de emprego frustrada, normalmente se converte a obrigação de fazer em obrigação de pagar cinco meses de salários e demais vantagens. Esses cinco meses de salários serão faturados em nome do tomador, se persistir o inadimplemento do prestador.

Caso o empregador deixe de pagar as verbas rescisórias no prazo máximo previsto no art. 477 da CLT, há a incidência de multa de um salário nominal, e caso persista no inadimplemento em audiência trabalhista, confirmando a dívida como incontroversa, há a incidência de multa de 50% prevista pelo art. 467 da CLT. Em ambos os casos, quem deu causa à mora e, por conseguinte, à multa, foi o empregador prestador de serviços, mas a responsabilidade subsidiária exigirá também que o tomador arque com esses pagamentos, por ter dado causa ao regime de terceirização como um todo. Em suma, também as cláusulas penais e as multas em geral podem ser debitadas na conta da responsabilidade subsidiária, por se inserirem no contexto genérico dos riscos da terceirização.

Alguns empregadores detêm **prerrogativas personalíssimas**, que não são transmissíveis de uns aos outros, mesmo em caso de co-responsabilidade, como na terceirização.

As prerrogativas mais conhecidas são (a) o não pagamento de juros pelas empresas em liquidação extrajudicial, normalmente instituições financeiras ou securitárias, consoante Súmula 304 do Tribunal Superior do Trabalho e art. 46 do Ato das Disposições Constitucionais Transitórias, e (b) o beneplácito dos juros de meio por cento ao mês para a Fazenda Pública, por força da lei nº 9.494/1997, como explica a Orientação Jurisprudencial nº 7 do Tribunal Pleno, em detrimento dos juros de um por cento ao mês para todos os empregadores, de que cuida o art. 39 da Lei nº 8.177/1991.

Ora, se o prestador era uma empresa livre de pagamento de juros, nem por isso o tomador pode se considerar imune, assim como se os juros corriam contra o prestador, o tomador em liquidação extrajudicial não arcará com essa dívida nem mesmo quando evocada a responsabilidade subsidiária. Se uma prefeitura for a tomadora de serviços e o prestador houver desaparecido, a expedição do precatório no momento oportuno será forçada a reduzir os juros à metade, como acima mencionado, embora não fosse essa a determinação original da coisa julgada. Em qualquer hipótese, para que não haja insegurança processual, recomenda-se que a vantagem seja considerada exclusiva daquele ente e não daquele processo. Não há contaminação para outro réu ou para outra parte, nem para beneficiar, nem para prejudicar.

Para que a responsabilidade subsidiária se faça valer, é necessário o **prévio esgotamento dos bens e direitos** da empresa prestadora de serviços, mas há uma dúvida sobre qual o momento exato em que se verifica esse exaurimento.

A forma mais razoável é passar para a responsabilidade subsidiária tão logo surjam nos autos certidões negativas do oficial de justiça quanto aos endereços conhecidos da prestadora de serviços, quanto à matriz ou a filiais, porque, afinal, não existe nenhuma solenidade prevista para a declaração do esgotamento do patrimônio do prestador. Nem seria razoável exigir do trabalhador a prova do distrato social do prestador ou uma infinidade de certidões e de expedição de ofícios.

Problema maior é saber se a responsabilidade subsidiária do tomador pressupõe o esgotamento dos bens também dos sócios da empresa prestadora de serviços, como se fosse a responsabilidade subsidiária da responsabilidade subsidiária. A Súmula 331 não dá pistas de que pretenda o prévio exaurimento do patrimônio dos sócios da prestadora. A questão deve ser vista com cautela.

Dizer que a responsabilidade passa imediatamente para a tomadora torna muito cômoda a posição do prestador e libera até mesmo brecha para a fraude, porque o prestador pode meramente passar os bens para o nome dos sócios e estará imune ao prosseguimento da execução – algo que jamais aconteceria em caso de ausência do tomador, ou seja, se a execução houvesse de transcorrer normalmente, o processo do trabalho iria decerto promover a desconsideração da personalidade jurídica e atingir o patrimônio dos sócios ardilosos.

Por outro lado, exigir do empregado que esgote todos os meios na busca do patrimônio da pessoa jurídica e, depois, todos os meios das pessoas físicas sócias do empreendimento representa um fardo excessivo para quem dispunha da vantagem da responsabilidade subsidiária em regime de terceirização – e, neste caso, o comodismo seria do tomador, que, embora co-responsável, jamais seria molestado porque a todo instante poderia alegar não terem sido plenamente esgotadas as tentativas de busca sobre uma infinidade de endereços de sócios e de ex-sócios da prestadora.

Assim sendo, razoável é a solução que autoriza o acionamento da responsabilidade subsidiária assim que surgirem nos autos as primeiras certidões negativas dos oficiais de justiça, mas, ao mesmo tempo, sendo permitida ao tomador a indicação de bens à penhora de propriedade da prestadora ou dos sócios da prestadora, como se fôssemos aplicar ao processo do trabalho as regras que norteiam a execução do fiador pela dívida do afiançado. A vantagem dessa solução intermediária é que simultaneamente se prestigia a responsabilidade subsidiária e se ampliam as matérias de defesa do tomador de serviços. Afinal, entre o empregado e o tomador de serviços é este evidentemente que terá mais facilidade e muito maior aptidão para a nomeação de bens à penhora do inimigo em comum – o prestador de serviços recalcitrante.

Quando se diz que o tomador dispõe de maior aptidão para apontar bens do prestador do que teria o empregado não se quer apenas dizer que o tomador, sendo uma empresa, fará maiores diligências investigatórias, mas poderá ter exigido já na contratação um pequeno rol de bens ou uma pequena referência de patrimônio sólido, sob pena de não se firmar o contrato. O empregado, se for dizer ao empregador que gostaria de trabalhar ali somente se tivesse garantias reais de solvência, nem teria tempo de ouvir a resposta, pois já estaria dispensado. O tomador está em posição favorável nesse contexto.

Também no caso de falência do prestador de serviços deve-se partir para a responsabilidade subsidiária do tomador sem a necessidade de prévio esgotamento dos bens daquele, pois isso representaria ter de esperar todo o processo de falência, com sua conhecida complexidade. A simples notícia de falência já representa motivo suficiente para se considerar insuficiente o patrimônio do empregador. O tomador terá direito de se ressarcir dos prejuízos causados, através de ação de regresso perante a Justiça Comum. Em se tratando de massa falida, poderá se habilitar relativamente ao valor que pagou no processo do trabalho, mas a natureza jurídica desse crédito não será considerada como trabalhista ou salarial para fins de prerrogativa na ordem de pagamento – art. 83 da Lei nº 11.101/2005 – e sim um crédito quirografário. É mais um custo da terceirização.

A vôo de pássaro, note-se que uma forma cada vez mais popular para o tomador de serviços se livrar da responsabilidade subsidiária e obter sua exclusão liminar do processo do trabalho tem sido o **acordo judicial**. O acordo é válido como uma forma de solução do litígio e nada impede que seja parcial, isto é, que seja firmado apenas entre o empregado e um tomador de serviços isoladamente considerado. Não significa nem mesmo reconhecimento de culpa ou do período laborado pelo empregado naquelas dependências, mas simples forma de exclusão da parte para não se discutir o mérito da questão.

Logo, o valor auferido pelo trabalhador via acordo com o co-responsável não há de ser deduzido dos futuros créditos trabalhistas, nem faz sentido que esse acordo seja tributado pela Previdência Social por não se tratar de relação de emprego nem de trabalho autônomo ou figura análoga.

Capítulo 13

Sucessão de empregadores

A terceira e última forma de variação em torno da figura do empregador vem a ser a sucessão trabalhista, ou sucessão empresarial ou sucessão de empregadores.

Enquanto no direito civil se estuda a sucessão por causa da morte de um dos sujeitos, no direito do trabalho a sucessão está mais relacionada à alienação do estabelecimento comercial ou industrial, com a assunção do ponto por um novo responsável, mantendo-se as condições anteriores.

A sucessão assume elevada importância no direito do trabalho pelo simples fato de que a relação de emprego ocorre entre um empregado, de um lado, e uma atividade empresarial, de outro lado, independentemente de quem esteja à frente do empreendimento, de quem sejam seus sócios ou acionistas, do nome de fantasia e de outros detalhes, que têm relevância para o direito comercial e para o direito civil, mas não para o direito do trabalho.

Com algum grau de abstração, é possível identificar essa relação bilateral entre um empregado, sempre uma pessoa física, e um ente empresarial, normalmente uma pessoa jurídica, passível de alteração em sua estrutura jurídica, que não será oponível nem ao trabalhador nem ao contrato de trabalho.

A expressão alteração da estrutura jurídica, que está por trás do fenômeno da sucessão, aparece nos arts. 10 e 448 da CLT. Compreenda-se seu significado.

Foi preciso que a mesma expressão constasse de dois arts. de um mesmo diploma legal, para que se reforçasse o sentido da ineficácia desse tipo de mudança para o direito do trabalho, em duplo momento. Se o contrato de trabalho estiver em vigor, a alteração do comando empresarial ou a alteração do nome da empresa não serão motivos suficientes para a rescisão contratual ou para o afastamento do empregado. Logo, o contrato de trabalho não sofre nenhuma conseqüência com a oscilação contratual, conforme expressa referência feita pelo art. 448, o qual, como se sabe, está inserido no capítulo que a CLT dedica ao contrato de trabalho.

Se, porém, o empregado já estava desligado e o contrato de trabalho estava ou extinto, ou suspenso, tampouco se poderá dizer que os novos responsáveis pelo empreendimento não tenham participação sobre os débitos trabalhistas pendentes. Assumindo a empresa, seus novos líderes devem honrar as dívidas trabalhistas mesmo relativamente àqueles empregados que não estavam presentes no momento da transição e dos quais não se tomou trabalho diretamente. O fato de os empregados haverem prestado serviços para a empresa já é motivo bastante para fixação de garantias de recebimento dos haveres trabalhistas, com ou sem a mudança de proprietários ou de administradores. Daí por que a CLT estabeleceu um artigo em separado, de número 10, para lembrar que a alteração jurídica da empresa é inoponível também ao ex-empregado, mesmo com contrato de trabalho extinto, por exemplo, justificando-se essa preocupação do legislador pelo fato de que a energia fora empreendida sobre o estabelecimento como um todo.

O empregado não trabalha para a pessoa física do sócio, mas para a pessoa jurídica abstratamente considerada. A principal garantia de que os créditos trabalhistas serão honrados está no próprio estabelecimento comercial. O empregado investe seu tempo e suas habilidades num negócio jurídico cujo sucesso lhe interessa particularmente, mesmo não sendo de sua propriedade nem lhe competindo o controle. Quanto maior o sucesso do estabelecimento, tanto melhor o panorama de pontualidade do pagamento dos salários e perspectivas de evolução salarial e funcional. A simbiose existe, sim, no direito do trabalho e deveria ser fomentada de maneira mais incisiva.

Há, porém, alguns requisitos para que essa sucessão de empregadores se aperfeiçoe, pois não será sempre que a alienação de um estabelecimento exigirá a manutenção do contrato de trabalho e a garantia de débitos pretéritos. Situações existem em que a sucessão se dissolve e os laços entre os dois períodos empresariais desaparecem.

Os principais requisitos da sucessão trabalhista são: a) a transferência do estabelecimento, também chamado de acervo empresarial ou unidade produtiva; b) ausência de solução de continuidade, porque o empreendimento tem de prosseguir de forma imediata ou quase imediata, sob pena de perecimento;

c) alienação a qualquer título entre duas pessoas distintas, não configurando sucessão trabalhista a simples troca de um sócio ou de um acionista.

Enfrentemos as peculiaridades de cada um desses requisitos.

A **transferência do acervo empresarial** é condição indispensável para se delinar uma sucessão trabalhista, por ser o fundamento primordial da exigência de que os novos administradores mantenham os compromissos anteriormente assumidos. Sem que houvesse transferência das riquezas, não faria sentido algum exigir que os adquirentes assumissem compromissos passados, pois isso seria apenas um preciosismo ou uma forma de caridade com o dinheiro alheio.

A sucessão não é uma forma de caridade nem um entrave do direito do trabalho para o progresso empresarial porque atribui a responsabilidade pela quitação dos débitos sobre as riquezas que haviam sido geradas sob a antiga administração. Aponta para o empregado como principal garantia trabalhista justamente o fruto de seus esforços, representado pelas riquezas produzidas durante o contrato de trabalho, o que se mostra razoável e equilibrado em sua interpretação.

Porém, para que se possa falar em geração de riquezas, é necessário inicialmente que o empreendimento exerça a atividade econômica, assim entendida a produção e ou a circulação de bens e de serviços. Sem que haja atividade econômica, não se pode falar em produção de riquezas ou de acervo empresarial sobre os quais se assentam as garantias do trabalhador.

Assim, não há sucessão empresarial ou sucessão de empregadores na troca de moradores de uma casa, na alteração dos estatutos de uma entidade sindical, na oscilação de uma denominação religiosa que ocupava um imóvel, na mudança de um clube recreativo com o estabelecimento de outra associação no mesmo local, ou, ainda, no caso do desmembramento de município – todos exemplos tendo como ponto comum o fato de não haver exercício de atividade econômica, mas apenas o desenvolvimento de atividades culturais, sociais ou simplesmente a vivência em família num imóvel.

A situação particular do desmembramento de município já foi abordada em detalhes pela Seção Especializada em Dissídios Individuais do Tribunal Superior do Trabalho, que editou Orientação Jurisprudencial nº 92, de 30 de maio de 1997, segundo a qual "em caso de criação de novo município, por desmembramento, cada uma das novas entidades responsabiliza-se pelos direitos trabalhistas do empregado no período em que figurarem como real empregador".

A solução encontrada pelo Tribunal Superior do Trabalho, de separar a responsabilidade pela ordem cronológica – município original responsável pelos débitos trabalhistas de seu período e município emancipado responsável dali para frente –, pode ser aplicada também para as outras hipóteses de alteração de estrutura do empregador não exercente de atividade econômica, como os casos mencionados de desmembramento sindical, familiar, religioso ou recreativo, destoando, portanto, da sucessão empresarial – com atividade econômica – em que o sucessor arca mesmo com débitos passados.

Ainda sobre o tema da transferência do acervo empresarial, além de se fazer necessário o exercício da atividade econômica, é preciso que a transferência abranja o acervo no todo ou em parte substancial, para que o empreendimento não pereça nem se perca.

Em se tratando de estabelecimentos de pequeno e de médio porte, como padarias, açougues, mercados e oficinas mecânicas, normalmente a transferência é feita por completo, passando de um empregador para o outro, por se tratar de unidades produtivas que somente funcionam com aquele patamar de valores, móveis e insumos agregados. Não haveria funcionamento de forma segregada, com maquinário de um lado e mão-de-obra de outro lado. Por essa razão se costumava dizer que a sucessão pressupõe a transferência total e absoluta do estabelecimento, sem possibilidade de fragmentação.

Admite-se, porém, a transferência fragmentada, mas desde que as partes transferidas consigam elas também produzir riquezas mesmo quando isoladamente consideradas.

Essa fragmentação seguida da produção de riquezas normalmente ocorre com estabelecimentos de grande porte. Por exemplo, uma indústria metalúrgica que produza fechaduras e dobradiças pode evidentemente ser alienada em duas etapas, a partir das quais terão surgido duas novas indústrias, sendo uma só de fechaduras e outra só de dobradiças – e, ainda assim, estará correto dizer que houve sucessão de empregadores, mas com dois sucessores para um sucedido. Cada sucessor arca com os débitos oriundos de sua linha de produção, grosso modo. (A parte processual da sucessão é analisada ao final deste capítulo.)

Atividades econômicas mais complexas, como a exploração da malha ferroviária brasileira, permitem a existência de sete sucessores para um único sucedido, tal como foi o caso da Rede Ferroviária Federal, que, na privatização, foi compartilhada entre sete empresas distintas, todas elas igualmente capazes de produzir rendas e riquezas. Não é comum haver caso de sete sucessores, mas a situação está dentro dos requisitos da sucessão de empregadores e somente aconteceu por causa do porte da companhia ferroviária.

De qualquer forma, não é pelo número de sucessores que se qualifica a sucessão e, sim, pela **viabilidade econômica** do empreendimento trespassado. Se o estabelecimento comporta divisão cômoda, nada impede que haja dois, três ou quatro sucessores. Caso não comporte, a alienação que porventura pulveriza o estabelecimento comercial ou industrial pode eliminar a chance de sucessão.

Por exemplo, se o açougue for vendido aos pedaços – câmaras frigoríficas para um, balcões para outro, ponto comercial para outro ainda e exploração da marca para uma outra empresa – não se poderá falar em sucessão trabalhista, porque o que o estabelecimento tinha de melhor – o somatório de seus bens corpóreos e incorpóreos – simplesmente desapareceu. Não há viabilidade econômica na simples aquisição de um balcão refrigerado ou de uma balança. Quando isolados, esses bens têm pouco ou nenhum valor agregado e normalmente vão se juntar a outros bens para composição de outro empreendimento econômico.

A sucessão cuida precisamente dos valores agregados, sendo muito mais vantajosa para o empresário a aquisição de um estabelecimento já montado – com máquinas, insumos, ponto comercial, mão-de-obra e capital de giro – do que partir do zero para somar os bens móveis, os imóveis e os bens imateriais, especialmente a clientela. Ocorre que essa clientela somente existe porque o estabelecimento teve algum tempo de maturação e de funcionamento – o que significa necessariamente o investimento da energia humana sobre o local – e, voltando ao ponto de partida desse raciocínio, era o estabelecimento como um todo que servia de principal garantia para os créditos resultantes das relações de emprego. Ou, em outras palavras, parafraseando os romanos, quem adquire os cômodos leva os incômodos – normalmente os ônus acompanham os bônus.

A decisão de um empresário em comprar estabelecimento pronto, em pleno funcionamento, "de porteira fechada", habitualmente passa pela análise do sucesso ou pelo menos do potencial de sucesso daquele empreendimento. Do contrário, não haveria interesse nenhum em se "passar o ponto" que sabidamente opera em prejuízo e que não demonstra perspectiva de melhorias. Esse sucesso ou boa perspectiva tem muito que ver com a clientela formada, patrimônio imensurável, e com a boa fama do estabelecimento.

Interessante notar que o poder da clientela já não está adstrito ao comparecimento do público às instalações físicas da empresa, para comprar ou alugar produtos e serviços, como no conceito clássico de fidelidade do público consumidor. Modernamente existem diversas outras situações de riqueza do empresário que não coincidem com a presença física do cliente, como a formação de um banco de dados, a carteira de clientes de um plano de saúde ou de um provedor de serviços de informática, a base de operadora de telefonia celular, a administração da conta salário de determinado empregador e assim sucessivamente, graças à revolução da microinformática e ao incremento do uso dos meios eletrônicos de telecomunicações. Foi-se o tempo em que o melhor exemplo de clientela era a fila para compra do pão fresco de manhã.

A propósito do tema da clientela, vem à tona o segundo requisito para a configuração da sucessão de empregadores: **a ausência de solução de continuidade** – ou seja, a ausência de escoamento de tempo muito prolongado, capaz de neutralizar os benefícios da compra de um estabelecimento comercial pronto e em funcionamento.

Assim como a sucessão necessita de transferência do acervo empresarial, no todo ou em parte representativa, também a sucessão exige que a passagem seja feita de modo breve, preferencialmente sem nenhuma solução de continuidade ou com poucos dias de defasagem entre a saída do antigo empregador e a chegada dos novos responsáveis. Quanto maior o escoamento do tempo, menor a chance de se configurar uma sucessão, porque certamente a clientela vai se dispersar, o ponto comercial vai perder suas características, os bens incorpóreos tão arduamente conquistados vão se dissolver e, enfim, as vantagens da aquisição de uma atividade em andamento não valem para uma atividade paralisada.

Simples fechamento do prédio para pequenas reformas não basta para neutralizar a sucessão trabalhista. Neste caso, serão aproveitadas as principais vantagens do estabelecimento anterior, com a tentativa de uma melhora em algumas formas de apresentação e de atendimento. Alguns poucos dias não são o bastante para se falar em elevada solução de continuidade ou em desconfiguração da sucessão.

Quantos dias, então, seriam necessários para acabar com a sucessão?

A resposta dificilmente pode ser dada em números, mas apenas em termos de perecimento do ponto e dispersão dos valores agregados, o que significa que haverá uma variação de acordo com a atividade desenvolvida.

A tendência é que empresas de grande complexidade industrial ou comercial agüentem por mais tempo fechadas do que pequenos hotéis, bares e restaurantes, por exemplo, em que poucos dias de desativação já levam ao esquecimento da clientela, mormente quando a concorrência no entorno é acirrada. Um posto de gasolina que detém o monopólio do abastecimento numa pequena cidade pode ficar fechado por longas semanas e, ainda assim, verá a clientela de volta quando da reinauguração, pois ela o freqüenta mais pela necessidade do que pela alegria, por óbvio. No entanto, isso já não pode ser dito para a pequena pastelaria no centro comercial, que após algumas semanas terá sido esquecida pelo público e quando de sua reinauguração terá de batalhar por novos clientes ou para reaver os antigos.

Daí por que se espera que não haja solução de continuidade expressiva quando da alienação do estabelecimento comercial ou industrial, para que se possa aperfeiçoar a sucessão de empregadores, mas alguma variação em torno do número de dias de paralisia das atividades é plenamente aceitável, contanto que não se afaste da atividade anterior nem seja capaz de pulverizar marca, fama e clientela.

Em terceiro e último lugar, convém referir que a sucessão **pressupõe a efetiva alteração de empreendimento,** com saída de um ente empresarial, normalmente uma pessoa jurídica, e a chegada de outro ente diverso por completo, que também é uma pessoa jurídica, via de regra. Podemos até imaginar que esses entes sejam pessoas físicas, mas desde que exerçam atividade econômica por si sós, como é o caso do leiloeiro, do profissional liberal ou do artesão, mas aí já ficariam escassos os exemplos de alienação de um patrimônio vultoso, pois esses profissionais normalmente têm em suas mãos e cérebros sua principal fonte de riqueza e de talento, e não em bens de raiz.

Mera alteração de sócio dentro de uma sociedade por quotas de responsabilidade limitada – a mais comum forma de constituição de empregador – nada tem que ver com o sentido de sucessão, pois manterá a mesma estrutura jurídica e o mesmo empregador pessoa jurídica, apenas com a oscilação no estatuto social. Também não é objeto de estudo na sucessão trabalhista a alteração da natureza jurídica do empreendimento, que pode mudar de empresa limitada para sociedade anônima, e vice-versa, sem que isso seja relevante, nem para o trabalhador, nem para o direito do trabalho.

Um processo de fusão de duas empresas com a criação de uma terceira nunca antes vista pode ser um exemplo de sucessão, pois o novo empreendimento surgiu a partir de um estabelecimento anterior e em pleno funcionamento, embora não pela via da aquisição pura e simples. Ao revés, a cisão empresarial pode não representar uma forma de sucessão, a depender do ângulo pelo qual se analisa a questão. A parcela da empresa que se manteve intacta nada tem de sucessora, pois ela continua a ser ela mesma. A nova empresa oriunda de um braço do empreendimento anterior será, sim, uma autêntica sucessora, sob o signo da novidade.

Uma vez configurada a sucessão de empregadores, **indagam-se quais as conseqüências para o processo do trabalho**.

Para esse tema se faz necessária a abordagem das seguintes questões: a) responsabilidade integral do sucessor; b) possível responsabilidade subsidiária do sucedido; c) ineficácia de cláusula de desoneração do sucessor; d) importância da limitação cronológica da responsabilidade do sucedido.

Durante muitas décadas, não se discutia qual a natureza jurídica ou qual o alcance da responsabilidade do sucessor, pelo simples fato de que não havia uma bipartição: o sucessor simplesmente era a empresa e, assim, havia uma única e integral responsabilidade. Mal comparando é como se o empregado não trabalhasse para uma empresa determinada, mas para a atividade econômica desenvolvida naquele empreendimento; mudando a empresa e mantido o empreendimento ou ponto comercial, seguia intacta a relação de emprego e seguiam intocados os direitos e os deveres. Para que falar em responsabilidade solidária ou em responsabilidade subsidiária se o sujeito era um só, com a mera aleração da estrutura jurídica?

Justifica-se, assim, a tese da responsabilidade integral do sucessor, não pelo fato de ele ser sobrecarregado e o sucedido ser beneficiado com um gesto de caridade, mas porque o sucessor é, doravante, o próprio empreendimento. Levando-se em conta que quem responde pelos débitos trabalhistas é a atividade – e não a pessoa física ou a pessoa jurídica isoladamente consideradas – é natural que a responsabilidade recaia sobre quem estiver à frente da atividade no momento do vencimento da obrigação ou da cobrança judicial, antes, durante ou depois da relação de emprego.

Via de conseqüência, a ação trabalhista havia de ser ajuizada em face de um só réu, preferencialmente o sucessor, com as seguintes peculiaridades: a) desnecessidade de citação do sucedido ou de sua referência na coisa julgada; b) impropriedade de intervenção de terceiros, espontânea ou provocada pela contestação do sucessor, haja vista que o sucedido já não participa da empresa nem por ela responde; c) possibilidade de alteração do pólo passivo no curso da ação, em caso de sucessão superveniente, como na compra de um banco por outro durante a fase de instrução, de recurso ou de execução no processo do trabalho, sem que sejam violados o contraditório ou a ampla defesa do empregador, pois, novamente, a ação transcorre contra a atividade e não contra um sujeito único e imutável.

Faz-se necessária uma capacidade de abstração do operador do direito para se assimilar em caráter definitivo que a sucessão nada tem de revolucionária ou de desvirtuamento das normas do processo civil e do processo do trabalho. Nas três hipóteses acima mencionadas, o processo seguiu seu curso normal com a simples adequação do nome estampado na capa dos autos à realidade empresarial vivenciada no cotidiano das relações jurídicas.

Assim, o empregado pode ter mantido um longo contrato de trabalho com a empresa A, mas teve ciência, quando do aforamento da ação, que o empreendimento estava, àquela altura, sob os auspícios da empresa B, de tal modo que a empresa B será acionada como se A fosse, pois o intuito do empregado é acionar a atividade econômica para cujo sucesso ele concorrera com sua energia, sem se sensibilizar com o número do CNPJ, a razão social ou o corpo de sócios presentes e ausentes.

Na segunda hipótese ventilada, imagina-se que o sucedido, que saiu de cena, pode querer colaborar para o deslinde do processo, através de um procedimento de assistência simples ou de assistência litisconsorcial ou, o que é mais provável, pode ser provocada através de alguma forma de intervenção de terceiros, especialmente o chamamento ao processo. Todavia, mostra-se equivocada a idéia da intervenção de terceiros, pois o sucedido não é um terceiro no sentido jurídico da expressão. Pode ser um terceiro no sentido popular da palavra, pois tem autonomia e via própria, mas, para os fins da relação de emprego, a atividade econômica era uma só e um só é o empregador, corretamente acionado na pessoa de quem estava à frente do empreendimento quando da distribuição da ação.

O mais curioso decerto é o terceiro caso mencionado, chamado de **sucessão superveniente**. Na hipótese, a ação foi ajuizada, também de forma correta, perante o empregador, que sempre acompanhou o contrato de trabalho daquele operário e tudo transcorria normalmente até que surge a notícia de alienação do estabelecimento comercial, no todo ou em parte, com solução de continuidade de baixa dimensão, de uma pessoa jurídica para outra pessoa jurídica – ou seja, preenchidas todas as exigências de configuração da sucessão. Assim se verificando, cabe pedido, por simples petição, de retificação da autuação para que passe a constar a nova denominação do titular do empreendimento econômico, como se fora um redirecionamento da execução ou redirecionamento do próprio processo. Mantida a capacidade de abstração, nem mesmo seria necessário dizer redirecionamento, pois o processo continua em face da mesma atividade econômica, apenas sob nova direção.

Em caso de sucessão superveniente, outrossim, o sucessor pega o processo do jeito que ele se encontra. Achando-se, digamos, na fase da penhora, não será devolvido o prazo para discussão sobre cálculos de liquidação; achando-se no prazo de recurso ordinário, não se volta para a instrução processual. Não há falar em prejuízo ao contraditório ou à ampla defesa, porquanto essas prerrogativas foram devidamente observadas no momento oportuno por aqueles que estavam à frente do empreendimento na ocasião. Entendimento contrário levaria ao absurdo de retornar o processo ao estágio inicial a cada vez que o empresariado fizesse uma transação comercial, com o severo prejuízo à marcha do processo e o completo desrespeito à preclusão de maneira geral e à coisa julgada em particular. Aliás, também representaria solução muito cômoda para o devedor: achando-se em momento complicado, bastaria vender o estabelecimento para tudo começar de novo e alguns cochilos serem recuperados.

Eventualmente, pode acontecer situação em que o autor postula a retificação do pólo passivo para que conste o nome do sucessor, mas haver controvérsia sobre a existência ou não da sucessão superveniente. No caso da alienação dos bancos, sobretudo nos anos 1990, sob a coordenação da autoridade monetária, pouca divergência havia, passando os bancos adquirentes a figurar no pólo passivo, a qualquer momento processual, sem maior sobressalto. Caso as defesas houvessem sido mal elaboradas e até mesmo algum feito houvesse corrido à revelia, o banco sucessor assumia o processo com aquelas deficiências, sem que pudesse alegar nulidade ou necessidade de reinício do processado. Esse era um preço que a eles pareceu correto pagar, como forma de assumir o empreendimento de grande porte que precisou ser alienado por um motivo ou por outro.

Se, todavia, o apontado sucessor negar esse fato, será preciso uma dilação probatória para a resolução do impasse. Não se trata de situação corriqueira nem de fácil assimilação. Muitos vão se surpreender porque pensam em provas documentais e testemunhais apenas na fase de conhecimento do processo, no momento da instrução, e não contemplam produção de provas na fase de execução. Outros vão destinar todas as controvérsias para os embargos à execução ou para os embargos de terceiro, se houver.

Mas, reflitamos um pouco além, pode acontecer de também a fase dos embargos já haver sido superada ou, ainda, pode acontecer de a matéria não comportar alegação em embargos, preferencialmente destinados a questionamento da penhora, avaliação e cálculos de liquidação. Assim sendo, não será exagerada a solução que, sobrestando brevemente o curso do processo, facultar às partes a produção de provas favoráveis e desfavoráveis à tese da sucessão superveniente, para, num segundo momento, tomar a decisão incidental que passará a nortear o andamento do processo na fase de execução.

Para saber se admitirá ou não a prova testemunhal, marcando uma audiência de instrução bastante rara, o juiz deve formar uma cognição sumária, aferindo a verossimilhança das alegações do credor, o que acarreta grande relevância para a prova documental, que pode ser o próprio contrato de alienação do estabelecimento – dificilmente o empregado terá acesso a esse tipo de documento –, anúncios publicitários comunicando o trespasse, alteração do nome fantasia na fachada do estabelecimento ou indícios assemelhados. Não oferecendo o autor nenhum desses elementos nem justificando seu requerimento, é possível que a produção das provas não seja nem mesmo autorizada, pois sucessão superveniente não é um assunto corriqueiro nem presumível.

Se o julgado entender que não houve a sucessão superveniente, tranca aquela via de redirecionamento e determina que o processo permaneça apenas na pessoa do antigo responsável pelo empreendimento. Por se tratar de decisão terminativa, ao menos daquela via processual, embora não do processo como um todo, desafia agravo de petição por parte do autor do processo e maior interessado no tema da sucessão.

Se o julgado entender que houve sucessão, passará a considerar o sucessor como responsável pleno pelas dívidas trabalhistas, donde se mostrar razoável que o suposto devedor use dos embargos à execução para alegação da ilegitimidade de parte. Se se tratar de segunda ou de terceira vez que os embargos à execução terão de ser suscitados nos autos, apenas se deve atentar para o fato de que a matéria dos cálculos de liquidação, conforme art. 879 da CLT, já não poderá ser ventilada, porque preclusa a oportunidade. Esses novos embargos somente comportam discussão em torno da nova penhora e, no caso, do redirecionamento da execução para outra pessoa jurídica considerada um prolongamento do mesmo réu.

Até o presente momento, por conseguinte, enfatizou-se apenas a tese da responsabilidade integral do sucessor, por não se falar em bipartição de responsabilidade com o sucedido e por haver a abstração de que sucessor e sucedido componham um quadro homogêneo, numa só atividade econômica que, ao invés de ser alterada, foi mantida intacta com oscilação de pessoas físicas e ou jurídicas que a comandavam.

Ocorre, porém, que a sucessão trabalhista sofreu impacto profundo das mudanças também no plano da administração das empresas e do direito comercial, particularmente no que diz respeito ao fenômeno da mundialização, que provoca sucessivos processos de concentração de capitais, fusões e incorporações, bem como uma explosão de fenômenos, como a sucessão parcial – alienação de apenas parte do empreendimento, com a manutenção da outra parte como se nada houvesse acontecido –, sucessão provisória – no lugar de um contrato de compra e venda, as partes estabelecem um arrendamento ou locação de uso de marcas, patentes e ponto comercial, por prazo determinado e com retorno ao estado anterior passado esse período – e sucessão na sucessão – alienação repetida várias vezes no curto espaço de um ou dois anos, como aconteceu com algumas instituições financeiras sucessivamente incorporadas umas às outras.

Diante desse panorama de sucessões "atípicas" – se é que algum dia as sucessões possam ter sido uniformemente "típicas" –, despertou-se uma curiosidade de saber se, afinal, o sucedido não teria mesmo nenhuma responsabilidade a assumir.

A tese da responsabilidade integral do sucessor e a retirada de cena do sucedido prende-se sobretudo ao fato de que a empresa segue intacta sob a nova direção, sendo ela a grande responsável a ser perseguida e não seus líderes ou representantes legais. Agora, porém, que sucessor e sucedido vão coexistir – cada qual com metade do estabelecimento, no caso da sucessão parcial, por exemplo, ou cada qual em metade do período, no caso da sucessão provisória do tipo arrendamento –, questiona-se o acerto da teoria clássica do direito do trabalho. A partir dessas reflexões, surgiu a tese da responsabilidade principal para o sucessor e da **responsabilidade subsidiária para o sucedido**, algo inédito no estudo da sucessão.

A quebra desse conceito linear de responsabilidade integral do sucessor é evidentemente fruto das mudanças de perfil da própria sucessão. Casos existem em que nem ao menos se consegue saber se a transação comercial pode ser chamada de sucessão, tamanho o volume de informações e de particularidades que cada negociação envolve.

Foi assim, por exemplo, que a Seção Especializada em Dissídios Individuais do Tribunal Superior do Trabalho, após três alterações, fixou o entendimento da Orientação Jurisprudencial nº 225, originalmente concebida para cuidar do caso da Rede Ferroviária Federal e que se transformou na orientação sobre sucessão em serviços de concessionárias públicas – mas que seguramente pode ter sua aplicação estendida para qualquer outro setor de atividade econômica, pública ou privada, em que a sucessão ocorre de forma anômala, com retorno do empreendimento ao responsável anterior ou sob prazo determinado, dentre outras facetas.

Segundo o entendimento equilibrado da Orientação Jurisprudencial nº 225, devemos separar a responsabilidade em três etapas:

1. para o trabalhador que somente se ativou à época da sucedida, conserva-se a responsabilidade única da sucedida, a qual continua a ter vida própria, ainda que em tamanho reduzido. Não se admite, portanto, a figura da sucessão superveniente nem mesmo no curso do processo, que segue apenas com o empregador original, sem alteração do pólo passivo. Não se cogita nem de responsabilidade solidária, nem de responsabilidade subsidiária.
2. Para o trabalhador que somente se ativou à época da sucessora, identicamente a responsabilidade é exclusiva desta nova responsável pelo empreendimento, não retroagindo o encargo para a época da sucedida.

3. Para o trabalhador que atuou tanto sob a égide da sucedida como vivenciou período de atividade com a sucessora, propugna-se a responsabilidade bipartida, sendo a responsabilidade principal da sucessora e a subsidiária da sucedida, limitada esta última aos débitos contraídos até sua retirada.

Note-se que a conclusão não mudou muito em relação à teoria clássica da responsabilidade integral do sucessor, porque a responsabilidade subsidiária ficou limitada apenas aos débitos contraídos até a data da alienação, quando, na verdade, uma efetiva responsabilidade subsidiária abarcaria todo e qualquer débito trabalhista, presente ou pretérito. Criou-se, então, a **responsabilidade subsidiária por débitos pretéritios**, por assim dizer.

Há de se observar que a responsabilidade subsidiária do sucedido não pode ser eterna.

Se o contrato de trabalho durou, digamos, dez anos, sendo sete anos à época do sucedido e três à época do sucessor, é razoável que o sucedido conte com a fluência do prazo prescricional que vigora no direito do trabalho – cinco anos na constância do contrato de trabalho e dois anos após a cessação do contrato de trabalho, consoante art. 7º, XXIX, da Constituição Federal de 1988 – para se orientar juridicamente quanto aos próximos passos a serem tomados e em homenagem à segurança das relações jurídicas.

Assim, o empregado ajuizando a ação um ano depois de encerrado o contrato de trabalho, o prazo prescricional de cinco anos abarcará quatro anos da relação de emprego, um dos quais do período do sucedido e os três finais do período do sucessor. Se o empregado deixar para ajuizar a ação nos últimos dias do biênio prescricional total, no exemplo oferecido, corre o risco de somente conseguir abarcar os três anos do período do sucessor, sem que nada possa reivindicar da época do sucedido – nem o sucessor poderá acionar ou chamar o sucedido, neste caso.

Para saber se a dívida havia sido "contraída" à época do sucedido, usa-se o critério da data do vencimento da obrigação.

Por esse ângulo, as horas suplementares praticadas pelo trabalhador à época do sucedido são devidas pelo sucedido, certamente, mas as férias, por exemplo, estavam apenas sendo conquistadas e viriam a vencer somente quando do escoamento do período concessivo, o qual costuma ocorrer, salvo alguma intercorrência, dois anos após o início do contrato de trabalho. A indenização de 40% sobre o fundo de garantia e o aviso prévio indenizado, por sua vez, somente são devidos à época da rescisão do contrato de trabalho – logo, sob a responsabilidade de quem estava à frente do empreendimento na ocasião – sem que se possa falar em compartilhamento da responsabilidade com os antigos proprietários, nem mesmo de forma proporcional ao tempo de serviços.

Outro desdobramento da mesma questão: para fins do direito do trabalho será de todo ineficaz a **cláusula de desoneração de responsabilidade do sucessor**.

Muitos empreendimentos, quando do trespasse – transferência do estabelecimento empresarial – fixam cláusula entre as partes no sentido de que o sucessor está livre de encargos e pendências deixadas pelo sucedido, o que se mostra ingênuo e inverossímil. Se a própria instituição representa a garantia de seus débitos trabalhistas, não faria sentido que se retirasse essa garantia por simples cláusula contratual com impacto junto a todos os credores. Aliás, a posição seria realmente confortável para o devedor que, na iminência de ter seus bens penhorados, alienasse o que a empresa tem de melhor, como o ponto comercial, o aviamento – expectativa de produção de lucros – e demais bens corpóreos e incorpóreos, frustrando os processos de execução.

A cláusula contratual, assim sendo, é ineficaz e inoponível aos credores.

Como solução alternativa, os empresários têm negociado parcelamento de longo prazo quanto ao preço da aquisição da unidade produtiva, glosando valores que porventura sejam chamados a concorrer com débitos, sobre aqueles de natureza trabalhista e tributária, mesmo se desconhecidos à época da transação. Cuida-se de cláusula particular entre os envolvidos na negociação mas que em nada afeta os credores – antes, mostra-se benéfica, porque oferece maior liquidez para a quitação dos débitos.

Por derradeiro, cabe frisar que a **natureza jurídica do contrato entre o sucedido e o sucessor** é absolutamente irrelevante para os fins do direito do trabalho. É verdade que a forma mais comum de alienação de empresas é evidentemente o contrato de compra e venda.

Porém, nada impede que os empresários tenham celebrado outro tipo de contrato, como o arrendamento, a locação, a doação ou outra roupagem qualquer através da qual um cede o estabelecimento empresarial para a exploração de outro. Observe-se que nem mesmo a onerosidade se faz indispensável para a sucessão, sendo admissível que o contrato tenha se dado a título gratuito, pois o suporte de toda a questão é realmente o fundo de comércio ou estabelecimento produtivo e não a forma pela qual se fez a transferência.

Há uma única situação, bastante específica, em que a natureza jurídica da alienação terá de ser vista com cautela e poderá evidentemente neutralizar os efeitos da sucessão trabalhista.

Trata-se da **alienação judicial do estabelecimento**, especialmente sob a forma da **arrematação em hasta pública**.

O arrematante adquire o bem – no caso, um empreendimento inteiro – livre e desembaraçado de dívidas ou, ao contrário, deve honrar com os compromissos anteriores do executado que teve seu bem expropriado? Outra pergunta: como o arrematante e o executado não celebram nenhum tipo de contrato nem mantêm qualquer relacionamento jurídico entre si – a relação é de expropriação dos bens do devedor pelo Estado e do Estado com o arrematante – existiriam diferenças jurídicas com relação a um contrato de compra e venda? Pergunta sintética: a arrematação é uma forma da aquisição originária de propriedade?

Para aqueles que entendem a sucessão de maneira bastante ampla, pouco importa que a alienação do patrimônio tenha advindo dos meios judiciais, através de processo de execução forçada. Porém, ao menos algumas peculiaridades devem ser observadas na questão.

Em primeiro lugar, o caráter publicístico da arrematação a torna efetivamente uma forma diferente de aquisição de propriedade. Embora o assunto não tenha encontrado grande desenvolvimento na doutrina, é consensual que a arrematação está longe de corresponder a uma relação entre arrematante e devedor, que mal se conhecem e mal se falarão nos autos ou fora dele, sendo este um assunto relacionado à expropriação coacta dos bens. A diferença, no particular, é que a penhora não recaiu apenas sobre um bem móvel ou sobre uma propriedade qualquer, mas sobre todo o conjunto de bens corpóreos e incorpóreos que compõem o aviamento comercial – algo efetivamente incomum nos processos de execução, embora não impossível.

A se adotar a premissa da arrematação como forma originária de aquisição de propriedade – assim como se aprende no direito civil quanto à avulsão, à ocupação e ao usucapião, em que não existe transferência entre pessoas, em contraposição às formas derivadas de aquisição de propriedade, tais como a tradição e a transcrição – quebra-se a seqüência lógica da sucessão, que pressupõe algum tipo de transferência, como já mencionado, e não propriamente uma expropriação.

O assunto caminhava nesse patamar entre o originalistas e os derivacionistas quando um furacão chamado **Nova Lei de Falência, Lei nº 11.101/2005**, abalou os meios jurídicos com sua proposta de absoluto desaparecimento da sucessão para fins trabalhistas e tributários.

Em primeiro lugar, convém observar que, por má técnica procedimental, a Lei nº 11.101/2005 mistura casos que representam sucessão empresarial – alienação do estabelecimento comercial por completo – com casos que nada têm que ver com a sucessão – alienação de mercadorias e bens isolados – o que desde logo provoca um desgaste desnecessário, pois a lei dirá que não existe sucessão onde sabidamente já não existia sucessão. Essa a crítica que se faz sobre o conjunto dos arts. 140 e 141, que não primam pela precisão terminológica.

Em segundo lugar, não é verdadeira a afirmação de que a Lei nº 11.101/2005 gerou presunção absoluta de ausência de sucessão. O conjunto dos parágrafos e incisos desses dois artigos, o 140 e o 141, levam ao entendimento de que normalmente não haverá sucessão, caso haja aquisição do estabelecimento via hasta pública, mas, ao contrário, a sucessão será declarada se a aquisição for feita pelo próprio falido, por seus familiares – até quarto grau, mesmo que por afinidade – ou por agente interposto, casos em que não se terá verificado nenhum trespasse, mas apenas o prosseguimento da atividade sob nova denominação dentro de um mesmo comando familiar.

Em terceiro lugar, para que se possa falar em ausência de sucessão, faz-se necessário que o dinheiro arrecadado pela hasta pública seja canalizado para pagamento dos credores do falido, seguindo-se a ordem de prioridades do art. 83 da mesma lei, encabeçado pelos trabalhadores. Caso não houvesse essa sub-rogação dos credores no preço da arrematação, de nada adiantariam os esforços do legislador e da autoridade judiciária, porque as aplicações se dissolveriam no sem número de compromissos a serem saldados pelo falido e pela própria massa.

Há, ainda, mais uma informação relevante no art. 140, § 4º, em prol da premissa de arrematação como forma originária de aquisição de propriedade – ou seja, mitigando o caráter de sucessão – que vem a ser a validade do mandado judicial como título suficiente para averbação do bem em cartório de registro de imóveis, o que seria impensável em caso de compra e venda ou qualquer outra forma derivada de aquisição de propriedade, em que o título tem de ser exibido e complementado por documentação hábil.

Por esse somatório de peculiaridades – natureza publicística da arrematação, sub-rogação dos credores no valor arrecadado, ineficácia da aquisição feita pelo falido ou pessoa associada e validade do mandado como título de aquisição de propriedade – é razoável a afirmação de que a transferência do estabelecimento via hasta pública, em processo judicial, de qualquer esfera ou instância, neutraliza o campo da sucessão trabalhista.

A se partir da premissa de que nenhuma dessas particularidades sejam relevantes e que a sucessão se aperfeiçoa pela simples alteração na estrutura jurídica da empresa, mesmo que o adquirente não tenha nenhum contato com o devedor expropriado, é possível que se sustente a existência da sucessão mesmo diante do texto expresso da Lei nº 11.101/2005. Porém, para que isso se confirme, impõe-se a declaração de algum vício de constitucionalidade da norma ou, ao menos, de sua inaplicabilidade para o direito do trabalho. Vício propriamente a norma não apresenta, a menos que se evoque possível aviltamento da condição do trabalhador e desrespeito à dignidade do ser humano e ao valor social do trabalho, numa abordagem bastante genérica.

Vale lembrar que a explicação acima efetuada vale tanto para o processo de falência em sentido estrito como para os procedimentos de recuperação judicial, especialmente diante do art. 60, parágrafo único, que torna a dizer ausente a sucessão empresarial e que faz breve referência ao art. 141, § 1º, da mesma lei – o § 1º é o que refere a ineficácia da alienação em caso de agente interposto.

Capítulo 14

Interpretação das leis trabalhistas

Neste capítulo, será feita a análise do art. 8º da Consolidação das Leis do Trabalho, chamando a atenção para o fato de que ali se relacionam todas as formas de interpretação e aplicação da lei trabalhista, especialmente os princípios que tão ricamente ajudaram a desenvolver a autonomia do direito do trabalho.

Dispõe o art. 8º da CLT:

> *"As autoridades administrativas e a Justiça do Trabalho, na falta de disposições legais ou contratuais, decidirão, conforme o caso, pela jurisprudência, por analogia, por eqüidade e outros princípios e normas gerais de direito, principalmente do direito do trabalho, e, ainda, de acordo com os usos e costumes, o direito comparado, mas sempre de maneira que nenhum interesse de classe ou particular prevaleça sobre o interesse público.*
>
> *Parágrafo único. O direito comum será fonte subsidiária do direito do trabalho, naquilo em que não for incompatível com os princípios fundamentais deste."*

Embora o artigo que as autoridades, tanto da fiscalização do trabalho como do Judiciário, devam priorizar as disposições legais ou contratuais, em muitas situações as regras de hermenêutica serão necessárias mesmo havendo cláusula expressa sobre este ou aquele assunto. Como ocorre em todos os ramos do direito e no direito do trabalho em particular, é justamente a presença de cláusula expressa que pode gerar a dúvida de interpretação, donde a necessidade de regra de integração ou de interpretação dessa norma. Do contrário, bastaria a elaboração de um vasto código de direito do trabalho que todos os problemas desapareceriam. A experiência revela, todavia, que quanto maior o volume de regulamentos e minúcias por parte do legislador, tanto maior o número de dúvidas levantadas pelo cotidiano das relações de trabalho.

Advirta-se, portanto, que o art. 8º se destina tanto às situações de interpretação de normas postas, como de integração de normas lacunosas e, ainda, a própria efetivação do direito do trabalho desprovido de alguma regulamentação. Note-se, também, que a lista de formas de supressão de lacuna, com sete ou oito elementos, não foi elaborada em ordem de preferência, mas em caráter aleatório, o que significa dizer que o intérprete está autorizado a se valer de qualquer desses parâmetros, na ordem que melhor lhe aprouver, e, inclusive, usar mais de um simultaneamente. A única exigência do legislador é a diretriz de que o interesse individual não prevaleça sobre o interesse coletivo – algo muito belo de enunciar e muito penoso de conseguir, equilibradamente, na prática, pois o coletivo também não deve sufocar o individual.

A primeira forma de supressão de lacuna ou de interpretação da norma posta é a **jurisprudência**.

Convém fazer uma breve digressão sobre a evolução da jurisprudência no direito do trabalho.

Por se tratar de um ordenamento jurídico com ascendência romana, o direito brasileiro não se pauta pela análise de precedentes judiciais, como ocorre com os ordenamentos da tradição anglo-saxã, que têm nos Estados Unidos e na Inglaterra os principais representantes, de tal forma que à jurisprudência era reservado um papel secundário na formação e no desenvolvimento do direito do trabalho.

Ocorre, entretanto, que a riqueza das relações de trabalho e a multiplicidade imensurável de situações e pequenos detalhes que alteram profundamente o enquadramento legal forçaram os tribunais a marcarem posição sobre temas tão diversos quanto o cálculo das horas extras, fixação da jornada noturna e até a forma correta de se proceder à baixa na Carteira de Trabalho.

Como não se pode exigir que as partes procurem precedentes judiciais para orientação de seus contratos de trabalho, institucionalizou-se sedimentar determinada jurisprudência através da publicação de um verbete, normalmente curto, apto a compor um repertório bastante autorizado e vivaz do entendimento da corte. O que começou de forma singela hoje atinge a casa dos milhares de textos, que podem ser separados da seguinte forma:

1. Súmulas de matéria trabalhista no Supremo Tribunal Federal, que são aproximadamente 10% do total, incluídas pelo menos duas súmulas de natureza vinculante.

2. Súmulas de direito material e processual emitidas pelo Tribunal Superior do Trabalho, acima de quatro centenas.
3. Súmulas de direito material e processual emitidas pelos Tribunais Regionais do Trabalho, em caráter obrigatório e não facultativo, conforme art. 896, § 3º, da CLT. Embora nem todos os Regionais cumpriram a determinação, são centenas os verbetes já editados.
4. Orientações Jurisprudenciais do Tribunal Pleno do Tribunal Superior do Trabalho, na matéria de sua competência, normalmente associada à execução por precatórios da Fazenda Pública e questões recursais de maior complexidade.
5. Orientações Jurisprudenciais da Subseção I da Seção Especializada em Dissídios Individuais, que abrangem a maioria das questões de direito material e processual, porque sedimenta a jurisprudência decorrente dos recursos de revista, normalmente de casos individuais oriundos de recursos ordinários.
6. Orientações Jurisprudenciais da Subseção II da Seção Especializada em Dissídios Individuais, que abrangem a matéria de competência originária dos tribunais regionais e do próprio Tribunal Superior do Trabalho, que são principalmente as ações rescisórias, os mandados de segurança contra ato judicial e o *habeas corpus* em caso de prisão determinada nos autos do processo trabalhista, como o depositário infiel.
7. Orientações Jurisprudenciais da Seção Especializada em Dissídios Coletivos, que sinalizam de que forma serão julgadas as questões processuais e procedimentais envolvendo a negociação coletiva frustrada que desaguou em um processo coletivo.
8. Orientações Jurisprudenciais Transitórias ou de uso restrito a algum Regional, com as quais o Tribunal Superior do Trabalho apresenta sua interpretação para regulamentos internos de empresas de grande porte ou assuntos análogos envolvendo realidades locais.
9. Precedentes Normativos, os únicos que diferem um pouco da lista anterior, por não se tratar de interpretação de norma posta, mas da própria possibilidade de criação do direito em caso de acionamento do poder normativo, hoje em desuso pelas alterações decorrentes da Emenda Constitucional nº 45, de 8 de dezembro de 2004, mas ainda de grande impacto nos estudos do direito do trabalho.

É correto dizer que as **Orientações Jurisprudenciais** poderiam não existir e a matéria sedimentada ser toda ela canalizada para as Súmulas. Porém, a edição das Orientações Jurisprudenciais, hoje já chamadas de Ojs, fez-se necessária por pressão do art. 896 da CLT, que regula o tema do Recurso de Revista.

Embora o *caput* do art. 896 disponha sobre o cabimento do Recurso de Revista em hipóteses de divergência jurisprudencial, o § 4º nega prosseguimento do recurso em caso de citação de acórdão já superado por Súmula ou por jurisprudência "iterativa e notória" do Tribunal Superior do Trabalho. Se o § 4º houvesse apenas negado processamento ao recurso em caso de existência de Súmula favorável ao acórdão do Regional, a situação estaria resolvida, pois o elenco das Súmulas é razoavelmente bem divulgado e acessível. No entanto, o dispositivo foi além dos verbetes sumulados e estendeu a vedação ao recurso também em caso de existência de jurisprudência reiterada e conhecida do próprio Tribunal Superior do Trabalho.

Ora, como saber se a jurisprudência é repetitiva, se o Tribunal Superior do Trabalho ainda não a inseriu no corpo das súmulas e se nenhum repertório, por mais autorizado que seja, pode afirmar quais acórdãos deixaram o patamar da simplicidade e partiram para a celebridade? É provável que mesmo entre os Ministros daquela Corte surgissem dúvidas sobre a maior ou menor representatividade de alguns acórdãos.

Para solucionar esse ponto de estrangulamento, editou-se, em primeiro lugar, a Súmula 333, que repete a invalidade do recurso em caso de jurisprudência reiterada, notória e atual, mas sua principal função foi a de forçar a divulgação pelo mesmo tribunal de um rol de disposições consideradas mais expressivas e, portanto, capaz de satisfazer às exigências do mencionado art. 896, § 4º. A esse rol se deu o nome de Orientações Jurisprudencias, a fim de não se confundir com o papel de destaque das Súmulas.

Súmulas e Orientações Jurisprudenciais podem ter diferenças quanto ao processo de elaboração, de revisão e de cancelamento – aquelas tratadas pelos arts. 160 a 166 e estas abordadas nos arts. 167 a 173, todos do Regimento Interno do Tribunal Superior do Trabalho –, assim como podem guardar pequeninas diferenciações para alguns recursos – como foi o caso do Recurso de Revista em rito sumaríssimo, de que cuida o art. 896, § 6º, em que a Orientação Jurisprudencial 352 da Seção Especializada em Dissídios Individuais considerou inservível citar as próprias Orientações Jurisprudenciais por falta de referência expressa no dispositivo legal.

No entanto, assumem características muito semelhantes na prática, pois trancam e destrancam Recursos de Revista, inibem subida de autos para reexame obrigatório – Súmula 303 do Tribunal Superior do Trabalho – e auxiliam como ferramenta indispensável para a compreensão do direito do trabalho.

A expressão jurisprudência, por certo, vai muito além dos nove itens acima listados em matéria de verbetes e precedentes, pois também inclui referência a sentenças e acórdãos, não se devendo subestimar a força dos julgados trabalhistas selecionados para determinado fim interpretativo ou de formação de convencimento judicial. Porém, é evidente que a presença da tese já cristalizada em um verbete lhe empresa visibilidade muito maior e lhe confere autoridade de fonte de direito do trabalho, ainda que involuntariamente.

Ao desfecho deste comentário sobre jurisprudência, sejam mencionados apenas dois exemplos da força que as Súmulas e as Orientações Jurisprudenciais possuem sobre as relações trabalhistas, mesmo que se negue que a jurisprudência venha antes do legislador ou dos princípios jurídicos.

Praticamente todo o regime de terceirização – objeto de estudo de capítulo anterior – hoje em dia no Brasil gira em torno de uma Súmula do Tribunal Superior do Trabalho, a conhecida 331. Alguns poucos dispositivos legais, de todo insuficientes, chegam a mencionar formas de subcontratação de mão-de-obra, mas foi graças à Súmula 331 que o direito do trabalho aplicado deixou de afirmar a formação da relação de emprego diretamente com o tomador de serviços, como preconizava a Súmula 256, e passou a admitir a bipartição de responsabilidades – aquela principal própria do empregador e aquela subsidiária própria do tomador. Até mesmo a expressão responsabilidade subsidiária entrou definitivamente para o vocabulário jurídico via Súmula 331, porque antes era objeto de comentário em estudos como da relação entre fiador e afiançado, mas nunca no direito do trabalho.

Ainda que se diga que a jurisprudência apenas colhe experiências do cotidiano e as aprecia, é inegável que a partir de 1993 a terceirização cresceu exponencialmente no ordenamento pátrio, devido, em parte, à maior segurança jurídica sinalizada pelo Tribunal Superior do Trabalho, que, assim, não deixou em aberto tema dessa magnitude.

O segundo exemplo, por coincidência, refere também a figura da responsabilidade subsidiária, agora no que diz respeito à relação entre sucessor e sucedido que mantém alguma atividade econômica, como visto no capítulo anterior.

Embora o direito do trabalho normalmente associasse a sucessão com a responsabilidade exclusiva do sucessor, pelo fundamento de ele deter a atividade econômica em suas mãos, foi pela via da Orientação Jurisprudencial 225 da Seção Especializada em Dissídios Individuais que o cenário começou a mudar, passando a admitir a jurisprudência que se biparta a responsabilidade, com a reserva da responsabilidade subsidiária para o sucedido, ao menos quanto aos débitos contraídos à época em que ele comandava o empreendimento.

A Orientação Jurisprudencial ainda é relativamente jovem e não se formou consenso se deva ser aplicada à generalidade dos casos, o que parece acertado, sendo oriunda de casos de concessão de serviços públicos. Todavia, já se mostra de grande valia para ampla reformulação do conceito e das conseqüências da sucessão de empregadores.

Dois exemplos, como dito, são suficientes para se mostrar o potencial que a jurisprudência representa para o direito do trabalho brasileiro, muito embora fosse possível prosseguir a lista de forma quase interminável – seja com a Súmula 363 sobre concurso público indispensável para ingresso na carreira pública, seja com a Orientação Jurisprudencial 82 sobre a baixa na Carteira de Trabalho e assim sucessivamente. Porém, já se pode notar a curiosidade de um direito do trabalho de tradição romana ser tão absolutamente dependente dos julgados e dos precedentes para sua auto-afirmação e seu desenvolvimento.

A segunda forma de supressão de lacuna, na afirmação do art. 8º da CLT, vem a ser a **analogia**.

Chega a ser surpreendente que, em meio a milhares de dispositivos legais e outros tantos verbetes de jurisprudência, como acima se estudou, o direito do trabalho ainda conviva com situações desprovidas de regulamentação e que comportem aproximação cômoda com algumas outras figuras já tratadas e detalhadas pelo legislador. Mas isso, de fato, acontece.

Uns dos casos mais emblemáticos ocorreu com a inovação teconológica dos meios de comunicação, a começar pelos aparelhos de "beeper", o popular bip, e "pager", que tinham a capacidade de permanecerem ligados 24 horas por dia e acionar sinal sonoro ou pequena mensagem de texto quando de eventual emergência na empresa. O empregado deveria, então, entrar em contato por telefone ou se deslocar até o local combinado. Claro que hoje essa tecnologia já se encontra superada, pela infinidade de recursos existentes dentro de telefones celulares e sistemas avançados de correio eletrônico, mas continua a pergunta: a jornada de trabalho do empregado se esgota ao passar da porta da empresa para fora ou continua normalmente, quando ele se vê obrigado a manter os aparelhos de comunicação ligados?

Idênticas as duas situações não são, de fato, porque durante a jornada o empregado está em exercício efetivo de seu trabalho, sob dimensão máxima do poder diretivo do empregador, cumprindo não apenas os horários determinados, mas também os procedimentos e o padrão de conduta delineado pela empresa. Por sua vez, o período em que permanece, em casa ou no lazer, com os aparelhos ligados, oferece algum grau de liberdade, conquanto limitada pela perspectiva de acionamento, razão pela qual tampouco se poderia dizer que seu descanso é tão completo quanto aquele desprovido de telefones ou similares.

Para resolver o impasse, o Tribunal Superior do Trabalho buscou na analogia a solução, já que a legislação brasileira não tratava e não trata do tormentoso assunto da manuteção do empregado em conexão com o empregador – ou seja, a legislação parece ignorar aquilo que a doutrina usou chamar de **direito à desconexão**, para que a finalidade do descanso semanal ou diário seja efetivamente alcançada.

A analogia consistiu em tomar como parâmetro a norma que mais se aproxima da situação, que vem a ser a elaboração de escalas de sobreaviso para o pessoal das empresas ferroviárias, uma realidade muito comum nos anos 1940 e seguintes, embora hoje em desuso. Cuida-se especialmente do art. 244, § 2º, da CLT, segundo o qual se considera de "sobreaviso o empregado efetivo que permanecer em sua própria casa, aguardando a qualquer momento o chamado para o serviço". Seguem-se, após, duas observações relevantes: que ninguém fique de sobreaviso mais do que 24 horas consecutivas – ou seja, não se pode ficar assim por todo o final de semana e feriados prolongados – e que a hora passada sob essa tensão seja remunerada à razão de um terço da hora normal – isto é, nem foi considerada hora laborada, nem foi tida por hora de descanso. Caso o empregado seja acionado e tenha de se descolar até a empresa, não se discute seu direito de receber o período adicional como hora extraordinária, evidentemente.

Foi assim que o Tribunal Superior do Trabalho se inclinou favoravelmente à extensão do sobreaviso para a categoria dos eletricitários, que compartilham com os ferroviários a realidade das antigas vilas operárias, em que muitos habitavam no entorno das instalações do empregador, a fim de conseguir agilidade e eficácia no momento de emergência, rápido deslocamento e garantia da oferta dos serviços essenciais – de transporte e de abastecimento de energia – para a população. Logo, era natural que aos eletricitários que tivessem de ficar em casa um ou outro dia por semana, na expectativa de serem acionados, para cobertura de ausências e atrasos ou simplesmente para atendimento a acréscimo extraordinário de demanda, fossem remuneradas as horas de permanência, ao menos à base de um terço do valor da hora, já que não existe consenso quanto à natureza de hora extraordinária para esse período de semi-atividade. Note-se que o sobreaviso remunera o terço da hora e não a hora acrescida de um terço, pois não se fala em atividade efetiva, mas em expectativa de entrar em atividade.

Para o eletricitário foi elaborada a Súmula 229, adotando-se a premissa da analogia.

Porém, quando outras categorias profissionais começaram a reivindicar a aplicação analógica das horas de sobreaviso, devido ao uso dos aparelhos de telecomunicações, o Tribunal Superior do Trabalho entendeu haver obstáculos na analogia, pois a comparação das situações já não era mais a mesma.

O médico, que dispõe de bip para ser chamado de madrugada, ou o técnico de informática, que fica com o **telefone celular** para resolução de problemas de travamento de sistemas operacionais, enfrentam situação muito mais áspera do que os colegas que realmente se desligam do empregador em dias de descansos semanais remunerados e feriados, mas não devem ser comparados com os ferroviários ou com os eletricitários, que se vêem na obrigação de ficar "em sua própria casa". Como a legislação não trata do tema da permanência com o telefone ligado e como os aparelhos de telefonia celular dão ao empregado uma mobilidade certamente maior do que a retenção dentro de casa, entendeu o Tribunal Superior do Trabalho, ao contrário da posição da Súmula 229, que a analogia é incabível à hipótese, ficando o profissional desprovido de algum direito ou vantagem econômica na hipótese. Foi assim que surgiu a Orientação Jurisprudencial 49.

Cita-se, também, **o caso do digitador**.

Profissão relativamente nova, o digitador é seguramente um dos ofícios que mais proteção necessita em matéria de fadiga muscular pelos esforços repetitivos e pelas peculiaridades de exigência de número mínimo de toques em teclados cada vez mais sofisticados dos aparelhos de computação e assemelhados. Porém, a profissão ficou desguarnecida de regulamentação, sendo a Norma Regulamentadora 17 do Ministério do Trabalho, sobre o tema da ergonomia, um dos raros textos que cuidam do assunto.

Surgiu, então, a dúvida sobre a aplicação para o digitador do mesmo dispositivo, representado pelo art. 72, que a CLT apresentou em 1943 para os exercentes de esforços repetitivos com as tecnologias da época, a saber, o datilógrafo, o escriturário e o responsável por cálculos. No particular, andou bem a jurisprudência ao reconhecer que a tecnologia muda mas a essência das funções permanece: o fato de já não existirem máquinas de escrever ou enormes máquinas de calcular não significa que a vida dos profissionais desse ramo tenha deixado de ser penosa. Para cada avanço tecnológico sempre existe maior pressão por resultados e por qualidade, de tal forma que o volume de serviços e de exigências oscila pouco. Foi com base nessa premissa que o Tribunal Superior do Trabalho vislumbrou analogia entre as atuais ocupações de esforços repetitivos, como o digitador, e as antigas ocupações de datilografia, estendendo àqueles primeiros o direito ao intervalo de dez minutos a cada uma hora e meia trabalhada, de que falava o art. 72 da CLT, na forma da Súmula 346, de 1996.

Outro assunto interessante que o Tribunal Superior do Trabalho dirimiu pelo uso da analogia diz respeito ao binômio **intervalo intrajornada/intervalo interjornada**. Como se sabe, o intervalo dentro da jornada ou intrajornada é preferencialmente dedicado ao repouso e à alimentação, para o revigoramento imediato do organismo humano tendo em vista a segunda etapa da jornada de trabalho. Varia de duração de acordo com a extensão da jornada, sendo os mais comuns aqueles de quinze minutos, para jornadas de seis horas, e de sessenta minutos, para as jornadas de oito horas. Por seu turno, o intervalo entre duas jornadas, ou entre um dia e outro, costuma ser aquele devotado ao sono e ao repouso mais prolongado, outra necessidade premente do ser humano, sem cuja satisfação seria fatalmente elevado o índice de acidentes e reduzido o índice de produtividade, qualquer que seja o setor de atuação do empregado. (Sobre esses e outros pormenores dos intervalos, que são dezenas, ver capítulo próprio no volume 2 deste Curso.)

Ora, qual a conseqüência de eventual descumprimento dos intervalos por parte do empregador?

Durante muitos anos se afirmava que a violação às pausas era um problema entre o empregador e as autoridades de fiscalização do trabalho, a chamada "irregularidade administrativa". Pagando as horas suplementares excedentes da oitava diária, o empregador estava livre de maiores encargos para com seu empregado. Por exemplo, se o operário se ativasse "apenas" das 08h00 às 16h00, não faria jus a nenhuma compensação pelo fato de não haver almoçado nem parado um instante sequer: conquanto tenha tido desrespeitado o direito ao intervalo para refeição e descanso, teve limitada a jornada à carga de oito horas, não havendo falar em hora extraordinária na hipótese. Por outro lado, se encerrasse o expediente à meia-noite e tivesse de se reapresentar já às 07h00 da manhã seguinte, novamente não teria nenhum direito a mais, afora a possível prorrogação além de oito horas, na véspera e no dia seguinte, bem como o adicional noturno depois das 22h00, mas nenhuma vantagem concernente ao fato de que teve apenas sete e não onze horas de repouso – como se fosse de repouso o tempo gasto no transporte coletivo etc.

A situação, que já era inquietante, começou a mudar com o acréscimo do § 4º ao art. 71 da CLT, em 1994. Apesar da redação sofrível, que fala em hora acrescida de 50% e deixa dúvidas sobre a natureza jurídica da parcela, o § 4º é considerado sensível avanço sobre o tema, por estabelecer que a violação da pausa, por si só, já assegura ao empregado o direito a uma compensação pecuniária, independente de quantas horas serão laboradas naquele dia. É como se houvesse sido criada uma nova categoria de hora extraordinária, além daquelas existentes pelo excesso do módulo diário, do módulo semanal, dos serviços suplementares em feriados e domingos sem folga compensatória, da violação aos intervalos remunerados, dentre outras modalidades.

Foi assim que o Tribunal Superior do Trabalho sedimentou seu entendimento, através da Orientação Jurisprudencial 307, que estende o direito ao pagamento para a violação total ou parcial do intervalo, e da Orientação Jurisprudencial 354, de 14 de março de 2008, que enfatiza a natureza salarial desse pagamento e, pois, o direito aos reflexos nas demais verbas trabalhistas.

Faltava, então, encarar a violação ao intervalo interjornada, regulado igualmente de forma trôpega pelo art. 66 da CLT. Após longo tempo de maturação, o entendimento do Tribunal Superior do Trabalho se encaminhou para oferecer ao intervalo interjornada idêntico tratamento dado ao intrajornada, ou seja, a violação não é mera irregularidade administrativa e seu descumprimento gera direito a pagamento da hora extraordinária correspondente – embora ainda se tema dizer hora extraordinária e se prefira dizer hora acrescida de 50%. Assim se editou a Orientação Jurisprudencial 355, também de 14 de março de 2008. O fundamento da Orientação Jurisprudencial 355? A analogia.

A fim de não estender demasiadamente o rol de epopéias da analogia, vale lembrar a interessante gênese da **Súmula 291 do TST**. Alterando entendimento anterior, a jurisprudência passou a entender que a indenização prevista no art. 9º, da Lei nº 5.811/1972, dedicada aos empregados do ramo petroquímico, deveria ser estendida, por analogia, a todos aqueles que prestarem hora extraordinária de forma habitual, ao longo dos anos, e que subitamente as deixam de prestar, por determinação do empregador. Embora o empregador esteja no direito de cancelar o pedido de horas suplementares e embora essa alteração seja saudável ao organismo humano, é evidente o impacto nos ganhos salariais do operário, o qual, de uma forma ou de outra, já contava com a paga dos serviços suplementares em seu orçamento mensal. Logo, a indenização pela supressão de hora extraordinária se aplica a todos que cumpriram serviços suplementares habitualmente, independentemente da profissão.

O Tribunal Superior do Trabalho já se valeu da analogia até mesmo em caso de **contagem de prazo recursal**, o que é ainda mais inquietante, ao decidir que, na falta de previsão de prazo para recursos de matéria administrativa, é cabível o prazo geral de oito dias, instituído pela regra do art. 6º da Lei nº 5.584/1970, tudo na forma da Orientação Jurisprudencial 11 do Tribunal Pleno.

Em decisão bastante controvertida, o Tribunal Superior do Trabalho resolveu aplicar a analogia para fixação da competência territorial para as ações civis públicas que envolvam alegação de danos ao meio ambiente de trabalho de várias localidades dentro de um mesmo Regional ou espalhando-se por vários Regionais. À falta de clareza na legislação trabalhista, optou-se pela solução preconizada pelo art. 93 do Código de Defesa do Consumidor – competência de uma das Varas do Trabalho da capital do estado, que seria melhor dizer Sede do TRT, no primeiro caso, e competência de uma das Varas do Trabalho do Distrito Federal, no segundo caso. O entendimento, representado pela Orientação Jurisprudencial 130 da Subseção II da Seção Especializada em Dissídios Individuais, é duplamente controvertido, por aplicar analogia em matéria de competência judicial e por adotar o Código de Defesa do Consumidor como parâmetro "mais próximo" ao processo do trabalho.

Há casos, porém, em que a analogia não foi bem aceita.

Era pelo caminho da analogia que os profissionais do **ramo das televendas ou telemarketing** – profissão recente, em meio à revolução tecnológica, e, portanto, órfã de legislação regulamentar – pretendiam alcançar os benefícios concedidos na década de 1940 aos profissionais da telefonia, o que incluiria a jornada reduzida de seis horas e algumas pausas de descanso adicional, consoante art. 227 da CLT e seguintes. Vetou o Tribunal Superior do Trabalho o uso da analogia, por lembrar que aqueles se dedicam ao convencimento do público consumidor, com explicação das vantagens dos produtos e serviços, ao passo que estes apenas emitem, recebem e distribuem ligações a ramais, num cotidiano diferente do outro.

Essa foi a premissa da Orientação Jurisprudencial 273, de 2002, para afastar a analogia ao caso concreto. (Os operados de televendas partiram, então, para as vias normais de conquista de seus direitos, inicialmente influenciando as negociações coletivas, que há muito tempo já contemplam jornada especial de seis horas, e posteriormente as normas de segurança e medicina do trabalho, como é o caso da Norma Regulamentadora 17, dedicada à ergonomia, cujo anexo 1, de março de 2007, estipula, enfim, a jornada de seis horas como forma de maior conforto do operário.)

Em dissídios coletivos, os caixas de empresas de comércio e indústria tentaram evocar analogia entre seu sistema de trabalho e aquele dos caixas bancários. Se houvesse êxito, obteriam a jornada de seis horas do art. 224 da CLT. Não houve sucesso, pois a realidade dos bancos é bastante diversa da realidade do comércio em geral, a começar pelo fluxo de dinheiro e pelos documentos que são manuseados. O Precedente Normativo 12, já cancelado, afastava a analogia.

Na seqüência, o art. 8º da CLT exorta o **uso da eqüidade para a interpretação** e a aplicação das normas de direito do trabalho.

Dentre as várias acepções da palavra eqüidade, a CLT se ocupa apenas daquela destinada a auxiliar na hermenêutica do direito posto, ou seja, havendo na legislação a presença de lacunas ou de normas que comportem mais de uma interpretação, para os fins do direito do trabalho deverá o intérprete prestigiar a interpretação que mais se adapte ao sentimento de justiça e de equilíbrio – o verdadeiro espírito da eqüidade.

Não se trata de desprezar a eqüidade em seu sentido amplo – aquele sentido do direito como justiça – mas apenas de chamar atenção para seu papel, também, de supressão de lacuna, ou seja, uma eqüidade interpretativa em busca do justo comedimento e do equilíbrio das prestações. O art. 8º não cuida propriamente da eqüidade processual ou juízo de eqüidade, assim entendido o uso pelo Juízo de uma série de princípios não necessariamente vinculados às normas legais, como pode ser feito no procedimento da arbitragem, por exemplo.

O uso da eqüidade como forma de supressão de lacuna se mostra mais fácil de ser enunciado – chega a ser muito nobre o desejo de equilibrar a aspereza de uma norma ou de apresentar uma interpretação razoável e comedida – do que aplicar na prática essa disposição. Há uma curta diferença entre uma interpretação bem elaborada de um desvio da finalidade da norma ou até mesmo o sentenciamento ao arrepio da lei, cuja força vinculante está na base de todo o ordenamento jurídico.

Daí a razão do pouco uso que se nota na fundamentação dos julgados trabalhistas. De maneira expressa não se observa referência à eqüidade em quase nenhuma sentença, mas é verdade que de maneira implícita podemos encontrar alguns exemplos cotidianos. Colhem-se na CLT dois exemplos de uso da eqüidade para solução do conflito.

O art. 852-I, § 1º, da CLT refere que, em se tratando de rito sumaríssimo, em que as causas são particularmente de menor complexidade, "*o juízo adotará em cada caso a decisão que reputar mais justa e equânime, atendendo aos fins sociais da lei e às exigências do bem comum*". Por se tratar de uma causa presumivelmente de menor complexidade, roga-se que o julgado procure uma solução eqüânime.

O art. 766, por sua vez, lembra que "nos dissídios sobre estipulação de salários, serão estabelecidas condições que, assegurando justos salários aos trabalhadores, permitam também justa retribuição às empresas interessadas". É bom frisar que é de eqüidade que fala o legislador quando se refere a salário justo e a retribuição justa às empresas. Dissídio sobre estipulação de salário normalmente é feito pela via coletiva – o conhecido dissídio coletivo de natureza econômica, hoje bastante restringido pela Emenda Constitucional nº 45, de 8 de dezembro de 2004 – mas pode ser inserido igualmente no plano individual, como nas hipóteses do art. 460 sobre arbitramento do salário por parte do julgado, em caso de ausência de comprovação ou de estipulação entre as partes.

Saindo um pouco da CLT, mas não do processo do trabalho, encontramos também o exemplo dos procedimentos de jurisdição voluntária, que vêm a ser as situações em que os juízes são chamados a chancelar alguns interesses privados, como a antiga homologação das contas do empregador rural, a obsoleta opção retroativa do empregado estável ao regime do fundo de garantia e, ainda, o pedido de demissão do estável decenal, na forma do art. 500 da CLT. Essa administração pública de interesses privados representa um quase processo, porque não envolve nem partes nem litígio propriamente dito, sendo certo que ao juiz é facultado se afastar dos estreitos limites da legislação a fim de proferir decisão que melhor atenda aos anseios dos interessados – situação que se verifica expressamente nos arts. 2º e 11, II, da Lei de Arbitragem, nº 9.307/1996.

Conforme art. 1.109 do CPC, "*o juiz decidirá o pedido no prazo de 10 (dez) dias; não é, porém, obrigado a observar critério de legalidade estrita, podendo adotar em cada caso a solução que reputar mais conveniente ou oportuna*".

Também costuma ser relacionada como elemento de aplicação da eqüidade a afirmação do art. 335 do CPC sobre meios de provas:

> *Em falta de normas jurídicas particulares, o juiz aplicará as regras de experiência comum subministradas pela observação do que ordinariamente acontece e ainda as regras da experiência técnica, ressalvado, quanto a esta, o exame pericial.*

A experiência comum representa, no particular, uma forma de comedimento ou de equilíbrio, passível de ser aplicada ao processo do trabalho por muito mais razão.

O terceiro exemplo de eqüidade no CPC se concentra na fixação de honorários de advogado em situações peculiares em que a aplicação de um percentual qualquer não produziria bons resultados, ou pelo valor excessivamente alto ou pelo valor excessivamente baixo, impondo-se a aplicação de uma solução à margem dos limites da lei. Assim o art. 20, § 4º, do CPC: "*Nas causas de pequeno valor, nas de valor inestimável, naquelas em que não houver condenação ou for vencida a Fazenda Pública, e nas execuções, embargadas ou não, os honorários serão fixados consoante apreciação eqüitativa do juiz, atendidas as normas das alíneas* a, b *e* c *do parágrafo anterior*". As alíneas *a*, *b* e *c* referem ao zelo do advogado, lugar e natureza da causa.

No tocante do Código Civil de 2002, exemplos não faltam de aplicação de soluções eqüânimes, tanto para fins processuais como para assuntos particulares, especialmente na celebração dos contratos.

Servem como exemplo a afirmação de seu art. 414, segundo o qual "*a penalidade deve ser reduzida eqüitativamente pelo juiz se a obrigação principal tiver sido cumprida em parte, ou se o montante da penalidade for manifestamente excessivo, tendo em vista a natureza e a finalidade do negócio*" e, ainda mais revelador para o processo do trabalho, o art. 944, parágrafo único, para o qual "*se houver excessiva desproporção entre a gravidade da culpa e o dano, poderá o juiz reduzir, eqüitativamente, a indenização*", tanto numa indenização por danos morais como numa indenização por danos materiais.

Afora esses dois códigos, também aquele dedicado à Defesa do Consumidor exorta o uso da eqüidade como forma de solução eficaz de litígios, formulando-se no art. 7º elenco semelhante àquele do art. 8º da CLT, ora em estudo:

> *Os direitos previstos neste Código não excluem outros decorrentes de tratados ou convenções internacionais de que o Brasil seja signatário, da legislação interna ordinária, de regulamentos expedidos pelas autoridades administrativas competentes, bem como dos que derivem dos princípios gerais do direito, analogia, costumes e eqüidade.*

A Lei dos Juizados Especiais, nº 9.099/1995, dispõe claramente que suas causas, consideradas de menor complexidade, podem ser dirimidas por eqüidade, especialmente na linguagem do art. 6º: "*O juiz adotará em cada caso a decisão que reputar mais justa e equânime, atendendo aos fins sociais da lei e às exigências do bem comum*".

Paralelamente ao uso da jurisprudência, analogia e eqüidade, propõe o art. 8º a reflexão do direito **à luz dos usos e costumes** vicejantes em dado local e em dada circunstância do direito do trabalho.

Não se deve menosprezar a força dos usos e costumes na vida em sociedade, independentemente do estágio de desenvolvimento da civilização, região geográfica, nível econômico-social ou período cronológico. Sempre haverá um poder imensurável na consciência humana que se espelha na conduta de seus pares e de seus antepassados.

È inegável, porém, que em alguns ramos do direito os usos e costumes encontram maior campo de aplicação ou maior protagonismo do que em outros, mais concentrados no direito posto e na necessidade de regras constantemente renovadas.

O direito do trabalho se insere no rol daqueles que sofrem maior impacto dos usos e costumes em sua formação, decênios atrás, e em seu desenvolvimento, inclusive no tempo presente. Citam-se, ainda, os segmentos do direito marítimo e as normas sobre títulos de crédito no direito mercantil como exemplos da força dos hábitos sobrepondo-se ao direito posto ou com ele convivendo sincronicamente.

Alguns costumes são alimentados contra a lei.

Isso é perigoso, mas é um risco a ser corrido pelo legislador, quando os costumes se mostram retrógrados. Apesar de alguma controvérsia inevitável, é necessário amoldar-se à regra vigente, ou, se for o caso, desenvolver uma força especial para sensibilizar a sociedade e, ato contínuo, o legislador, a fim de que se troque a legislação. Por exemplo, o costume de não se registrar o empregado doméstico, sob o fundamento de se tratar de pessoa da família ou, como se dizia no século XIX, um agregado, é nefasto e desatende aos anseios do direito do trabalho. Nem mesmo a Lei nº 5.859/1972 parece ter conseguido convencer os empregadores domésticos quanto a essa realidade. A Constituição Federal de 1988 reiterou a urgência da situação e mais recentemente o tema foi parar na legislação do imposto de renda – aquele que registrar seu empregado doméstico, não fazendo mais do que sua obrigação, ganha um desconto no imposto a pagar. Talvez a sanção premial possa enfim retirar a expressiva parcela de domésticos da informalidade, dado o efeito favorável que o prêmio, conquanto modesto, provoca no imaginário popular. Por usos e costumes.

Outros costumes vêm antes da lei.

E ela tem de correr para os alcançar.

Exemplo clássico e insuperável: gorjetas.

O assunto é fascinante.

Algumas profissões prestam serviços diretamente ao público, dedicam especial atenção a cada um dos consumidores, mas não conseguem despertar a cortesia ou o sentimento de gratidão para arrecadar uma gratificação, "caixinha" ou gorjeta, como algum atendente mais calmo no balcão da farmácia ou da padaria, o caixa bancário da época romântica, o vendedor de tecidos, o pipoqueiro, o operador cinematográfico, o carteiro e assim por diante. Já os garçons, porém, sempre se viram mimados por diversos tipos de gratificação, a ponto de ser esse costume institucionalizado em algumas legislações – um costume obrigatório por lei deixa de ser um costume ou não? Regra demais cheira mal no tema dos costumes.

Foi assim que a CLT se viu num dilema entre desconsiderar a gorjeta como forma de remuneração em um contrato de trabalho ou a considerar como peça fundamental para o desenvolvimento do contrato de trabalho. A fórmula criativa encontrada pelo art. 457 da CLT, a ser estudada em volume deste Curso, resolveu satisfatoriamente o problema, considerando a gorjeta como uma das formas de remuneração do empregado, mas não eximindo o empregador de arcar com o salário sempre devido deste para o empregado. Ficaram, assim, duas parcelas, como se fossem dois conjuntos menores – pagamentos feitos pelo empregador e pagamentos feitos por terceiros – dentro de um conjunto maior – toda a remuneração auferida pelo empregado, qualquer que seja a fonte.

A partir daí foram sendo estabelecidas as diferenças entre salário ou salários, pagos pelo empregador de maneira habitual, e remuneração, abrangente de salários e de gorjetas. Caso o legislador crie uma vantagem qualquer, como o aviso prévio indenizado ou o adicional noturno, e disponha que a base de cálculo será composta apenas pelos salários, retira-se a gorjeta de seu cômputo. Caso, porém, a vantagem venha a ser instituída contendo remuneração plena em sua base de cálculo – veja o que ocorreu com o décimo terceiro salário, na Lei nº 4.090/1962, as férias, nos arts. 129 e 143 da CLT, e o fundo de garantia, na Lei nº 8.036/1990 –, então teremos de calcular as gorjetas também em sua base de cálculo. Moral da história: a palavra remuneração é altamente benéfica para o empregado, num texto de lei ou de Convenção Coletiva, enquanto o uso da palavra salário deixará a desejar, neste contexto.

Para aqueles empregadores que gostariam de não ter de computar a gorjeta em nenhuma base de cálculo e se sentem prejudicados por ter de incorporar gratificações de clientes na contagem dos direitos trabalhistas, responde o direito do trabalho lembrando que os usos e costumes são de mão dupla: tanto os empregados ficaram exultantes com as gratificações como os empregadores puderam encontrar mão-de-obra que se submetesse a salários menores, pois sabem que poderão contar com as gorjetas. O contrato de trabalho representa, assim, **uma oportunidade de ganho** aos empregados, mais do que um salário fixo propriamente dito – que persistirá, mas em valores menores ou mais modestos. O que o empregador jamais poderá dizer é que nada sabia sobre a gorjeta ou que foi pego de surpresa pela informação de que os garçons de seu restaurante receberam gratificações dos clientes. Esse tipo de surpresa somente faria sentido se e quando argumentado por empregador em setor econômico desprovido desses usos e costumes.

Outro costume que veio antes da lei e exigiu agilidade do legislador: a **Gratificação de Natal**.

Dentro de um país majoritariamente cristão, é natural que as pessoas se agraciem umas às outras nos festejos natalinos, não ficando de fora nem mesmo o empregador, imerso na relação de amor e ódio com seus empregados. Muito antes de 1962, era comum o costume de o empregador gratificar seus empregados com presentes ou com dinheiro às vésperas do dia de Natal, o que foi se espraiando pela economia até desaguar na Lei nº 4.090, que tornou compulsório o costume – ou seja, deixou de ser um costume – e fixou um calendário de antecipação, proporcionalidade em caso de extinção contratual e quitação até o dia 20 de dezembro. Como o costume passou a ser uma lei, aos poucos a expressão Gratificação de Natal foi cedendo espaço para décimo terceiro salário, que é efetivamente seu perfil.

As empresas que haviam se antecipado à lei e estimulado o costume da Gratificação de Natal não poderiam ser punidas com a obrigação de concederem, agora, duas bonificações, aquela dos costumes e aquela da lei reguladora dos costumes. É supreendente que muitas decisões tenham condenado as empresas a esse duplo pagamento, quando se observava claramente que a Lei nº 4.090 era fruto de costumes arraigados na sociedade. A Súmula 145 do Tribunal Superior do Trabalho cuidou de autorizar que as empresas veteranas abatessem os valores costumeiros dos valores legais.

Um assunto ainda mal resolvido pelo legislador, no qual os costumes vieram antes e o legislador ainda não chegou: **os feriados costumeiros**.

A Lei nº 605/1949 afirma que o empregado tem direito ao descanso em dias feriados declarados por lei. Há várias leis definidoras de feriados, especialmente a pioneira, Lei nº 662/1949, com a redação dada pela Lei nº 10.607, de 19 de dezembro de 2002. A Constituição Federal de 1988 é omissa sobre o tema dos feriados, dispondo apenas de referência aos descansos semanais remunerados no art. 7º, XV.

Todavia, o Brasil deve ser campeão mundial de feriados costumeiros, não bastassem os feriados legais de plano nacional, a data magna de plano estadual e os diversos feriados municipais, que a lei federal diz serem no máximo quatro mas que normalmente são ampliados para caberem mais datas comemorativas, homenagens ao padroeiro, festejos juninos e heróis regionais.

Não são feriados legais os dias 24 e 31 de dezembro, a segunda e a terça-feira de Carnaval, a manhã da quarta-feira de Cinzas, que alguém inventou ser meio feriado, os jogos do Brasil na Copa do Mundo, a sexta-feira e a segunda-feira, quando o feriado era na quinta-feira ou na terça-feira, o dia do aniversário do empregado, o dia 1º de novembro, dedicado a todos os santos. É arriscado que o dia de Corpus Christi – data móvel comemorada sempre em quinta-feira, o que já é um perigo, atrelada à data do Domingo de Páscoa – tenha se tornado feriado costumeiro, porque, como ele não consta da legislação federal, é de esperar que tenha sido fixado na legislação municipal, mas isso se todos os mais de seis mil municípios se tenham lembrado de colocar a celebração do Corpo de Cristo na lista dos feriados locais, algo bastante duvidoso.

O direito do trabalho, neste caso, vive o dilema entre banir os feriados costumeiros do calendário ou admitir que eles existam e que devam ser respeitados pelos empregadores em homenagem aos usos e costumes e a uma espécie de condição mais benéfica conquistada pelos empregados. Quando se diz respeitar o feriado quer-se dizer deixar os empregados folgarem ou arcar com pagamento de hora extraordinária a 100%.

A Organização Internacional do Trabalho, sabedora da possibilidade de o direito do trabalho evoluir mais pelos costumes do que pelo legislador, faz expressa referência aos feriados costumeiros em sua Convenção 132. Ao estipular que as férias têm finalidade diferente dos feriados e que não deveriam ser sobrepostos, lembra a Convenção que feriados tanto podem ser aqueles fixados por lei como aqueles oriundos dos costumes do povo. (No caso, porém, advirta-se que a regra tem pequena chance de aplicação no direito do trabalho brasileiro, pois a Convenção estima em três semanas a duração das férias, feriados excluídos, enquanto a CLT assegura trinta dias, o que é mais benéfico ao trabalhador, mesmo com feriados inclusos. Teríamos de encontrar mês com mais de nove feriados reunidos para suplantar a Convenção 132, o que é inexistente e teratológico.)

Além dos costumes contra a lei e dos costumes inspiradores da lei, há, ainda, **os costumes complementares à lei**.

Serve como exemplo o intervalo para refeição e descanso do trabalhador rural.

Na dúvida entre fixar uma duração máxima e mínima ao intervalo para refeição e descanso, como foi feito pelo art. 71 da CLT, a Lei nº 5.889/1973 teve a sensata visão de deixar para os usos e costumes locais a definição da melhor forma de desfrutar a pausa intrajornada.

Com efeito, em algumas atividades camponesas o trabalho é tão desgastante que não está descartada a necessidade de um repouso mais prolongado; noutras, a inclemência do sol joga por terra qualquer tentativa de manutenção dos serviços durante boa parte da tarde, justificando-se um intervalo mais duradouro.

Seria possível, porém, algum empregador tentar provar que os costumes naquela região é o de *não almoçar*?

Antes que alguém se fizesse essa pergunta – tudo pode acontecer no direito do trabalho –, o Decreto nº 73.626, de 12 de fevereiro de 1974, ao regulamentar a Lei nº 5.889/1973 estipulou que a pausa não deve ser inferior a uma hora, independentemente, no caso, dos usos e costumes. A intenção do legislador claramente foi a de tolerar pausa maior do que duas horas, limite máximo na legislação urbana, e não a de privar os rurais da alimentação e do repouso.

O principal ensinamento da Lei nº 5.889/1973, de toda sorte, é a lembrança de que, quando o legislador não alcança tanta peculiaridade da profissão em estudo, é hora de deixar para os usos e costumes o restante do assunto, em caráter complementar, saudável e harmônico.

O quinto tema do art. 8º, ao largo da jurisprudência, da analogia, da eqüidade e dos costumes, é o **direito comparado**.

Justamente o elemento mais complexo é também o menos estudado dessa relação.

Com ajuda do direito comparado dos diversos ordenamentos jurídicos que nos cercam, seria possível encontrar um sem número de soluções para os problemas mais aflitivos do direito do trabalho contemporâneo, tais como a situação ambígua da doméstica diarista, o acionamento do zelador de edifícios fora de sua jornada de trabalho, o uso do telefone celular e dos meios de comunicação eletrônica a interferir na mobilidade e no descanso do empregado, a distinção da dispensa arbitrária e da dispensa sem justa causa, como forma de não se nivelar o empregador em todas as situações, a duração irrazoável do processo, as reintegrações concedidas depois de já escoado o período de estabilidade e assim sucessivamente.

Considerando-se a experiência democrática e legislativa diferente de cada país, é natural que cada qual tenha encontrado um desenvolvimento mais ou menos acelerado do direito do trabalho e tenha alcançado patamares mais ou menos civilizados de regulamentação da matéria.

A autorização do art. 8º da CLT representa um bálsamo para o direito do trabalho, uma espécie de canal permanente de comunicação com os demais ordenamentos preocupados com a disciplina, sem o constrangimento de o julgado parecer uma carta de princípios ou um postulado de sugestão legislativa.

Essa autorização já não se apresenta de forma tão vivaz em outros códigos e normas brasileiras, possivelmente porque o direito do trabalho guarda uma base universal em sua formação e em seu desenvolvimento, mantendo premissas comuns a todos os povos, independentemente das origens e dos valores comungados pela população. Insere-se a experiência do direito do trabalho dentro de um contexto mais amplo dos direitos fundamentais do ser humano. Embora sejam compreensíveis algumas distinções pontuais de acordo com a dimensão e a história de cada país, os pilares deste ramo jurídico devem necessariamente guardar relação harmônia, no tocante, dentre outros, ao não aviltamento da condição humana, pagamento de salário compatível com as necessidades vitais básicas, não exploração da mão-de-obra infantil, combate à redução à condição análoga à de escravo, delimitação de jornadas máximas, concessão de repousos periódicos satisfatórios ao organismo humano e o mais.

Justifica-se, assim, a maior ênfase da lei trabalhista no uso do direito comparado como forma de supressão de lacuna do que em outros ramos do direito, mais voltados à realidade brasileira em matéria de contratos, tributos, crimes e contravenções, por exemplo.

Resta, apenas, saber usar o rico acervo disponível, ao que não se mostrou à altura a jurisprudência, aparentemente, passadas mais de sete décadas desde a promulgação da CLT.

De plano, podem ser citados dois óbices razoáveis ao uso do direito comparado como forma de interpretação legislativa: o próprio desconhecimento jurídico do que se passa em outros países e o difícil critério de seleção sobre quantos e quais países deveriam ser preferencialmente pesquisados para se postular a solução mais equilibrada sobre determinado assunto.

Não se resolvem esses óbices da noite para o dia.

Intercâmbios de operadores do direito e eventos de nível internacional devem ser fomentados no busca de resultados ainda incipientes sobre a matéria. A literatura jurídica necessita de incremento ainda maior.

Quanto aos critérios de seleção, embora não haja resposta para a indagação, é evidente que os países de orientação romana têm prioridade sobre os países de cultura anglo-saxã e os países de direito do trabalho legislado devem ser prestigiados em relação aos países de direito do trabalho negociado. Dentre os países restantes, aqueles de condições socioeconômicas mais parecidas com o estágio de desenvolvimento mediano do Brasil, devem servir de espelho mais fiel do que aqueles que já atingiram índices de desenvolvimento humano no topo da lista das organizações mundiais – ou, ao revés, aqueles que ainda não resolveram os problemas mais rudimentares de vida em sociedade, valores democráticos e estabilidade política.

A propósito da referência às organizações mundiais, há uma fórmula, não prefeita mas muito eficaz, de resolver o impasse do uso do direito comparado, de uma vez por todas, sem temor de aparência de ingenuidade ou de irresponsabilidade: o uso, pelo operador do direito do trabalho, das Recomendações e Convenções da Organização Internacional do Trabalho, inclusive da chamada jurisprudência dos peritos, quando cabíveis à hipótese.

Se a Convenção foi ratificada pelo Brasil, não há falar em direito comparado, pois estaremos diante de um dispositivo internalizado através de um complexo ato legislativo que deságua num decreto presidencial.

Para que se possa falar realmente em direito comparado, teríamos de imaginar a hipótese de um tema não regulamentado pelo direito brasileiro e já discutido na esfera internacional, com a edição de algum documento por parte da Organização Internacional do Trabalho, preferencialmente uma Convenção, mas secundariamente uma Recomendação ou uma decisão notória da célebre comissão de peritos.

A se adotar essa premissa, teremos a eliminação dos dois óbices simultaneamente – a Organização Internacional do Trabalho tem acervo conhecido e acessível, por revistas especializadas ou pelos meios eletrônicos, normalmente em linguagem inteligível, e, ademais, oferece soluções bastante genéricas para não ferir a suscetibilidade de nenhuma nação ou colidir com alguma orientação do ordenamento jurídico em que se encontre o órgão julgador.

Já temos a autorização, via art. 8º, e os meios disponíveis. Falta saber usar.

O sexto e último grande bloco de técnicas de interpretação proposto pelo art. 8º são os **princípios gerais do direito e os princípios específicos do direito do trabalho**, cuja envergadura justifica a separação de um capítulo exclusivo neste Curso.

Capítulo 15

Princípios do direito do trabalho

Passada a menção feita a jurisprudência, analogia, eqüidade, costumes e direito comparado, chegamos ao **vasto território dos princípios**.

O significado dos princípios para as ciências jurídicas, por si só, oferece ensejo para ricas teses de doutorado, dado o manancial inesgotável de suas peculiaridades, relevância e dinamismo em todas as etapas da formação e do desenvolvimento do direito. Para os fins deste Curso, enfocaremos os princípios do direito do trabalho do ponto de vista dos mecanismos de interpretação da norma posta, salientando como os princípios têm representado ajuda segura e constante para as diversas situações de redação ambígua ou conflitante dos milhares de dispositivos legais.

Antes, porém, é oportuno lembrar que os princípios atuam simultaneamente nos diversos estágios da norma jurídica e não somente na interpretação do dispositivo lacunoso, como pode parecer àqueles que se concentram apenas na aplicação concreta do direito. Desde a fase embrionária de um texto legal, os princípios já concorrem para a inspiração do legislador, em sua faceta informadora do direito, procurando orientar aqueles que se dedicam à tarefa de elaboração dos marcos regulatórios para o bom atingimento de uma regra equilibrada e harmônica.

Há, também, a faceta interpretativa dos princípios, para as oportunidades em que a lei deixa a desejar soluções adequadas e ágeis, sem prejuízo, ainda, da faceta integradora dos princípios, para fins de supressão de lacuna completa, ou seja, situações haverá em que o legislador ainda não conseguiu alcançar, mas que, por necessidade imperiosa de solução do conflito, o julgador poderá valer-se dos princípios como forma aliás bastante razoável e desejada de equilíbrio dos fatos.

Dispõe o art. 8º da CLT sobre essas duas últimas funções dos princípios, ou seja, sua atividade de interpretação de uma norma inacabada e sua atividade de integração de um conjunto de normas insuficiente para o tratamento da questão – algo que poderíamos chamar de lacuna parcial e de lacuna completa sobre determinado tema do direito do trabalho.

Embora seja correto dizer que os princípios permeiam todos os ramos do direito e desempenham semelhante papel, de alta relevância, em todos os segmentos, não é exagero dizer que no direito do trabalho esse papel é ainda mais potencializado. A propósito, tampouco é exagero afirmar que o direito do trabalho deve grande parte de sua emancipação, em face do direito civil, ao conjunto de princípios que se conseguiu visualizar, como identificadores de um ramo novíssimo, que surgia das lutas sindicais e dos conflitos da revolução industrial, mostrando-se o direito civil já incapaz de fazer frente a todas as suas demandas e necessidades.

Foi assim que, aos poucos, pode ser observado o alinhamento de um grupo de características próprias a este ramo do direito, ainda que não haja consenso sobre uma lista definitiva ou taxativa de quantos e quais seriam esses nortes mais expressivos da área trabalhista.

Uma última observação acerca dos princípios, antes de adentrarmos no mundo do direito do trabalho: a CLT faz referência tanto aos princípios gerais do direito, também chamado de sobreprincípios ou princípios universais, como aos princípios próprios do direito do trabalho. Quanto aos primeiros, nem ao menos havia necessidade de referência, pois já seriam aplicáveis ao processo do trabalho mesmo que omissa a norma. Afinal, antes de ser direito do trabalho, o segmento já era "direito", isto é, o direito do trabalho se insere em postulados gerais e conexos às ciências jurídicas, razão pela qual a grande maioria dos postulados jurídicos haverá de ser aplicada também no segmento trabalhista – o que em nada colide com a noção de que, além desse acervo conceitual do direito civil e congêneres, disporá o direito do trabalho de repertório próprio.

Assim sendo, os princípios do direito do trabalho assumem natureza complementar e não concorrente com os **princípios gerais do direito**; representam uma auto-afirmação do ramo trabalhista e não uma alienação dos demais ramos jurídicos.

A título meramente exemplificativo, são normalmente aplicadas nas relações de trabalho, como na quase totalidade das relações jurídicas, as seguintes máximas:

- igualdade de todos perante a lei, combatendo-se a discriminação;
- presunção da inocência e presunção da boa-fé na conduta das partes;
- estrita legalidade, ninguém sendo obrigado a fazer alguma coisa senão em virtude de lei;
- garantia do contraditório e da ampla defesa;
- função social da propriedade e do contrato;
- presunção de conhecimento universal da lei;
- prevalência da intenção sobre o sentido literal da linguagem, nas declarações de vontade;
- vedação ao enriquecimento sem causa e ao enriquecimento ilícito;
- força obrigatória dos contratos (*pacta sunt servanda*);
- essencialidade e intangibilidade da dignidade da pessoa humana;
- moralidade administrativa.

Logo, ao passar para a análise individual de cada um dos princípios caros ao direito do trabalho, nem de longe se imagina que os princípios gerais do direito devam ser mitigados para as relações laborais. Andou bem o art. 8º da CLT, por conseguinte, ao estipular a simultaneidade de aplicação de ambas as variações dos princípios para fins de interpretação ou de integração da norma.

Para a catalogação dos princípios trabalhistas, recomenda-se o poder de síntese. De nada adiantam os esforços para longas listas de princípios, com dezenas de citações, se diversos deles podem ser fundidos numa só expressão e, ainda, se alguns desses supostos princípios nada mais são do que algumas regras da CLT ou algumas vedações legais. Princípios, neste sentido da função interpretativa, devem representar efetivamente um feixe de características próprias do direito do trabalho e que, por sua própria enunciação, já revelam um rumo a ser seguido pelo legislador, pelo juiz e pelas partes envolvidas na relação trabalhista, sem necessidade de maior pesquisa legislativa ou similar.

Por isso, a clássica divisão dos princípios em seis diferentes categorias – proteção, primazia da realidade, irrenunciabilidade, continuidade da relação de emprego, razoabilidade e boa-fé – ainda é aquela que melhor atende a esses anseios, sem falar excessivamente muito, a ponto de banalizar os princípios, nem excessivamente pouco, a ponto de omitir algum sentido relevante do direito do trabalho. Enfrentemos seu conteúdo.

Não deve haver hierarquia de princípios nem se estabelecer um concurso do mais importante postulado, mas não resta dúvida de que o **princípio protetor** é, pelo menos, uma dos mais citados no cotidiano trabalhista.

É a subordinação do empregado perante o empregador que embasa a existência do princípio protetor. Conforme este Curso sustentou no capítulo dedicado à subordinação, a propósito do conceito de empregado, o contrato de trabalho é aquele em que esse desnível atinge seu grau mais acentuado, dentre as modalidades lícitas de negócio jurídico. Assim, é verdade que algumas formas de sujeição existem entre o locatário e o locador, entre o mandatário e o mandante e, ainda, entre o arrendatário e o arrendante, mas nada que se compare ao enorme feixe de direitos e deveres que se instala automaticamente entre empregado e empregador, muitos dos quais ficam subentendidos e outros são acrescidos ao longo da prestação de serviços – horários, procedimentos, uniformes, métodos, organização, cláusulas de não-concorrência, preservação de segredos, pontualidade, assiduidade e o mais.

Ora, numa relação jurídica tão assimétrica, em que uma parte sabidamente estará em desvantagem para negociar, exigir e cobrar, é natural que a ciência jurídica reflita sobre formas de reequilíbrio, na medida do possível, no plano material e no plano processual. Diferente não foi a constatação, por exemplo, do Código de Defesa do Consumidor. Guardadas as devidas proporções e sabendo-se que o consumerismo lida com situações ainda mais fluidas e dispersas, ali também viceja um princípio protetor, revelado pelas premissas da aptidão maior para a prova por parte do fornecedor do que do consumidor, conjunto de presunções relativas favoráveis ao consumidor e assim sucessivamente.

Assim foi que se desenvolveu, desde os primórdios do direito do trabalho, o sentimento de que a parte subordinada não deve receber o mesmo nível de exigências e de incumbências que a parte subordinante.

Para facilitar a compreensão do princípio protetor, costuma-se trifurcar o estudo do princípio protetor da seguinte forma:

- **numa primeira acepção**, representa o princípio protetor a atuação sobre as normas disponíveis, para que, havendo duas ou mais soluções possíveis, seja priorizada aquela que melhor atenda aos anseios do direito do trabalho do ponto de vista da decência do trabalho, da dignidade do trabalhador e do avanço da legislação social, o que pode ser resumido pela expressão norma mais favorável.
- Considerando que uma simples Convenção Coletiva pode evidentemente ser aplicada no lugar de um dispositivo da Constituição Federal – por exemplo, no tocante ao adicional da hora extraordinária –, há quem afirme não existir hierarquia das normas no direito do trabalho ou que a hierarquia é invertida, pois habitualmente normas de menor calibre se sobrepõem àquelas de patamares mais elevados. Mostra-se mais adequado, porém, encarar o fenômeno como sendo uma sobreposição de normas tendo por base a expressa autorização da norma de hierarquia

superior para ser suplantada pelo norma de hierarquia inferior. A norma de hierarquia superior deixa uma aparente lacuna a ser colmatada ou preenchida pela norma de hierarquia inferior. No caso da hora extraordinária, notar que a Constituição Federal de 1988 não fala em adicional necessariamente de 50%, mas adicional de, pelo menos, 50%. Expressões do tipo "pelo menos", "no mínimo" e "não inferior a" são senhas seguras para a penetração das normas de hierarquia inferior. Uma hierarquia dinâmica é expressão mais apropriada do que ausência de hierarquia.

- **Numa segunda acepção**, o princípio protetor nos lembra que nem tudo são normas quando o assunto é o cotidiano das relações de trabalho. Muitas vezes para o trabalhador é mais importante uma conquista localizada, como uma boa qualidade de comunicação com o empregador, uma boa distribuição dos serviços ou simplesmente um costume instituído pelo empregador, e não exatamente uma nova lei ou um novo decreto. Então, para que o princípio protetor possa assumir uma dimensão plena para sua realização no direito do trabalho, devemos entendê-lo não somente do ponto de vista da hierarquia dinâmica das leis postas, como também do ponto de vista da prioridade que uma situação vantajosa deve ter sobre uma situação desvantajosa. Daí a expressão conhecida por "condição mais benéfica" a que o trabalhador acessou, por força das lutas sindicais, por força de seus méritos próprios ou por força de concessão espontânea do empregador para assegurar melhores condições de trabalho naquele contexto. Se bem entendida, a condição mais benéfica tem idêntico sentido de norma mais favorável, muito embora uma esteja falando mais com o cotidiano das relações e a outra, com as leis que regem a relação.
- **Numa terceira acepção**, o princípio protetor age também dentro da interpretação de uma única norma ou cláusula normativa. Enquanto nas duas acepções anteriores o princípio protetor serviu para prestigiar um cenário comparado a outro cenário externo que supostamente traria desvantagens ao empregado, nessa terceira acepção o cenário é um só, seja um artigo de lei, seja uma cláusula de norma coletiva. A questão é que esse único dispositivo legal pode evidentemente comportar duas interpretações diferentes, como já ocorreu tantas vezes com temas tão variados como o adicional noturno, o intervalo para refeição e descanso ou a natureza jurídica da ajuda de custo, sem falar numa infinidade de cláusulas de Convenção Coletiva que instigam diariamente o direito do trabalho. Havendo dupla possibilidade de interpretação de um único dispositivo,

ambas válidas e em consonância com as regras da hermenêutica, deve-se privilegiar aquela que mais aprimora o desenvolvimento do direito do trabalho. Fundamento: princípio protetor. Premissa: subordinação do trabalhador em face do empregador. Nome popular dessa terceira acepção: na dúvida, a favor do empregado.

- Esse nome popular é perigoso, porque pode levar algum leigo a acreditar que a dúvida sempre militará a favor do empregado, inclusive quando da prova mal feita no processo do trabalho ou quando da documentação incompleta, por exemplo, o que está muito longe de ser verdade. A confusão é tão grande em torno do brocardo *in dubio pro misero* ou *in dubio pro operario* que se recomenda não o utilizar sem maior explicação. Preferível dizer que se trata de um sentido do princípio protetor consubstanciado na adoção do significado mais favorável ao empregado em caso de ambigüidade legislativa.

Questão desafiadora para o direito do trabalho é saber se a vantagem, uma vez conquistada, jamais poderá ser retirada pelo empregador.

Normalmente, sendo a vantagem individual e concedida dentro de um contrato de trabalho, não se admite a alteração maléfica para o trabalhador. Na verdade, mesmo a alteração benéfica será invalidada se com ela o trabalhador não concordou expressamente, na forma do art. 468 da CLT, embora também sobre esse artigo paire acirrada controvérsia. A questão principal é saber o que significa uma alteração maléfica ao empregado.

Habitualmente se associa a questão financeira à alteração benéfica ou maléfica. Qualquer redução de ganhos costuma ser vista como acintosa ao empregado, mas, na verdade, é consensual que algumas alterações redutoras de ganhos do trabalhador são efetivamente benéficas, do ponto de vista da saúde ou da segurança do trabalho, como a troca da atividade noturna pela diurna – retirada do adicional noturno, mas volta à normalidade de vida – ou a eliminação do ambiente insalubre e perigoso – cancelamento dos adicionais de insalubridade ou de periculosidade, mas com alívio para a saúde e para a integridade física do operário. A situação anda tão desvirtuada e a massa salarial via de regra é tão baixa que muitos trabalhadores prefeririam trabalhar de noite e em ambiente insalubre a terem de se submeter a uma jornada diurna em ambiente adequado aos padrões internacionais, tudo para auferir algumas parcas gratificações.

Nestes e em outros exemplos em que se puder identificar vantagem, ainda que indireta, à saúde ou à segurança do trabalho, a alteração é dita benéfica, independentemente dos prejuízos financeiros mais imediatos.

Afora essa brecha para alteração benéfica sob aparência de maléfica, a outra hipótese provém da negociação coletiva, mas, aqui, a discussão é bem mais intensa.

Em primeiro lugar, a própria Constituição Federal de 1988 sinaliza com alterações muito maléficas via negociação coletiva, quando admite a redução salarial, a compensação de jornada e a expansão da jornada de seis horas para até oito horas para os operários submetidos a turnos ininterruptos de revezamento, conforme incisos VI, XIII e XIV do art. 7º. Das três previsões, a redução salarial é seguramente a mais aflitiva, mas a jornada de oito horas para os turnos oscilantes não deixa de chamar atenção.

O turno de revezamento se caracteriza por privar o empregado de uma jornada regular, com começo todos os dias no mesmo horário, única forma que ele teria de manter um mínimo de convívio social e familiar, freqüentar estudos e manter-se atualizado. No revezamento ininterrupto ele começa a jornada cada dia num horário, alternando dia e noite com freqüência. O caso mais comum é aquele que entra às 06h00 na segunda-feira, 14h00 na terça, 22h00 na quarta, folga na quinta, entra às 06h00 na sexta, 14h00 no sábado, 22h00 no domingo, folga na segunda e assim por diante – ou seja, um suplício.

Entre proibir essa oscilação excessiva para o empregado e manter a existência do turno ininterrupto, o Constituinte optou pela segunda via, mas afirmando que a jornada deveria ser de seis horas – das 06h00 às 12h00 no primeiro exemplo, e não das 06h00 às 14h00. No lugar de três turnos diários, formaram-se quatro, mas, convenhamos, a dificuldade quase não muda.

O pior é que, ao final do inciso XIV, o art. 7º autoriza que a negociação coletiva recoloque as coisas no estado anterior ao da Constituição Federal de 1988, forçando os empregados ao cumprimento da jornada de oito horas, sem compensação ou bonificação alguma. A frase é tão impactante e levanta tantas dúvidas – por que o legislador criaria uma vantagem e a entregaria para a norma coletiva abolir? Qual a finalidade da norma? Qual o bem a ser tutelado? – que muitos autores propõem uma tese intermediária, segundo a qual a norma coletiva pode promover as alterações maléficas na redução salarial e na expansão gratuita de jornada, mas desde que traga outros benefícios aos empregados, como cesta básica, vale refeição, estabilidade, plano de saúde e o mais.

A tese é envolvente, mas dela discorda a jurisprudência majoritária do Tribunal Superior do Trabalho, para quem o art. 7º é sintético e eloqüente ao contemplar as alterações prejudiciais ao trabalhador sem exigir nenhuma contrapartida. Assim o entendimento da Súmula 423.

Por fim, deixando de lado as alterações maléficas no plano individual do contrato de trabalho e afastando esses três incisos da Constituição Federal de 1988, resta saber se uma norma coletiva futura pode retirar direitos e vantagens conquistados na norma coletiva anterior. Se sim, estaremos diante de uma interpretação menos restritiva do princípio protetor. Se não, o princípio protetor atinge seu grau máximo de petrificação das cláusulas mais favoráveis, como visto na primeira acepção.

Começando a resposta pelo Tribunal Superior do Trabalho, entende a corte majoritariamente que a norma coletiva é livre para repacturar as cláusulas quando da próxima rodada de negociações. O fundamento de validade de cada norma coletiva é sua vigência. Expirada a vigência, expiram as condições daquela negociação e todas suas cláusulas são retiradas do ordenamento jurídico e, claro, do contrato de trabalho de cada empregado. Assim a Súmula 277, normalmente aplicada tanto para a sentença normativa como para a Convenção Coletiva e o Acordo Coletivo.

Rebatem os críticos argumentando que o desenvolvimento do direito do trabalho depende da constante evolução das normas e condições de trabalho, sendo anacrônico que se admita a retirada de cláusulas já arraigadas na categoria em geral e num contrato de trabalho em particular. Reforça essa crítica o fato de que o art. 114, § 3º, da Constituição Federal de 1988, com a redação dada pela Emenda nº 45/2004, assevera ser necessário que o poder normativo respeite as disposições anteriormente convencionadas – o que poderia ser interpretado também da forma recíproca, ou seja, que a Convenção Coletiva respeite a decisão normativa anterior e, ainda, que uma norma sempre respeite o patamar já atingido pela antecessora.

Esses e outros temas em torno da negociação coletiva devem ser tratados no estudo da Convenção Coletiva, que este Curso fará em sintonia com os comentários aos arts. 611 e seguintes da CLT, mas por ora é satifatório que se retenham as três acepções do princípio protetor, que o conceito da alteração benéfica e maléfica é, de fato, polissêmico e que a própria legislação contém mais brechas para alterações supostamente prejudiciais do que se poderia supor.

Antes de encerrar o tratamento dado ao princípio protetor, cabe observar que sua dimensão é tão expressiva que por vezes se confunde com uma espécie de resumo de todos os outros abaixo apreciados, porque é medida protetiva considerar irrenunciáveis os direitos trabalhistas; é protetiva a idéia de que os contratos de trabalho foram feitos para durar, o que se configura na continuidade da relação de emprego; e é mecanismo de proteção deixar a realidade se sobrepor aos documentos. Em outras palavras, os princípios da irrenunciabilidade, da continuidade da relação de emprego e da primazia da realidade seriam formas diversas de aplicação do mesmo e único princípio protetor do direito do trabalho.

A observação é pertinente para referendar a importância maiúscula da proteção destinada a um reequilíbrio de partes marcadas pela subordinação, mas não mitiga nem neutraliza a importância dos três demais princípios, pois eles guardam força própria, como abaixo se analisa.

E, ainda, o princípio protetor abrange em seu bojo várias formas de salvaguardas ao trabalhador, quanto a seu salário, sua lotação e seu estágio de desenvolvimento profissional, sendo, por conseguinte, desnecessário falar em princípio da intangibilidade salarial, princípio da instransferibilidade do empregador e princípio da inalterabilidade, se todas essas vicissitudes já foram alcançadas pela palavra proteção. O estudo dos arts. 462, 468 e 469 da CLT será o momento oportuno para o aprofundamento dessas três questões.

O princípio da irrenunciabilidade auxilia muitíssimo na interpretação das normas e condições de trabalho, mas deve ser mantido à distância da indisponibilidade que campeia no direito civil.

Vejamos como funciona a dinâmica da irrenunciabilidade.

Mal comparando, é como se a indisponibilidade fosse um grande gênero, de que a irrenunciabilidade seria uma das espécies.

Isso se deve ao fato de que a indisponibilidade, tão estudada pelo direito civil, torna o direito inatingível por qualquer forma ou procedimento, não se sensibilizando nem mesmo com a transação judicial ou com a prescrição da pretensão deduzida em Juízo. Ao revés, a irrenunciabilidade foi desenvolvida pelo direito do trabalho como forma de afastar definitivamente os créditos da relação de emprego dos créditos de um contrato civil qualquer, em que as partes podem negociar e renegociar livremente.

Aqui, ao revés, toda e qualquer negociação na fábrica, no escritório ou no departamento pessoal estará desde seu início marcada pela ineficácia. Nula a negociação não será, pois sempre acaba produzindo algum efeito acidental, como pagamentos que devem ser deduzidos para evitar o enriquecimento sem causa ou a ruptura do contrato de trabalho, que dificilmente tem retorno. Porém, isso não significa que a negociação terá a eficácia liberatória geral tão acalentada pelos empregadores e muito menos o afastamento da apreciação do Poder Judiciário.

É assim que a irrenunciabilidade age como um meio-termo entre a autonomia plena dos particulares, de que cuida o Código Civil, e a indisponibilidade, gravada no coração de alguns direitos, como aqueles devotados à proteção da personalidade, que nada pode alcançar. A irrenunciabilidade afasta a liberdade ampla na vigência do contrato de trabalho ou mesmo depois de sua extinção, sem ainda se falar da relação empregado-empregador. Porém, admite que em Juízo as partes deduzam cláusula de acordo ou que o empregador invoque a perda de prazo para a pretensão do empregado, conforme o ensinamento da prescrição, a ser analisada no art. 11, infra.

Fundamenta-se essa distinção na presunção – relativa, fictícia, criticável, mas, ainda assim, presunção – de que, perante o juiz, o empregado encontra o reequilíbrio que o direito do trabalho procurava quando confrontado pelo empregador, independentemente de estar ou não assistido por advogado nos autos.

Por isso o princípio da irrenunciabilidade do direito do trabalho não se confunde com o protetor nem pode ser considerado simples acepção. No princípio protetor, a atuação permeia todo o contrato de trabalho e segue mesmo durante o curso de uma relação processual, influenciando a prolação da sentença quando se fizer necessária a interpretação de uma norma dúbia ou a supressão de uma lacuna, ao passo que o princípio da irrenunciabilidade costuma se esgotar no curso da relação de emprego. Por ficção, entende-se que a renúncia pode se verificar em Juízo, dados os esclarecimentos que o trabalhador receberá e o melhor ambiente de que disporá para tratar de assuntos de seu interesse. Por renúncia aqui não se entenda o abandono puro e simples, deliberadamente adotado pela parte, mas a concessão recíproca na forma de acordo e, ainda, o deixar escoar o prazo rumo à perda da exigibilidade ou perda da coerção do direito, que estão no cerne do tema da prescrição da pretensão.

Acordos firmados entre empregados e empregadores sempre foram censurados pelo princípio da irrenunciabilidade, sendo mesmo raro que algum empregador ainda hoje acredite na eficácia de uma cláusula contratual a esmo que disponha que o empregado lhe outorga "ampla, rasa e geral quitação para nada mais reclamar".

A controvérsia da década de 1990 e dos anos 2000 reside na possibilidade de o trabalhador apresentar renúncia, expressa ou tácita, em alguns instrumentos de negociação que não o acordo individual, como o plano de demissão voluntária, a Comissão de Conciliação Prévia, a arbitragem privada ou a homologação das verbas rescisórias com chancela sindical.

Até o presente momento, a resposta majoritária da doutrina e da jurisprudência do Tribunal Superior do Trabalho foi não, não e não.

Provavelmente, o temor dos pensadores do direito do trabalho é a abertura de uma brecha larga demais para passar a CLT inteira, prevalecendo a cautela quando o assunto é renúncia.

No caso do **plano de demissão voluntária** – PDV – ou de demissão incentivada – PDI –, as empresas tinham todo o direito de oferecer benefícios assistenciais e salariais além das exigências legais, como forma de não precisar escolher os que sofreriam os cortes de postos de trabalho, mantendo uma imagem de respeito na coletividade e, ainda, deixando abertas as portas para o futuro. Porém, inserir neste contexto uma cláusula de afastamento do Judiciário foi um passo largo demais. Com uma ou outra variação em seu teor, em todos os casos o entendimento foi parecido, afirmando-se que o princípio da irrenunciabilidade não se sensibiliza com cláusulas firmadas em planos de rescisão.

No caso da **Comissão de Conciliação Prévia** a controvérsia foi e é ainda mais complexa, porque, no particular, a transação extrajudicial com eficácia liberatória geral conta com previsão em lei – a Lei nº 9.958/2000, que inseriu um longo e tumultuado art. 625 no corpo da CLT. Talvez pela fúria com que as Comissões foram instaladas e gerenciadas, pela voracidade de se homologar verba rescisória numa mesa destinada à negociação de assuntos controvertidos e, ainda, pelas taxas criativamente abusadas que muitas delas cobravam de empregados e de empregadores, caíram em rápido descrédito. Foram do frescor para a decrepitude sem passar pelo apogeu. Hoje a situação parece irremediável, tanto que algumas das maiores foram fechadas para se evitarem maiores transtornos inclusive à imagem das entidades que as patrocinavam. Por força dessas circunstâncias, foram surgindo decisões reiteradas que dispensam os empregados da submissão prévia de sua demanda às Comissões ou que, se submissão houve, negam a eficácia liberatória.

A **arbitragem** é saudade como técnica de solução alternativa de conflitos, mediante concessões recíprocas de agentes capazes, com diversas vantagens, como a possibilidade de ser resguardado o sigilo, a autorização para uso da eqüidade em deterimento do direito e provável celeridade, tudo um tanto quanto desaparecido do processo judicial. No entanto, como se pode seriamente acreditar que a assinatura da cláusula compromissória ou do compromisso arbitral possa ser feita de forma consciente e livre por uma parte marcada pela subordinação em relação à outra parte?

A cláusula compromissória é aquela em que as partes, de antemão, convencionam que pretendem se louvar de árbitros para a resolução de conflitos, se e quando aflorarem. Logo, deve ser assinada junto com a entabulação do contrato, o que se mostra ainda mais assustador no caso da relação de emprego, pois obviamente que o empregado assinaria esta e outras cláusulas ainda piores para poder assegurar a vaga almejada. O compromisso arbitral tem semelhante função, mas somente é assinado quando o conflito irrompe, assunto que, no direito do trabalho, tem sido relacionado com a extinção do contrato de trabalho. Mesmo assim, a subordinação do empregado segue intacta ou quase intacta e a assinatura desse compromisso revela evidente obstáculo de aferição da vontade e da liberdade do trabalhador. Por esses motivos, nem se faz necessário discutir se o direito do trabalho envolve matéria indisponível – afirmação temerária – ou irrenunciável – afirmação mais condizente com o estágio atual da evolução do ramo jurídico – porque, em qualquer hipótese, a subordinação foi o bastante para macular a manifestação da vontade.

Finalmente, na **homologação das verbas rescisórias em entidade sindical**, nota-se esforço contínuo do Tribunal Superior do Trabalho para exigir maior moralidade nessa chancela, inclusive com a eficácia liberatória a propósito das parcelas constantes do termo de rescisão. Porém, a homologação da rescisão parece padecer do mesmo mal do gigantismo e do oportunismo vivenciado pelas Comissões de Conciliação: se a homologação for feita de cinco em cinco minutos e o trabalhador não dispuser de efetivo aconselhamento imparcial, será impossível atingir a finalidade da norma, especialmente do art. 477 da CLT, que imaginava seguramente um cenário mais tranqüilo e estável para o empregado conferir suas "contas". Aliás, até hoje se fala em "pedir as contas" para significar pedido de demissão, mal sabendo o empregado como as "contas" podem ser confusas. Considerando-se que setenta anos não bastaram para organizações sindicais bem estruturadas pelo país inteiro, dotadas de departamentos jurídicos prestativos, ainda se hesita muito quando o tema é a eficácia liberatória do art. 477, sob o fundamento de que sua outorga equivaleria a uma forma de renúncia de créditos trabalhistas. A existência de sindicatos fortes e combativos, capazes de recusar a homologação de uma rescisão mal feita, é apenas a exceção que confirma regra, pois eles são poucos e em poucas cidades. Nem mesmo a Súmula 330 conseguiu impedir o fracasso da homologação das verbas rescisórias.

Passa-se, assim, ao estudo do terceiro princípio informador do direito do trabalho.

O terceiro princípio, denominado **primazia da realidade**, confunde-se com a própria razão de ser do direito do trabalho e se mostra incorporado em algumas expressões criativas, como contrato-realidade.

Novamente a subordinação exerce papel incisivo na formatação do princípio da primazia da realidade, porque, se fosse o direito do trabalho depender de documentos e solenidades, decerto o conteúdo ficaria em segundo plano.

Bastariam alguns dizeres em contrato de trabalho escrito, muito fácil de ser exigida a assinatura do empregado, pois subordinado, para que a cláusula se afastasse da essência. Graças ao princípio da primazia da realidade, no direito do trabalho se preconiza que a forma – documentos, anotações, murais, nomenclaturas – nunca poderá se sobrepor ao conteúdo – cotidiano, expectativas, costumes, condições mais favoráveis etc.

É verdade que também no direito civil alguns contratos permitem demonstração de desvirtuamento ou fraude, de modo a afastar a disposição textual da avença, adotando-se a interpretação mais consentânea com a realidade dos fatos. Também é verdade que a prevalência da intenção das partes sobre o sentido literal das frases corresponde a uma máxima de interpretação dos contratos em que haja declaração de vontade. Porém, esses elementos não chegam ao patamar de um princípio rígido capaz de nortear toda a disciplina jurídica, como ocorre no direito do trabaho com relação à primazia da realidade. Outrossim, em diversos segmentos do direito civil ou em alguns temas dentro dos segmentos, é comum se observar o legislador a priorizar a forma ou a solenidade em detrimento da realidade cotidiana – possivelmente por um critério de política legislativa ou para emprestar maior rigidez ao ato, em busca da segurança das relações jurídicas – como ocorre notoriamente com o direito imobiliário, em que a escritura pública tem peso muito maior do que a prova de uso e gozo de determinado bem imóvel.

Afora essa comparação feita entre os ramos do direito, deve ser destacado que a primazia da realidade encontra várias aplicações práticas no direito do trabalho, de forma tão intensa que não raro se esquece ser esse princípio o fundamento do consenso trabalhista:

- pela primazia da realidade se admite o **contrato de trabalho tácito**, prescindindo-se simultaneamente da forma escrita e também da forma verbal de celebração de contrato, algo bem distinto das relações civis, mas bastante coerente com a excessiva preocupação de que o fato se sobreponha a qualquer solenidade;
- autorizam-se o juiz do trabalho e as autoridades de fiscalização do trabalho a efetuarem uma **declaração da relação de emprego**, mesmo que as partes não queiram ou não saibam que o contrato entre elas celebrado tinha essa acepção mas perdeu a eficácia por haver sobreposição do contrato de trabalho sobre os diversos contratos civis e comerciais congêneres, como a famosa representação comercial autônoma, o contrato de parceria, o contrato de sociedade, o mandato e diversas outras figuras análogas adrede estudadas;

- afora esses dois exemplos concernentes à formação do vínculo de emprego, também a primazia da realidade interfere no dia-a-dia dos contratos, emprestando presunção meramente relativa aos **holerites e aos cartões de ponto**, o que significa direito de produção de provas em sentido contrário, sob qualquer fundamento, para se demonstrar, digamos, precepção de salário "por fora" dos holerites ou prestação de hora extraordinária além daquelas registradas;
- **enquadramento sindical** também seguirá a primazia da realidade e não os reclames do empregador, a ficha de registro do empregado ou o comprovante de recolhimentos sindicais; a atividade econômica do empregador pode ter se alterado com o passar do tempo, sem correspondente alteração dos documentos, donde a prevalência do que efetivamente se pratica no contrato de trabalho e não daquilo que apenas se diz praticar;
- na **equiparação salarial**, a função exercida é muito mais importante do que o nome do cargo, de resto desprovido de conteúdo doutrinário e legislativo na quase totalidade dos casos, sendo verdadeira igualmente a recíproca, isto é, casos haverá em que dois empregados detêm o mesmo nome em seus cargos, como "encarregado" ou "gerente", mas desenvolvem conteúdos distintos e não servem um de modelo para o salário do outro;
- por fim, recorde-se que o significado do pagamento feito pelo empregador ao empregado é mais importante do que rubrica ou **nome da parcela no contracheque**; assim, mesmo que o empregador denomine a parcela de indenização, terá natureza salarial se houver habitualidade, conforme se extrai do complexo art. 457 da CLT; mesmo que se diga que a parcela é mensal, haverá reflexos em descansos semanais remunerados se o cálculo for feito com base na hora e assim sucessivamente; isso ocorre particularmente com os prêmios e as comissões.

Chega-se ao quarto princípio.

Enquanto os três primeiros se ligam precipuamente à formação e ao desenvolvimento do contrato de trabalho, o quarto princípio é destinado às reflexões sobre a cessação do contrato de trabalho.

Trata-se do **princípio da continuidade da relação de emprego.**

Por esse postulado, afere-se que o contrato de trabalho, necessariamente de trato sucessivo, em que os eventos transcorrem sem necessidade de repactuação a cada dia – volto a trabalhar no mesmo horário combinado, sem precisar ser exortado pelo empregador, e ao mesmo tempo volto a receber o salário sob as condições ajustadas, sem necessidade de perguntar ao empregador – e, ainda, feito preferencialmente para durar, porque o empregado dali retira sua subsistência e o empregador retira dali a organização dos meios produtivos e as engrenagens postas para funcionar.

Ainda que se argumente que nem todos os empregados canalizam os salários para sua sobrevivência e nem todos os empregadores mantêm atividade produtiva, confirma-se a regra de que os contratos de trabalho atingem melhor qualidade e melhor finalidade quando feitos para duração indeterminada, possibilitando que as partes se conheçam e aprimorem sua ligação. O empregado poderá firmar-se na carreira, mostrando suas habilidades e destreza; o empregador pode qualificar e requalificar os operários, aproveitando a mão-de-obra conhecida para este ou para aquele setor.

Se o contrato de trabalho fosse marcado pela fugacidade, pela brevidade e pela incerteza quanto ao dia de amanhã, não haveria aprimoramento nenhum sobre sua qualidade, nem evoluiria o direito do trabalho em busca de maior dignidade ao empregado e retribuição mais justa ao capital. Aliás, nem seria contrato de trabalho se fosse assim tão exíguo e tão indefinido. Talvez uma gestão de negócios ou um contrato civil qualquer, mas nunca um contrato de trabalho.

São conseqüências práticas do princípio da continuidade da relação de emprego:

- excepcionalidade do **contrato de trabalho por prazo determinado**: aquele que assim alegar assume imediatamente o ônus da comprovação, através da prévia estipulação do prazo ou da realização de evento com data certa ou aproximada; a existência de três hipóteses no art. 443 da CLT, mais alguns cenários espalhados pela legislação, como o contrato de trabalho do aprendiz, o contrato de trabalho de pequena duração da Lei do Trabalho Rural e o contrato de trabalho temporário da Lei nº 6.019/1974, servem como exceções – contratos de prazo determinado – que confirmam a regra – prioridade do direito do trabalho em prol do contrato de trabalho por prazo indeterminado, que proporciona ao empregado maiores chances de desenvolvimento profissional e pessoal.
- Técnicas de **conservação do contrato de trabalho por prazo indeterminado**: o legislador criou vedação ao excesso de prorrogações do contrato determinado, quarentena entre um contrato determinado e outro e prazos máximos de duração dos contratos determinados, como noventa dias para a experiência, três meses para o temporário, dois meses para a pequena duração rural, dois anos para a realização de obra certa e, ainda, cinco anos para o atleta profissional de futebol.

- Necessidade de **dação de aviso prévio**: se o contrato de trabalho é concebido para ter prazo indeterminado e se protrair no tempo, aquele que tomar a iniciativa do rompimento – pedido de demissão do empregado ou dispensa sem justa causa do empregador – terá quebrado a expectativa mais razoável em torno do prolongamento do contrato. Note-se que a imperiosidade do aviso prévio independe de expressa manifestação do legislador, porque decorrente da essência do contrato de trabalho e de seu princípio de continuidade. Logo, o aviso prévio era necessário, por exemplo, para o contrato de trabalho doméstico mesmo diante do silêncio da Lei nº 5.859/1972 e mesmo antes da manifestação do art. 7º, XXI, da Constituição Federal de 1988, porque jamais se poderia imaginar que um empregado estivesse autorizado a desaparecer sem nenhuma satisfação ao empregador nem que este pudesse fechar as portas ao prosseguimento do contrato de trabalho sem nenhuma comunicação ao empregado. O fundamento reside muito mais no princípio da continuidade da relação de emprego do que propriamente nos esforços do legislador, nem sempre eficazes.
- **Pagamento de indenização** por parte de quem romper o contrato de trabalho: sendo o contrato de trabalho por prazo indeterminado, aquele que tomar a iniciativa do cancelamento do contrato deve uma comunicação prévia à parte contrária, sob pena de pagar uma indenização equivalente ou aproximada, fixada normalmente pelo legislador. Tendo a iniciativa sido tomada pelo empregador, acresce-se, ainda, o direito a uma indenização pelo exercício desse direito de rescisão contratual, a fim de minorar os prejuízos causados ao empregado e fazer frente ao período de desemprego involuntário. A indenização, que era de um mês por ano de contrato de trabalho, hoje se concentra no regime do fundo de garantia com a importância de 40% sobre o saldo da conta do fundo de garantia. Entende-se que o prejuízo que o empregado causa ao empregador, ao pedir demissão, é absorvível dentro da atividade econômica, que terá supostamente mais facilidade de encontrar novo empregado para o posto do que o empregado terá facilidade de encontrar novo empregador, de tal forma que, salvo no tocante à não concessão de aviso prévio ou no caso do contrato de trabalho por prazo determinado, a legislação não prevê indenização do empregado ao empregador.
- Presunção sempre favorável à **dispensa sem justa causa**: na dúvida, prevalece a presunção de que o contrato de trabalho foi extinto via dispensa sem justa causa, por não ser razoável imaginar que o operário vá romper

deliberadamente a relação de emprego da qual retira seu sustento nem vá cometer falta grave em desprezo por sua ocupação. Essa presunção influencia todo o processo do trabalho, chamando-se atenção, inclusive, para o entendimento da Súmula 212 do Tribunal Superior do Trabalho, que lembra ser também presumível a dispensa sem justa causa em caso de controvérsia sobre a natureza da prestação de serviços – ao declarar uma relação de emprego sobre uma prestação de serviços até então tida por autônoma, o julgado automaticamente acopla a condenação às verbas rescisórias da dispensa sem justa causa, se não houver comprovação em sentido contrário.

- Exigência de comprovação robusta da **justa causa do empregado**: além de a justa causa ser ônus comprobatório do empregador, espera-se dele uma demonstração ainda mais incisiva do que o habitual. Não se trata de uma prova corriqueira, como o trajeto percorrido por uma linha de ônibus, o horário de intervalo para refeição e descanso e outras matérias de fato encontradas diariamente no processo do trabalho, mas a prova de um fato extraordinário representado pela hostilidade inesperada do empregado em desencanto com seu emprego. Observe-se que essa exortação ao incremento da qualidade da prova da justa causa do empregado não vale no sentido inverso, porque a justa causa do empregador – estudada no art. 483 da CLT em torno da chamada rescisão indireta – revela-se medida extrema tomada por um empregado que vai deixar o posto de trabalho e a fonte de renda por força de obstáculos criados pelo empregador. Alguns parâmetros muito exigidos na reflexão sobre a justa causa do empregado, como a imediatidade do empregador e a análise do passado funcional, devem ser relativizados quando o assunto foi a justa causa do empregador, aduza-se.

Isso tudo nos leva ao quinto princípio fundador do direito do trabalho.

O quinto princípio não é exclusivo da área trabalhista, mas é igualmente estudado em separado por adquirir forte impacto neste setor, com coloração própria.

Trata-se do **princípio da razoabilidade** ou da racionalidade.

O princípio da razoabilidade espalha-se de forma tão expressiva por todo o direito do trabalho que chega a auxiliar na compreensão dos demais princípios, como o protetor – para se saber se a proteção foi excessiva a ponto de prejudicar o empregado, como aconteceu outrora na proteção ao trabalho da mulher. Ao vetar o trabalho feminino em expediente noturno ou restringir a realização de hora extraordinária e de serviços suplementares em domingos e feriados, o legislador acabava por fechar diversos postos de trabalho para as empregadas e a proteção se voltava contra o próprio gênero.

Também o princípio da irrenunciabilidade passará pelo crivo da razoabilidade. No tema já mencionado da transação perante a Comissão de Conciliação Prévia, certamente era irrazoável admitir-se que a homologação das verbas rescisórias da dispensa sem justa causa fosse feita sob a forma de acordo – e não sob a forma de simples chancela de verificação de contas – capaz de outorgar ao empregado uma eficácia liberatória geral para extinção de todo o contrato de trabalho e não apenas para conferência dos valores rescisórios. Fere o bom senso e a finalidade da norma.

A propósito, a busca da finalidade da norma é indubitavelmente a melhor forma de interpretação do dispositivo legal e a melhor forma de se obter uma interpretação, digamos, razoável. Assim também já exortava a Lei de Introdução ao Código Civil, o que, com muito mais motivo, deve ser enaltecido no direito do trabalho. O excesso de apego ao sentido gramatical das normas tende apenas a afastar o alcance pretendido da realidade dos fatos.

Exemplos não faltam em torno da perseguição ao sentido da finalidade da norma.

Foi graças ao princípio da razoabilidade que se obtiveram os seguintes consensos na jurisprudência do Tribunal Superior do Trabalho:

- embora a legislação não trate do tema do deslocamento do empregado de sua casa para o trabalho, tomando o assunto por problema particular de cada um, não é razoável que o empregado se submeta a longas horas de caminhada, desde o ponto final da última linha de ônibus até os portões da fábrica, como se nada fosse. Aplicando-se corretamente a razoabilidade, conseguiu-se extrair do art. 4º da CLT a noção de tempo à disposição do empregador como sendo aquele período gasto no aguardo de ordens, na expectativa da chegada de novo cliente e, também, no trajeto desprovido de transporte público, em locais ermos. Surgia o conceito de **jornada itinerária** (Súmula 90 e demais Orientações Jurisprudenciais).
- Tampouco seria razoável que se considerasse que o empregado somente está à disposição do empregador a partir do primeiro movimento da máquina que opera ou do primeiro cliente que adentra à loja. Já estava o empregado à disposição do empregador desde que cruzou os portões da planta industrial, supondo-se muito extenso o trajeto dentro das dependências físicas, e desde que se apresentou **para fins de uniformização e higienização**, que em algumas profissões chegam a durar trinta ou sessenta minutos. Não seria de bom senso a interpretação que afirma ser

da conta e do risco do empregado esse tempo, se ele o faz apenas para atender às exigências do empregador.

- A razoabilidade também concorreu para a cristalização da Súmula 291, que estendeu para todos os trabalhadores o direito a uma **indenização pela supressão das horas suplementares** habitualmente praticadas. As duas outras soluções contêm radicalismos de difícil assimilação – de um lado, proibir que o empregador suprima a hora extraordinária quando dela não precisar mais, e, de outro lado, deixar o empregado sujeito a oscilações de renda e de jornada excessivamente variáveis.
- Pela razoabilidade se chegou à **responsabilidade subsidiária** do tomador de serviços, mediante ligeira inspiração na regra do art. 455 da CLT – responsabilidade do empreiteiro principal em caso de inadimplemento do subempreiteiro em relação aos empregados deste – elaborando-se a complexa Súmula 331. Não seria razoável a completa irresponsabilidade do tomador de serviços, em se tratando da energia humana empreendida em suas dependências, nem se mostra tranqüila a responsabilidade solidária, à falta de normas específicas sobre a matéria.
- Não é razoável – nem racional, nem decente para os padrões do homem médio – que o subordinado aufira salário maior do que o chefe ou que se atribuam amplos poderes de mando e gestão, para imputar **falso cargo de confiança** e driblar o pagamento da hora extraordinária, consoante art. 62, II, a simples líder de turma ou encarregado de seção, dentro de uma estrutura rígida e verticalizada do empregador.
- Não é razoável que se mantenha a garantia de emprego de dirigente sindical para empregado eleito para representar trabalhadores de categoria inexistente dentro da empresa em que ele trabalhe. Isso pode acontecer, por exemplo, com **categorias diferenciadas** – um engenheiro, momentaneamente sem ocupação em sua área, atua como caixa bancário mas é eleito dirigente do sindicato dos engenheiros. O significado da garantia de emprego de dirigente sindical é deixar que atue nos domínios da empresa, com o proselitismo, a afixação de cartazes, o convencimento dos pares, e não uma forma de caridade alheia.
- Tampouco é razoável que persista a estabilidade para **dirigentes sindicais e membros da Comissão Interna de Prevenção de Acidentes** se a empresa fechou, no todo ou na parte que interessava a esses órgãos. Esse tipo de proteção somente fazia sentido para o contrato de trabalho vigente durante a existência da luta sindical e da comissão de acidentes, nem um mês antes, nem um mês depois.

- Se a parte deixou escoar o prazo recursal, opera-se o trânsito em julgado da sentença e desde então começa a correr o prazo decadencial de dois anos para ajuizamento da ação rescisória. Se, porém, o recurso ordinário havia sido interposto um dia depois do prazo, sob alegação de que na Comarca havia feriado municipal, é razoável que se aguarde decisão do TRT sobre a tempestividade ou não do recurso, para, somente depois, começar a fluir o biênio decadencial da rescisória. A **dúvida sobre a tempestividade** deve ser razoável e não um erro grosseio, diz a Súmula 100, III, do Tribunal Superior do Trabalho.
- Interpretação razoável, ainda que não seja a melhor nem a mais favorável, não dá ensejo ao **recurso de revista** sob fundamento da violação literal à lei, consoante Súmula 221, II, do Tribunal Superior do Trabalho.
- Por fim, a razoabilidade repercute profundamente na **declaração de uma relação de emprego**. Em algumas profissões, como o motorista de frete e o representante comercial, é ao menos razoável que se contratem seus serviços sob a forma autônoma. Em outras, é admissível, ao menos em tese, a prestação eventual de serviços, como uma carga e descarga eventual de mercadoria ou uma ajuda aleatória prestada por um garçom. Porém, não é razoável que na atividade eminentemente repetitiva, como o professor ao longo do ano letivo com sala de aula fixa ou o escriturário batendo cartão de ponto dentro do escritório sejam chamados de trabalhadores eventuais.
- Nada obstante os esforços empreendidos pela contestação do empregador e nada obstante as provas que possam ser produzidas, não é razoável que tenhamos um balconista, porteiro, ascensorista, enfermeiro ou empacotador autônomos. Nessas e em várias outras profissões, a atividade é eminentemente sujeita a regras de comportamento, padrões de qualidade e, sobretudo, horários de trabalho, mostrando-se anacrônica a sustentação da tese de que esses profissionais possam atuar com independência, no sentido jurídico da expressão. Do mesmo mal padece a insistência de alguns segmentos em afirmar a existência de porteiro cooperado, telefonista cooperada ou faxineiro cooperado, quando se sabe que **o sentido do cooperativismo** é a congregação de esforços para potencializar a pequena atividade econômica, cada qual ingressando com algum tipo de insumo ou de ferramenta de trabalho, que não as próprias mãos. Quando as palavras aprisionam, a razoabilidade liberta.

Chega-se ao último mas não o menos importante dos princípios do direito do trabalho.

O **sexto princípio é chamado de boa-fé**, mas também poderia ser conhecido por lealdade ou honradez no direito do trabalho.

Evidentemente que o direito do trabalho não detém a exclusividade no uso da boa-fé como um de seus pilares, sendo esse um dos principais exemplos de sobreprincípio ou de princípio universal das ciências jurídicas.

Todavia, é conveniente seu estudo também no direito do trabalho, a fim de enaltecer o padrão de comportamento que se espera do empregado e do empregador.

Do empregado se espera a suficiência do rendimento, uma noção muito difícil de ser apreendida, mas muito desejada para as relações cotidianas. Espera-se que ele não aja com desídia, não esconda serviço nem sabote o desenvolvimento da empresa. Se a tarefa estiver fora de seu alcance físico ou mental, deve acusar a deficiência para o empregador e não esperar que eventualmente venha a ser desligado por justa causa, por exemplo. Se a tarefa estiver plenamente dentro de sua capacidade e a puder resolver em metade do tempo destinado pelo empregador, deve igualmente deixar antever sua habilidade e não se contentar com padrões nivelados por baixo.

Do empregador se espera a justa retribuição pelos serviços prestados, a igualdade de oportunidade para ingresso e para evolução na carreira e a distribuição equilibrada das tarefas mais penosas.

A **boa-fé é princípio de mão dupla**, porque tanto significa que o sujeito deve agir dentro dos padrões de lealdade e de decência do homem médio, como também representa que se espera esse mesmo comportamento da parte contrária. Não se pode lidar permanentemente com a desconfiança ou com a certeza da traição. Ambiente como esse está minado e não tem chances de prosperidade. Mesmo que o comportamento da outra parte seja incompreensível num primeiro instante e ainda que o sujeito discorde da decisão tomada pelo outro, ainda assim se deve considerar que a conduta alheia se pauta pela boa-fé, objetivamente considerada.

É com base nessas premissas de boa-fé individualmente considerada e boa-fé coletivamente assimilada que serão efetuadas as interpretações das cláusulas contratuais, das cláusulas mais complexas de uma norma coletiva e mesmo da legislação, se houver dúvida razoável em torno de seu alcance.

Um empregado, **aspirante a dirigente sindical**, pode tranqüilamente registrar sua candidatura para concorrer às próximas eleições, mas já não pode exigir que o empregador lhe confira garantia de emprego se o registro foi efetuado no curso do período de aviso prévio trabalhado. O empregador estava de boa-fé quando comunicou a dispensa e não se pode presumir, no caso, um ato de perseguição contra dirigente sindical. Essa a boa-fé subjetiva do empregador. Por outro lado, fere o sentido de boa-fé objetivamente considerada o pensamento do empregado de que, assim registrando sua candidatura, vá reverter o desligamento já anunciado, porque nenhum homem médio assim procederia ou imaginaria que um ato de esperteza possa triunfar. O mesmo raciocínio se aplica a outras garantias de emprego objetivas, sujeitas a registro de candidatura, como a CIPA.

Não parece agir de boa-fé **o empregado que ajuíza quatro ações trabalhistas** e as deixa arquivar sucessivamente, talvez na vã imaginação de exaurir a parte contrária, forçar um acordo ou colher uma revelia. A jurisprudência trabalhista, atropelando os conceitos civilistas mais antigos, encontrava uma solução criativa na contagem ininterrupta do prazo prescricional de cinco anos. Se era verdade que o ajuizamento da ação interrompia o prazo de dois anos, o trabalhador vivia perigosamente porque num dado momento o prazo de cinco anos iria mostrar sua força. Desde o Código Civil de 2002, porém, essa criatividade de se separarem os prazos bienais dos prazos qüinqüenais já não se faz necessária, porque apenas uma interrupção passou a ser admitida para cada prazo em andamento – exemplo claro de como a boa-fé influenciou o próprio legislador.

Age de boa-fé a gestante que postula reintegração ao emprego quando já escoado todo o prazo de garantia, comparecendo em Juízo com **a criança de um ano de idade**?

Esse é um dos assuntos mais instigantes do tema da boa-fé sobre as relações de trabalho.

Por certo, a proteção era preferencialmente destinada ao nascituro, para que não viesse ao mundo em condições ainda mais desfavoráveis, com o desemprego da mãe e a falta de acesso a gêneros de primeira necessidade. Como se sabe, a falta de nutrientes na primeira infância é absolutamente irrecuperável.

Não se tratava, portanto, de uma simples proteção ao emprego, como pode ocorrer em outros cenários e em outras legislações, mas uma das proteções mais importantes, com a qual concorre toda a sociedade, que participa inclusive da formação do patrimônio da Previdência Social para fomentar o pagamento do salário-maternidade acima do teto dos benefícios pagos a título de aposentadoria e pensão, como forma de não provocar prejuízo algum à gestante.

Omitir o estado de gravidez e, ainda, deixar escoar em branco todos os nove meses de gestação e mais os cinco meses de garantia de emprego é mostra inescusável de deslealdade, tanto do ponto de vista subjetivo da pessoa que escamoteou os fatos, como do ponto de vista objetivo, pois a ninguém de bom senso ocorreria de tirar proveito sobre uma situação tão adversa para o recém-nascido.

Por esses motivos, desenvolveu-se a tese no sentido de que o simples ajuizamento da ação após o escoamento do prazo – o que vale também para o empregado que sofreu acidente de trabalho e **deixou passar o prazo de doze meses após a alta previdenciária**, de que cuida o art. 118 da Lei nº 8.213/1991 – significaria a rejeição dos pedidos, qualquer que fossem as causas do desligamento e da demora do aforamento da ação.

Todavia, não há consenso sobre o assunto. Muitos argumentam que a gestante pode ter optado por uma gravidez mais sossegada, longe dos tribunais, respeitando a única exigência feita pela Constituição Federal de 1988, qual seja, o biênio prescricional a contar da data da extinção do contrato de trabalho. O art. 10 do Ato das Disposições Constitucionais Transitórias, quando quis criar a garantia de emprego, não lhe impôs nenhum tipo de restrição, aduz-se. Nesse sentido, convenções coletivas, de sindicatos insuspeitos como os bancários e os metalúrgicos, que chegaram a inserir cláusulas de perda da garantia de emprego para a gestante que omitisse a informação por mais do que quatro ou seis meses, vieram a ser censuradas por acórdãos do Supremo Tribunal Federal, levando à reconsiderançõ de Orientação Jurisprudencial da Seção Especializada em Dissídios Individuais, que admitia a validade dessas cláusulas.

Neste e em outros casos, a boa-fé, quem diria, ainda se encontra em franca disputa darwiniana com a gramática.

Capítulo 16

Particularidades da prescrição trabalhista

Para concluir a parte introdutória da CLT, o legislador estipulou o prazo de prescrição no art. 11.

Em sua redação original, falava-se meramente no prazo de dois anos, tanto na vigência do contrato de trabalho como após seu encerramento, mas a redação era imperfeita, pois mencionava prazo para reivindicação de algum dispositivo da CLT e não de um dispositivo qualquer de direito do trabalho. Justificava-se a restrição, em 1943, pois se imaginava que a CLT fosse capaz de abranger toda a matéria trabalhista, o que logo se revelou falso, havendo um sem número de direitos e deveres regulamentados à margem daquele diploma legal, como os descansos semanais remunerados em 1949, o décimo terceiro salário em 1962, o fundo de garantia em 1967, o vale transporte em 1987, mais o longo arrazoado da Constituição Federal de 1988, dentre outros exemplos.

Durante alguns anos a pretensão a essas vantagens fora da CLT permaneceu num limbo, desprovido de prazo prescricional preciso, uns evocando os prazos de difícil enquadramento no Código Civil de 1916, outros afirmando que o art. 11 era suficiente para abranger todas as parcelas oriundas de um contrato de trabalho, estivessem ou não inseridas no texto da CLT.

Foi assim que uma pequena reforma aproveitou a oportunidade para copiar a frase mais genérica e mais apropriada que consta do art. 7º, XXIX, da Constituição Federal de 1988, pois menciona prescrição sobre "*a ação quanto a créditos resultantes da relação de trabalho*".

Como sempre acontece, esse avanço – tirando a expressão CLT e inserindo a expressão créditos da relação de trabalho em geral – foi acompanhado por um retrocesso, que vem a ser a afirmação de que a prescrição atua sobre o direito de ação.

Ora, a prescrição jamais poderia atuar sobre o direito de ação, que não se sensibiliza com esse tipo de limitação. A ação é entendida como um direito abstrato à prestação jurisdicional, sem levar em conta o sucesso ou o fracasso dos pedidos nem o conteúdo veiculado. É verdade que o direito processual precisou de muito tempo de maturação para chegar a essa conclusão, mas a evolução científica deve ser acompanhada por todos. Em resumo, o Código Civil de 1916 ou os tratadistas da matéria poderiam falar em perda do direito de ação para se referir à prescrição, mas não é admissível que a esta altura do desenvolvimento do processo civil ainda se pense na prescrição como esfacelamento da ação.

Também não se poderia falar "prescrição de créditos" ou "prescrição de direitos", porque igualmente os direitos ficam intactos, à margem da questão prescricional. Caso o devedor pague algum valor cuja pretensão se encontre prescrita, não poderá pedir de volta o que entregou, pois não houve pagamento de objeto ilícito ou sem causa. Houve pagamento com causa e com licitude de uma dívida que era, apenas, antiga. Se a prescrição atuasse em prol do desaparecimento do direito, todos os pagamentos feitos de dívidas antigas deveriam ser estornados por ilegalidade da quitação.

A expressão mais aceita modernamente é a prescrição sobre a pretensão.

Assim se apresenta o trinômio que norteia a formação e o desenvolvimento do processo, a saber, a ação como o veículo, a pretensão como a exigência e o direito como fundamento ou pilar sobre o qual se sustenta a pretensão.

A prescrição atua de forma corrosiva sobre a pretensão. Pretensões antigas perecem e deixam de oferecer ao titular o que o direito tem de melhor, que vem a ser a coerção ou sua força impositiva. Sem a pretensão, o direito se torna manco, desprovido da exigibilidade. É claro que para o leigo essa distinção não tem maior relevância, porque "direito desprovido de eficácia" é o mesmo que não ter o direito, mas o jurista sabe ser melhor ter o direito do que não ter o direito. Tendo o direito, pode-se tentar alterar o fluxo da prescrição, procurar alguma causa suspensiva ou interruptiva, discutir a natureza jurídica da parcela e assim por diante. Não tendo o direito, nada disso pode ser nem ao menos tentado.

Daí por que a ciência jurídica se preocupa tanto com a precisão terminológica e não admite que a prescrição seja definida como perda da ação – para sempre preservada, ainda que fadada ao fracasso – nem como perda do direito

– fundamento do pedido do autor e objeto de comprovação no momento oportuno.

Deve-se prestigiar, assim sendo, a expressão prescrição como perda da pretensão, conforme, enfim, o Código Civil de 2002 utilizou no capítulo atinente à matéria. Quanto à Constituição Federal de 1988, o fato de haver sido usada a expressão combatida de perda do direito de ação deve ser entendido como uso da mesma palavra – ação – em sentido diverso – como se fosse a pretensão –, pois esse desvio aconteceu durante decênios e ainda hoje se nota alguma hesitação na doutrina especializada. Ação no sentido de pretensão talvez decorra, na verdade, da dificuldade de tradução do vernáculo romano, pois a palavra "actio" representava muito mais uma pretensão, no sentido de reivindicação e de eficácia, do que propriamente o direito de ação.

Por falar em direito romano, há **uma história curiosa quanto ao nascimento da prescrição** do ponto de vista jurídico.

O perdão de dívidas não reivindicadas após certo escoamento de tempo praticamente sempre existiu. Há referência bíblicas sobre o tema, como em Deuteronômio 15, 1-3. A novidade, porém, residiu no início de Era Cristã, em que a própria sociedade começou a considerar relevante que as pretensões fossem sumariamente afastadas em caso de demora excessiva a sua reivindicação. Alguém que tardasse muitas décadas para reivincidar seu direito gerava uma pesada presunção de que simplesmente não tinha esse direito e, por isso, procurou vencer o adversário pelo cansaço.

Como essa situação não era prevista em lei, mas apenas pelo sentimento de justiça da população, passou a ser analisada pelas autoridades judiciárias apenas como um dos vários ângulos disponíveis para a solução do conflito, nem sempre um motivo determinante. Na estrutura judiciária do Império Romano, em determinada época, havia a figura do pretor, que fazia uma espécie de triagem das demandas e exercia funções precipuamente administrativas. Ao remeter os autos para a decisão de uma autoridade essencialmente judicial, passou a ser comum fazer uma pré-anotação, antes da *demonstratio* – prima distante de nossa causa de pedir – chamando a atenção para a demora excessiva da parte. Com o passar do tempo, essa pré-anotação passou a ser sinônimo de prazo longo. Daí ao aparecimento da palavra foi um pequeno passo – pré inscrição ou prescrição.

Foi assim que o nome que tanto usamos hoje decorreu de uma figura de linguagem – a antonomásia, que significa designar um instituto não pelo seu nome mas pela circunstância que o notabilizou – e não por uma característica intrínseca ao fenômeno. Essa palavra também é utilizada em outros idiomas latinos, mas não deixa de ser curioso saber que no idioma francês se usa muito o termo *délai* no sentido de prazo ou interstício, ao passo que no idioma inglês nem ao menos se fala de prazo ou de pré-anotação – diz-se simplesmente *limitation of action* no sentido de um obstáculo temporal para o ajuizamento da ação.

O sucesso dos recados previamente anotados pelo pretor foi tão grande que acabou por influenciar o legislador – já àquela época havia o fenômeno de jurisprudência influir na legislação futura, quando apenas o contrário deveria acontecer. E, enfim, um certo imperador Teodósio fez inserir, pela primeira vez no ordenamento positivo, a regra da prescrição, em sua Constituição do ano de 424.

Mais interessante ainda é saber que as palavras de Teodósio desafiaram o tempo e chegaram até a nós quase sem alterações. Foi ele quem estabeleceu o prazo de trinta anos, que viria a ser praticado no Brasil até 1952, ano da reforma do Código Civil de 1916 que reduziu o prazo máximo de trinta para vinte anos, e ainda hoje pode ser visto em legislação esparsa, como aquela do fundo de garantia. Foi também esse dignatário quem estabeleceu o rol taxativo de causas de suspensão e de interrupção do prazo prescricional, a fim de que uns e outros não saíssem por aí justificando sua inércia com motivos de ordem particular ou irrelevantes para o ordenamento jurídico. Está explicado por que tanta preocupação com pessoas que vão para a guerra ou com servidores públicos em missão no exterior, como se isso fosse absolutamente comum ou como se fossem os casos mais corriqueiros de controvérsia sobre prescrição.

Do jeito que Teodósio elaborou sua listagem em 424, os monarcas portugueses Afonso e Manuel as transcreveram em suas Ordenações Afonsinas e Manuelinas, formadoras do direito português. Consta que Filipe, Rei da Espanha, durante o período da União Ibérica, não querendo melindar ainda mais o povo português subjugado, mandou que não se alterassem muito as Ordenações quando as Manuelinas se transformaram em Filipinas – e manteve a prescrição intacta.

Portugal as abandonou no século XIX, mas ironicamente o Brasil as manteve mesmo após a independência de 1822, por dificuldade de elaboração de outro corpo legislativo, de tal forma que as Filipinas somente deixaram de vigorar no Brasil, inacreditavelmente, em 1917, com a entrada em vigor do Código Civil de 1916 – quando nem Espanha nem Portugal as utilizavam mais.

O Código Civil de 1916, então, alterou a orientação de Teodósio?

Não. Manteve o texto das ordenações para quase todas as finalidades e disciplina da prescrição, assim como o Código Civil de 2002, que apenas teve a boa lembrança de acrescentar a Aeronáutica entre as Forças Armadas, caso algum jovem vá para a guerra e perca o prazo prescricional, pois os aviões ainda não existiam quando a prescrição começou a ser debatida...

Define-se, assim, a prescrição como a perda de uma pretensão, decorrente da inércia prolongada do credor, tendo por fundamento a estabilidade das relações jurídicas, também considerada como pacificação das relações sociais, e como conseqüência a perda da exigibilidade.

Com a decadência encontra alguns pontos em comum, especialmente o escoamento do tempo e a afetação de alguns direitos e prerrogativas, mas se afastam quanto às conseqüências, porque na prescrição o direito fica intacto, perecendo apenas a pretensão, ao passo que na decadência o direito por inteiro desaparece, sendo exemplos típicos de prazos decadenciais:

- perda do direito de a Fazenda Pública inscrever a dívida ativa, se não fizer o lançamento tributário no prazo decadencial de cinco anos;
- perda do direito da parte em tutelar direito líquido e certo pela via do mandado de segurança, se deixar escoar o prazo decadencial de 120 dias;
- perda do direito de se rescindir a sentença passada em julgado, se escoados mais de dois anos desde o trânsito em julgado;
- perda do direito de dispensar um empregado estável, se o empregador o afastar para averiguações e não ajuizar o competente inquérito para apuração de falta grave em até trinta dias.

Note-se que o estudo da decadência revela interesse menor para o direito do trabalho quando comparado com a prescrição, de muito maior aplicação prática e teórica. São poucos os exemplos de prazo decadencial, normalmente associados com direitos potestativos e faculdades a serem exercidas pelo interessado independentemente da opinião da parte contrária, e infinitos os casos de prazo prescricional, normalmente associados com deveres e obrigações.

O antigo critério de distinção, que falava em conhecimento de ofício pelo juiz, nos casos de decadência e de necessidade de provocação da parte interessada, nos casos de prescrição, desde sempre mostrou-se bastante singelo como forma científica de diferenciação de prazos, mas agora perdeu completamente seu sentido com a **inserção do § 5º ao art. 219 do CPC**, através da Lei nº 11.280, de 16 de fevereiro de 2006, que possibilita a pronúncia *ex officio* da prescrição.

Era razoável a determinação legal de que a prescrição deveria ser provocada para, somente então, ser apreciada pelo Juízo, por se tratar de uma forma excepcional de extinção de obrigações. Existem as formas ordinárias de extinção de obrigação, como o pagamento, a novação ou a transação, sendo a prescrição uma forma extraordinária, com a qual o devedor jamais poderia contar. Com a novidade do art. 219, § 5º, do CPC, é como se o juiz pudesse verificar, sempre de ofício, documentos e recibos de pagamento nos autos, independente de manifestação da defesa. Daí o espanto com que a alteração legislativa foi recebida nos meios processuais civis e trabalhistas.

O principal argumento em prol da alteração legislativa gira em torno da celeridade processual: se o devedor podia silenciar na primeira instância e invocar prescrição apenas na segunda instância, quando da apelação ou situação análoga, a regra da inércia do juiz revelava-se uma perda de tempo incompatível com os anseios de celeridade e duração razoável do processo. Ora, antecipando-se à estratégia do devedor, o juiz pode, ao declarar *ex officio* a prescrição, dispensar a produção de provas e encurtar o périplo das partes. Não se cogitou, porém, de proibir a alegação da prescrição tardia ou no curso do processo, que seria uma forma de evitar a procrastinação, sem que o juiz tivesse de adentrar ao tema da prescrição por sua própria iniciativa.

A questão de saber se o art. 219 é ou não aplicável ao processo do trabalho parece, assim, de menor importância, quando comparada à questão de saber se a mudança legislativa foi pertinente ou desejada.

Dizer que a decisão é prejudicial ao trabalho esconde uma meia verdade, porque a prescrição também pode ser benéfica ao trabalhador – por exemplo, achando-se ele no pólo passivo ou sendo réu de uma reconvenção – e porque a prescrição como um todo é, em princípio, prejudicial ao trabalhador, e não apenas o momento de sua argüição. Melhor do que discutir o momento de argüição da prescrição, como se o empregado contasse com o esquecimento do empregador ou com a defesa mal formulada, seria discutir a aplicação do instituto inteiro dentro da área trabalhista. Tentar barrar a prescrição via afastamento do art. 219, § 5º, do CPC, lembra o esforço de tirar as calças pela cabeça.

Seria, então, a prescrição incompatível com o direito do trabalho?

Para aqueles que associavam o direito trabalhista com a indisponibilidade plena – o que já está superado pelo menos desde 1943 – não seriam admissíveis nem o acordo judicial, nem a contagem de prazo prescricional. Porém, os créditos trabalhista envolvem caráter acentuadamente pecuniário, impondo-se uma limitação ao prazo de sua reivindicação, sob pena de se eternizarem as dúvidas e a insegurança. Um fenômeno bastante parecido com a prescrição é aquele da coisa julgada, que, bem ou mal, representa um desfecho ao processo e cristaliza a última decisão como a mais autorizada, ainda que não a melhor nem a mais justa. A prescrição é para o direito material aquilo que a coisa julgada é para o direito processual, em termos de estabilidade e pacificação.

Em tese, portanto, não há fundamento para se impedir a prescrição de vicejar na área trabalhista, assim como atua em segmentos tão distintos quanto o direito do consumidor, o direito tributário ou a reparação civil de lesões patrimoniais e extrapatrimoniais.

Porém, é evidente que algumas formas de suspensão da fluência do prazo prescricional poderiam ser mais trabalhadas nesses ramos que envolvem a subordinação de uma pessoa em relação a outra, diferenciando-o das demais relações jurídicas em que normalmente as partes se encontram em patamares de igualdade ou de assimetria moderada. O sistema que vigorava anteriormente para o trabalhador rural – suspensão completa da contagem do prazo, quando da vigência do contrato de trabalho, e biênio prescricional quando do encerramento do contrato de trabalho – aproximava-se mais desse ideal de liberdade do empregado quando maiores são os temores de revide ou de perda do empregado.

A CLT não cogitava essa solução, até porque presumia que os operários atingissem a estabilidade ao completarem dez anos de casa e, de qualquer forma, foi redigida em época de maior plenitude de emprego do que em época de desemprego estrutural. Hoje, como se sabe, a quase totalidade das ações é ajuizada por ex-empregados, que esperam pela dispensa assim como esperam pelo aforamento da ação. Apenas alguns poucos empregados ousam ajuizar a ação na constância do contrato de trabalho, como os servidores públicos, que têm menor receio de ser retaliados, ou aqueles que postulam a rescisão indireta, ou seja, já estão a um passo do desligamento.

Esse debate passou pelo Congresso Constituinte, que cogitou de inibir a contagem do prazo prescricional na vigência do contrato de trabalho, atribuindo à subordinação uma forma de suspensão prescricional, como são o matrimônio e a interdição do absolutamente incapaz, mas prevaleceu uma solução intermediária, ampliando-se o prazo para cinco anos na vigência, com o limite de dois anos após a cessação do contrato de trabalho. Cinco anos é um prazo bastante razoável para a maioria dos contratos de trabalho brasileiros, marcados pela elevada rotatividade e baixa qualidade da vaga, mas não resolve totalmente a questão de ser o trabalhador considerado inerte, quando, na verdade, estava apenas protegendo seu contrato de trabalho.

Vistas essas questões de ordem histórica e principiológica sobre a prescrição, o enfoque deste Curso passa a ser a aplicação prática do instituto no direito do trabalho, destacando-se as seguintes questões controvertidas:

1. enquanto no direito civil a **data de início da contagem** da prescrição é necessariamente o dia da lesão ou o dia do conhecimento da lesão – teoria da

actio nata – no direito do trabalho essa coincidência nem sempre acontece, por critérios variados empregados pelo legislador. No caso da dispensa sem justa causa, o prazo já está fluindo desde a rescisão do contrato de trabalho, ainda que a homologação das verbas rescisórias somente ocorra alguns dias depois. Não se segue a data em que as verbas rescisórias deixaram de ser pagas, mas a data fixa e simbólica do dia da rescisão contratual, por força do art. 7º, XXIX, da Constituição Federal de 1988.

2. Em outros casos, o prazo já poderia ter começado, mas o legislador entendeu ser conveniente deixar o prazo represado, como no exemplo da **ação de cumprimento**. Pela Lei nº 7.701/1988, o trabalhador já faz jus à vantagem conquistada pelo dissídio coletivo, pelo que já tem ação exercitável, mas o prazo prescricional somente fluirá a partir do trânsito em julgado da decisão normativa. Antes, era como se fosse uma faculdade do trabalhador ajuizar a ação, embora, repita-se, o direito já estivesse seguro. O tema é nebuloso e o direito do trabalho tenta harmonizar simultaneamente o ajuizamento da ação coletiva independentemente de trânsito em julgado da dccisão do tribunal do trabalho com a não fluência do prazo prescricional, como se fosse uma causa de suspensão de prazo. A fim de emprestar maior segurança a esse tema, recomenda-se que a suspensão recaia apenas sobre o qüinqüênio, deixando-se intacto o limite de dois anos após a extinção do contrato de trabalho, sob pena de ficar a pendência indefinidamente protraída no tempo, quando todas as demais pretensões do trabalhador já houverem expirado.
3. Afora esses dois assuntos peculiares – prescrição fluindo da data da rescisão do contrato de trabalho e prescrição fluindo da data do trânsito em julgado da decisão normativa –, outra confusão que normalmente se observa nos processo trabalhistas, para a qual pouca atenção é dedicada, diz respeito ao tema da data da exigência da obrigação. Como o trabalhador não tem ação exercitável no meio do mês para cobrar as horas extras ali realizadas, é natural que somente após o quinto dia útil do mês subseqüente disparem simultaneamente a exigibilidade e a fluência do prazo prescricional. Se, por exemplo, uma ação é ajuizada em 15 de março de 2005, o trabalhador tem direito de reivindicar todas as horas suplementares do mês de março de 2000 e não apenas quinze dias delas, como supõem os leigos. A prescrição pronunciada em 15 de março de 2000 assegurou ao trabalhador o mês de março por inteiro, porque somente no quinto dia útil de abril de 2000 é que se tornaram exigíveis os créditos de março e, por conseguinte, começou a fluir a prescrição. Há uma falsa crença de que o direito do trabalho tem as pretensões prescritas dia a dia, quando, na verdade, o correto seria dizer **perda da pre-**

tensão mês a mês. Cada quinto dia útil do mês subseqüente torna inexigíveis todos os créditos do mês anterior, de uma só vez. Ou tudo, ou nada.

4. Mês a mês o trabalhador perde a pretensão de horas extras, adicional noturno, adicional de insalubridade, adicional de periculosidade, vale-transporte, salários, equiparação salarial e tudo aquilo que é pago mensalmente. Para as parcelas pagas anualmente, como o **décimo terceiro salário**, vale a data da exigência fixada pelo legislador – no caso, a exigência surge em 20 de dezembro, sendo, antes, apenas uma antecipação para posterior abatimento. Novo mito: acredita-se que o ajuizamento da ação em 1º de setembro de 2005 somente proporcione ao trabalhador 4/12 do décimo terceiro salário do ano 2000, quando, na verdade, a prescrição de 1º de setembro de 2000 estava dentro do período de exigibilidade do décimo terceiro salário integral daquele ano. Basta observar que no dia 1º de setembro de 2000 o trabalhador simplemente ainda não podia exigir nem demandar o décimo terceiro salário do ano 2000, sendo absurdo que, depois, venha a ser considerado inerte por um ato que não podia ter praticado. Se, porém, a ação foi ajuizada em 28 de dezembro de 2005, está irremediavelmente prescrita a pretensão ao décimo terceiro salário do ano 2000 por inteiro – exemplo hipotético porque dia 28 de dezembro vigora o recesso forense. Para o décimo terceiro salário repete-se o brocardo ou tudo, ou nada.
5. **Para as férias**, o legislador criou outra regra artificial, sem paralelos no Código Civil: sem se preocupar com a data da comunicação das férias, dia de início ou dia de término do gozo, e sem levar em conta se já houve fracionamento das férias, o art. 149 da CLT fixou como parâmetro para a prescrição o último dia do período concessivo. Um contrato de trabalho iniciado em 4 de março de 1999 tem período aquisitivo de férias completado em 4 de março de 2000 e término do período concessivo em 4 de março de 2001. Se a ação for ajuizada até o dia 4 de março de 2006, o trabalhador poderá reivindicá-las por inteiro. Se ajuizar a ação em 10 de março de 2006, tê-las-á perdido para a prescrição. Se houver ajuizado anteriormente, como em janeiro ou fevereiro de 2006, igualmente manteve intacta a pretensão integral. É falsa a crença de que a ação ajuizada em janeiro somente assegura o direito a 2/12 de férias ou algo parecido. Para as férias, ou tudo, ou nada.
6. **Para a participação nos lucros e resultados**, deve-se observar a data constante da norma coletiva que a estipulou para aquela categoria, consoante Lei nº 10.101/2005. Convenção Coletiva que fixa o pagamento da participação nos lucros e resultados em 28 de março de cada ano significa que essa data

desperta a pretensão ao credor e faz nascer a prescrição trabalhista. Após cinco anos, ou tudo, ou nada.

7. A **data da extinção do contrato de trabalho** ganhou importância redobrada com o art. 7º, XXIX, da Constituição Federal de 1988. Se já era importante saber precisamente qual foi o último dia do contrato de trabalho, para fins de homologação de verbas rescisórias e pagamento de indenizações, agora o marco fará toda a diferença, especialmente para a contagem do prazo bienal total, o que gera três conseqüências principais.
8. Considerando-se que o **óbito do trabalhador** é evidentemente a data da cessação do contrato de trabalho, a viúva e os órfãos não poderão alegar que desconheciam o direito ou que não se haviam dado conta da existência de alguma pendência: desde o falecimento, o prazo já fluía, por força da lei – Orientação Jurisprudencial 129 da Seção Especializada em Dissídios Individuais.
9. Considerando-se que a **alteração jurídica de contrato de trabalho** pela CLT para regime de estatuto de serviço público é, também, uma forma de extinção do contrato de trabalho, dessa data irradia o biênio prescricional total, conquanto o servidor continue na mesma repartição, com a mesma chefia e a mesma remuneração – Súmula 382 do TST.
10. Considerando-se que o **aviso prévio indenizado** incorpora-se ao contrato de trabalho para todos os efeitos, especialmente os remuneratórios, é apenas ao término de sua contagem que se considera encerrada a relação de emprego, conquanto o empregado já esteja fora do local de trabalho dias antes. É incorreto dizer em prorrogação do prazo de prescrição. O prazo continua a ser de dois anos, mas a contagem é feita de forma inteligente, com o marco zero mais avançado do que seria se não existisse o aviso prévio indenizado – Orientação Jurisprudencial 83 da Seção Especializada em Dissídios Individuais.
11. Sendo o prazo prescricional apenas um marco regulatório para a pretensão trabalhista, **não há direito adquirido a prazos**, que podem ser aumentados ou diminuídos pelo legislador, nem há falar em aplicação do art. 7º, XXIX, da Constituição Federal de 1988 apenas para empregados urbanos e rurais, cujos nomes constam do *caput* do artigo. Referidos prazos valem para qualquer relação de trabalho, porque o direito de ação já estava assegurado a todas as partes envolvidas em relações trabalhistas muito antes de o art. 7º existir.
12. Assim sendo, os prazos de cinco anos na vigência e de dois anos após a cessação valem para (a) **empregados domésticos**, nada obstante o silêncio de

sua legislação, (b) ações ajuizadas pelos empregadores, (c) ações ajuizadas pelas entidades sindicais na reivindicação de cumprimento de norma coletiva, (d) trabalhadores avulsos, (e) pequenos artífices, (f) execução de títulos extrajudiciais, como o acordo firmado em Comissão de Conciliação Prévia e o termo de ajustamento de conduta firmado perante o Ministério Público do Trabalho, e assim sucessivamente. Sempre que houver uma relação de trabalho como causa remota da pretensão, ali haverá de incidir a prescrição qüinqüenal. É uma solução segura, relativamente fácil de ser assimilada pela sociedade, destinatária principal dos prazos prescricionais, estável e coerente. Excesso de ziguezague na contagem de prazos prescricionais – ora pelo Código Civil, ora pela Código Comercial, ora por alguma lei ordinária perdida no tempo – depõe contra a finalidade da norma de pacificação das relações sociais.

13. Por este critério, o prazo de cinco anos deveria valer também para o **fundo de garantia**. No entanto, os tribunais superiores têm validado a alteração do prazo para trinta anos, oriundo de simples lei ordinária – atualmente, o art. 23, § 5º, da Lei nº 8.036/1990 – a qual aparentemente não poderia alterar o texto constitucional nesse particular, nem mesmo para melhor condição ao trabalhador, por se tratar de prazo e não de vantagem pecuniária. O motivo pelo qual se aceitou a dilação do prazo pela via ordinária reside mais na natureza jurídica do fundo de garantia do que propriamente na liberdade do legislador ordinário sobre o legislador constituinte. O fundo de garantia sempre foi objeto de hesitação na doutrina e na jurisprudência quanto a sua natureza jurídica, repleta de peculiaridades. Como se convencionou chamar o fundo de garantia de híbrido – um quê de trabalhista, um quê de tributário –, assim também ficou a prescrição, que segue a orientação tributária na vigência do contrato de trabalho – o prazo de trinta anos é oriundo da época em que o fundo de garantia era considerado uma contribuição previdenciária, na década de 1960 – e a orientação trabalhista após a cessação do contrato de trabalho – o prazo de dois anos. Assim a Súmula 362 do Tribunal Superior do Trabalho.

14. Por este critério, também as pretensões a **reparação por danos morais e por danos materiais** deveriam seguir unicamente o prazo de cinco anos, com limite de dois anos, do art. 7º da Constituição Federal de 1988. Não se trata de mercantilizar a dor, como já foi equivocadamente alardeado, mas de se aplicar um prazo unificado, não excessivamente curto a ponto de inviabilizar a pretensão, nem excessivamente longo a ponto de deixar o empregador em situação de incerteza indefinida, e o espalhar por todo o processo do

trabalho. É provável que a jurisprudência caminhe nesse sentido, havendo já diversas manifestações de todas as Turmas do Tribunal Superior do Trabalho no sentido de se atribuir natureza trabalhista para as lesões extracontratuais, de cunho moral ou material.

15. Porém, a aplicação que parecia tranqüila sofreu um maremoto com a alteração da competência material, decorrente da **Emenda Constitucional nº 45, de 8 de dezembro de 2004**, quanto ao deslocamento de milhares de processos que corriam nas Justiças Comuns e passaram para a Justiça do Trabalho. Em nome de uma certa previsibilidade das decisões e em respeito a um estado anterior à Emenda nº 45/2004, passou-se a admitir que a Justiça do Trabalho respeite os prazos que eram praticados anteriormente – em geral, os prazos máximos de vinte anos do Código Civil de 1916 e de dez anos do Código Civil de 2002 – mesmo que essa não seja a melhor solução. Quando o maremoto houver passado e todos os processos novos forem ajuizados na Justiça do Trabalho, o tema terá de ser enfrentado novamente, porque, afinal, o dano é oriundo, sim, de uma relação de trabalho.
16. O que pode e deve ser discutido é o deslocamento da **data de início da contagem da prescrição**, sobretudo em pretensão de indenização de danos morais por acidente de trabalho. O prazo de cinco anos pode ser mais do que suficiente, se o trabalhador puder contá-lo apenas a partir da ciência inequívoca da doença, algo muito difícil de ser precisado quando se sabe da complexidade de um diagnóstico. O Superior Tribunal de Justiça já avançou sobre a matéria, por suas reflexões em ação acidentária, e editou a Súmula 278, de 16 de junho de 2003, segundo a qual "o termo inicial do prazo prescricional, na ação de indenização, é a data em que o segurado teve ciência inequívoca da incapacidade laboral". Cedo ou tarde, o processo do trabalho terá de se debruçar mais detidamente sobre esse termo inicial em casos como tendinite, lesão por esforços repetitivos, doenças mentais e doenças docorrentes de contato com produtos cancerígenos, cujos diagnósticos demoram a fechar ou não fecham nunca. Por essa premissa, saber se o prazo é de dez anos pelas leis civis ou de cinco anos pelas leis trabalhistas não é nada importante perto de se saber a data exata do início da contagem.
17. Engana-se quem pensar que a situação se torna mais fácil quando o assunto é um sinistro que acarrete uma fratura ou uma queda visível do trabalhador. Mesmo que a **lesão tenha dia, hora e local**, os efeitos podem ficam represados por muito tempo, até que aflorem sob a modalidade de uma reação medicamentosa, uma infecção superveniente ou situações congêneres que

não eram tão perceptíveis à época do evento. Saber deslocar o marco inicial da contagem é o maior desafio sobre esse tema contemporâneo.

18. A propósito do contato com elementos cancerígenos, uma última observação sobre o marco inicial da prescrição: pode acontecer de o diagnóstico demorar tanto tempo para ser complementado que o contrato de trabalho já expirou há mais de dois anos. Teríamos, então, uma prescrição bienal operada sem que nem mesmo o trabalhador soubesse do mal de que sofre? Certamente que não. Para estes e outros casos análogos, em que o evento se protrai no tempo, temos de adotar a solução da prescrição sobre **lesão pós-contratual**. Lesão existiu de qualquer forma, mas somente perceptível depois do término do contrato de trabalho, donde o termo "pós-contratual". Uma vez identificada a lesão, surge a contagem do prazo de dois anos, pois nenhuma pretensão é eterna.
19. São **exemplos de lesões pós-contratuais**: a) alteração de complementação de aposentadoria prometida pelo empregador; b) alteração de benefícios assistenciais assegurados ao emprego normalmente em planos de demissão voluntária, como um plano de saúde por dez anos que vem a ser cassado, digamos, no quarto ano – mais do que dois anos depois da extinção do contrato de trabalho; c) lançamento do nome do empregado, alguns anos depois de encerrado o contrato de trabalho, em "lista negra" para prejudicar sua recolocação no mercado de trabalho, sendo certo que o trabalhador tende a demorar muito para ficar ciente disso, o que certamente vai acontecer bastante tempo depois do biênio; d) identificação, após cinco ou dez anos, de alguma doença relacionada com o contrato de trabalho.
20. Embora não fosse bem esse o caso, pois os efeitos colaterais dos planos econômicos são conhecidos desde sua edição, **os expurgos inflacionários** foram considerados, pela Orientação Jurisprudencial 344 da Seção Especializada em Dissídios Individuais, como uma espécie de lesão pós-contratual, deslocando-se o termo inicial da prescrição para o dia 30 de junho de 2001, data da Lei Complementar nº 101, ou para a data do trânsito em julgado de decisão da Justiça Federal que reconheceu o direito ao trabalhador em torno das diferenças do fundo de garantia. A atualização do saldo da conta vinculada do fundo de garantia gera diferenças na indenização de 40% paga pelo empregador.
21. O art. 198, I, do Código Civil de 2002, nega a fluência da prescrição contra o **absolutamente incapaz**, definido no art. 3º daquele diploma, o que inclui o menor de dezesseis anos. Por sua vez, o art. 441 da CLT nega a contagem do prazo contra o menor, sem entrar em minúcias. Então, duas conclusões

são mandatórias: a) a CLT amplia a suspensão do prazo prescricional de dezesseis para dezoito anos, pois se refere ao menor para os fins do direito do trabalho; b) a CLT protege apenas o menor trabalhador, não regulando as relações jurídicas dos menores não trabalhadores, como é o caso do filho de um operário falecido que ajuíza ação trabalhista reivindicando as parcelas trabalhistas perante o empregador. Para esse cenário, no dia em que o adolescente completar dezesseis anos começará a fluir o prazo prescricional, sem que ele possa aspirar ao mesmo tratamento dispensado ao menor trabalhador, que pode esperar até dezoito anos para o ajuizamento da ação.

22. De qualquer forma, essa prerrogativa dada às crianças e aos adolescentes já não se justifica como no século XIX, pois todos devem ter um pai, mãe ou **responsável legal**, que deveria ajuizar a ação em nome da criança sem precisar esperar por longos anos até sua maioridade civil, no caso das relações civis, ou trabalhista, no caso dos créditos laborais. O menor trabalhador rural dispõe de prerrogativa idêntica na Lei nº 5.889/1973.

23. O **menor trabalhador doméstico** não dispõe de regalia deste tipo e somente pode contar com a generosidade do art. 198, I, do Código Civil de 2002, de tal forma que, para ele, a prescrição já flui desde os dezesseis anos. Normalmente ninguém se dá conta disso.

24. Ser absolutamente incapaz não se confunde com estar **enfermo, acamado ou imobilizado**. São muito nobres os esforços de alguns julgados de considerar suspensa a prescrição durante o tratamento médico do empregado ou durante a suspensão do contrato de trabalho como um todo, mas há um perigo enorme de se retornar às origens da prescrição, quando qualquer pessoa podia invocar qualquer situação que justificasse a inércia para o ajuizamento da ação. Uns alegavam desconhecimento da lei; outros, seu estado de saúde ou de flagelo econômico; as viúvas, os órfãos e as casas de benemerência invocavam clemência. Foi justamente para eliminar essa incerteza que contraria a finalidade da norma que se estipularam as causas suspensivas e interruptivas de prazo prescricional, as quais, via de conseqüência, devem ser consideradas taxativas e não meramente exemplificativas.

25. Desta forma, **não são causas suspensivas de prescrição**: a) recebimento de auxílio-doença acidentário ou de auxílio-doença previdenciário; b) tratamento médico ou ambulatorial; c) viagem ao exterior; d) retenção em país estrangeiro por falta de documentação; e) permanência no exterior como clandestino; f) falta de recursos financeiros para o ajuizamento da ação; g) dificuldade de contratação de advogado; g) dificuldade de deslocamento de uma cidade para a outra, detentora da competência territorial; h) temor re-

verencial do empregador; i) temor de que pessoas da família percam o emprego ainda mantido com o mesmo empregador; j) expectativa de solução extrajudicial do conflito. A palavra suspensão pode ser a mesma, mas suspensão da prescrição em absolutamente nada se confunde com suspensão do contrato de trabalho.

26. Assim como acima se sustentou que a prescrição não é incompatível em sua essência com o direito material do trabalho, também o processo do trabalho pode aplicar a contagem de **prazo de prescrição da pretensão executiva**. Não faz muito sentido que se exija do trabalhador o respeito a prazos para o ingresso da ação e, depois, nada se exija quanto ao prazo para desenvolvimento da ação. É verdade que em muitos casos o juiz dispõe de instrumentos para a extinção do feito, sem resolução de mérito, quando a parte deixa de atender às solicitações, mas isso se refere à fase de conhecimento. A questão mais instigante está na fase de execução, quando o trabalhador simplemente não lhe dá andamento, não calcula nem ajuda a calcular seus créditos e, enfim, mostra desinteresse pelo andamento. A Súmula 114 do Tribunal Superior do Trabalho certamente optou por negar a existência da prescrição dentro do processo – mais correto seria dizer intracorrente do que o popular intercorrente – por achar-se influenciado pelo impulso de ofício conferido pelo juiz. A questão, porém, merece reflexão.

27. Por um lado, o processo do trabalho hoje já não é povoado apenas pela figura do operário iletrado e oprimido, incapaz de promover o andamento da execução trabalhista. A advocacia já se espalhou por todo o país, assim como a representação sindical, não se justificando essa excessiva temeridade. Além disso, dizer que o processo do trabalho não contempla prescrição pode alcançar também os diversos outros sujeitos que orbitam na Justiça do Trabalho, como o INSS em suas execuções de recolhimentos previdenciários, os autônomos e avulsos, **dentro das novas competências**, e a União Federal na excecução das penalidades impostas pelos agentes de fiscalização, na forma do art. 114, VII, da Constituição Federal. Para estes e outros sujeitos, o prazo prescricional para movimentação da execução é medida de bom senso e não de estrangulamento do acesso à Justiça.

28. Prescreve a pretensão executiva no mesmo prazo da prescrição da pretensão cognitiva – **Súmula 150 do Supremo Tribunal Federal** – o que significa que o biênio prescricional, que foi contado entre a cessação do contrato de trabalho e o ajuizamento da ação, reaparece dentro do processo, preferencialmente entre o trânsito em julgado e os cálculos de liquidação. O ajuizamento da ação é causa de interrupção da prescrição, inutilizando todo o prazo

que vinha sendo contado. Porém, após essa interrupção, o prazo recomeça a contar do ato mais recente praticado no processo, tal como se houvesse um sistema de interrupções sucessivas onde cada carga, cada petição, cada manifestação fosse capaz de uma nova interrupção, retomando-se a contagem do zero. Se entre dois anos transcorrerem mais do que dois anos, durante os quais a parte não apresentou sua manifestação e a demora não decorra de inércia ou incúria do Judiciário, então haveria de ser pronunciada a prescrição. Diz-se interrupção com efeitos suspensivos ou duradouros, em contrapartida à interrupção instantânea, como no caso do protestos interruptivo e do reconhecimento da dívida pelo devedor.

Bibliografia

ALMEIDA, Ísis de. *Manual de direito individual do trabalho*. São Paulo: LTr, 1998.

_____. *Manual de prescrição trabalhista*. São Paulo: LTr, 1990.

AMELOTTI, Mario. Prescrizione (diritto romano). In: *Enciclopedia del diritto*. Varese: Giuffrè, 1986. v. 35. p. 37-46.

AMORIM FILHO, Agnelo. Critério científico para distinguir a prescrição da decadência e para identificar as ações imprescritíveis. *Revista dos Tribunais*, São Paulo, a. 300, p. 7-37, out. 1960.

ANTUNES, Oswaldo Moreira. *A prescrição intercorrente no direito processual do trabalho*. São Paulo: LTr, 1993.

BARROS, Alice Monteiro de. *Curso de direito do trabalho*. 2. ed. São Paulo: LTr, 2006.

______. Considerações gerais sobre o trabalho do vendedor-viajante e pracista. *Revista do Tribunal Superior do Trabalho*. Brasília. v. 67. n. 3. p. 6-16. jul./set. 2001.

BATALHA, Wilson de Souza Campos; NETTO, Silvia M. L. Batalha de Rodrigues. **Prescrição e decadência no direito do trabalho**. São Paulo: LTr, 1996.

BELTRAN, Ari Possidonio. *Dilemas do trabalho e do emprego na atualidade*. São Paulo: LTr, 2001.

______. *Direito do trabalho e direitos fundamentais*. São Paulo: LTr, 2002.

BEVILAQUA, Clovis. *Teoria geral de direito civil*. 2. ed. Rio de Janeiro: Francisco Alves, 1976.

BUEN, Nestor de. *Derecho del trabajo*. 2. ed. México: Porrúa, 1977.

BULGARELLI, Waldirio. *Direitos dos grupos e a concentração de empresas*. São Paulo: Universitária de Direito, 1975.

CARELLI, Rodrigo de Lacerda. *Terceirização e intermediação de mão-de-obra*. Rio de Janeiro, Renovar: 2003.

CARPENTER, Luiz Frederico Sauerbon. *Da prescrição*. 3. ed. Rio de Janeiro: Nacional, 1958.

CARRION, Valentin. *Comentários à Consolidação das Leis do Trabalho*. 31. ed. São Paulo: Saraiva, 2006.

CINTRA, Antonio Carlos de Araújo; GRINOVER, Ada Pellegrini; DINAMARCO, Cândido Rangel. *Teoria geral do processo*. 17. ed. São Paulo: Malheiros, 2001.

CORRADO, Renato. *Trattato di diritto del lavoro*. Torino: UTET, 1969.

DELGADO, Mauricio Godinho. *Jornadas de trabalho e descansos trabalhistas*. 2. ed. São Paulo: LTr, 1998.

______. *Curso de direito do trabalho*. 3. ed. São Paulo: LTr, 2004.

DINAMARCO, Cândido Rangel. *Fundamentos do processo civil moderno*. 5. ed. São Paulo: Malheiros, 2002.

FERNANDES, António de Lemos Monteiro. *Direito do trabalho*. 6. ed. Coimbra: Almedina, 1987.

FISCHER, Brenno. *A prescrição nos tribunais*. Rio de Janeiro: José Konfino, 1957.

FRANCO FILHO, Georgenor de Sousa. A Convenção 132 da OIT e seus reflexos nas férias. *Revista do Tribunal Regional do Trabalho da 8ª Região*, Belém, v. 34, n. 67, p. 33, jul. 2001.

GALANTINO, Luisa. *Diritto del lavoro*. 10. ed. Torino: Giappichelli, 1999.

GARCIA, Gustavo Filipe Barbosa. Repouso semanal remunerado e feriados na relação de emprego doméstico. *Suplemento Trabalhista LTr*, São Paulo, a. 41, n. 94, p. 425-429, 2005.

______. *Curso de direito do trabalho*. São Paulo: Método, 2007.

______. *Legislação de segurança e medicina do trabalho*. São Paulo: Método, 2007.

GOTTSCHALK, Egon Felix. *Norma pública e privada no direito do trabalho*. São Paulo: Saraiva, 1944.

LEAL, Antonio Luis Câmara. *Da prescrição e da decadência*. Rio de Janeiro: Forense, 1939.

LOPES, Miguel Maria de Serpa. *Curso de direito civil*. 8. ed. Rio de Janeiro: Freitas Bastos, 1996.

MAGANO, Octavio Bueno. *Direito individual do trabalho*. 3. ed. São Paulo: LTr, 1992.

______. *Manual de direito do trabalho*. 4. ed. São Paulo: LTr, 1991.

MALLET, Estêvão. *Temas de direito do trabalho*. São Paulo: LTr, 1998.

MANUS, Pedro Paulo Teixeira. *Direito do trabalho*. São Paulo: Atlas, 1993.

MARTINS, Sergio Pinto. *Comentários à CLT*. 10. ed. São Paulo: Atlas, 2006.

______. *Direito do trabalho*. 22. ed. São Paulo: Atlas, 2006.

MAXIMILIANO, Carlos. *Hermenêutica e aplicação do direito*. 9. ed. Rio de Janeiro: Forense, 1984.

MEDEIROS, Alexandre Alliprandino; LAET, Flávio Antônio Camargo de. As novidades no sistema jurídico das férias individuais. Convenção n. 132 da Organização Internacional do Trabalho. *Revista Trabalho & Doutrina*, São Paulo, n. 26, p. 21-22, dez. 2001.

MIRANDA, Francisco Cavalcanti Pontes de. *Tratado de direito privado*. Rio de Janeiro: Borsoi, 1955. v. 6.

MONTEIRO, Washington de Barros. *Curso de direito civil*. 31. ed. São Paulo: Saraiva, 1993. 6 v.

NASCIMENTO, Amauri Mascaro. *Curso de direito do trabalho*. 10. ed. São Paulo: Saraiva, 1992.

______. *Teoria geral do direito do trabalho*. São Paulo: LTr, 1998.

______. *Iniciação ao direito do trabalho*. 27. ed. São Paulo: LTr, 2001.

OLIVEIRA, Francisco Antonio. *Direito do trabalho em sintonia com a nova Constituição*. São Paulo: Revista dos Tribunais, 1993.

______. *Consolidação das Leis do Trabalho comentada*. 2. ed. São Paulo: Revista dos Tribunais, 2000.

______. *Manual de direito individual e coletivo do trabalho*. 2. ed. São Paulo: Revista dos Tribunais, 2000.

PINTO, José Augusto Rodrigues. *Curso de direito individual do trabalho*. 3. ed. São Paulo: LTr, 1997.

PLÁ RODRIGUEZ, Américo. *Princípios de direito do trabalho*. São Paulo: LTr, 1978.

POVEDA VELASCO, Ignacio M. Ordenações do Reino de Portugal. *Revista de Direito Civil, Imobiliário, Agrário e Empresarial*, São Paulo, n. 69, p. 57-75, jul. 1994.

PÔRTO, Marcos da Silva. Trabalho rural e jornada de trabalho. In: GIORDANI, Francisco Alberto da Motta Peixoto; MARTINS, Melchíades Rodrigues; VIDOTTII, Tarcísio José (Coord.). *Direito do trabalho rural*: Homenagem a Irany Ferrari. 2. ed. São Paulo: LTr, 2005.

PRUNES, José Luiz Ferreira. *Contrato de trabalho doméstico e trabalho a domicílio*. Curitiba: Juruá, 1995.

RAMALHO, Maria do Rosário Palma. *Direito do trabalho*. Coimbra: Almedina, 2005. 2 v.

ROBORTELLA, Luiz Carlos Amorim. *O moderno direito do trabalho*: flexibilização, terceirização, novas tecnologias, contratos atípicos, participação na empresa. São Paulo: LTr, 1994.

RUSSOMANO, Mozart. Victor. *Comentários à Consolidação das Leis do Trabalho*. 14. ed. Rio de Janeiro: Forense, 1992.

______. *Curso de direito do trabalho*. 6. ed. Curitiba: Juruá, 1997.

SAAD, Eduardo Gabriel. *Consolidação das Leis do Trabalho comentada*. 31. ed. São Paulo, LTr, 1999.

SANSEVERINO, Luisa Riva. *Curso de direito do trabalho*. São Paulo: LTr, 1976.

SILVA, Homero Batista Mateus da. A discreta vigência da Convenção 132 da OIT sobre férias anuais remuneradas. *Suplemento Trabalhista LTr*, São Paulo, a. 37, n. 111, p. 525-533, 2001.

______. *Estudo crítico da prescrição trabalhista*. São Paulo: LTr, 2004.

SILVA, Luiz de Pinho Pedreira da. A autonomia coletiva e os direitos individuais dos trabalhadores. *Revista de Direito do Trabalho*, São Paulo, a. 26, n. 99, p. 74-75, jul. 2000.

______. *Principiologia do direito do trabalho*. 2. ed. São Paulo: LTr, 1999.

SOUTO MAIOR, Jorge Luiz. *O direito do trabalho como instrumento de justiça social*. São Paulo: LTr, 2000.

SÜSSEKIND, Arnaldo. Prescrição. *Revista LTr*, São Paulo, ano 53, n. 9. p. 1019-1022, set. 1989.

SÜSSEKIND, Arnaldo; MARANHÃO, Délio; VIANNA, Segadas. *Instituições de direito do trabalho*. 13. ed. São Paulo: LTr, 1993. 2 v.

VALÉRIO, João Norberto Vargas. *A decadência própria e imprópria no direito civil e no direito do trabalho*. São Paulo: LTr, 1999.

VIANA, Márcio Túlio. Adicional de horas extras. In: BARROS, Alice Monteiro de (Coord.). *Curso de direito do trabalho*: estudos em memória de Célio Goyatá. 3. ed. São Paulo: LTr, 1997. v. 2.

XAVIER, Bernardo da Gama Lobo. *Iniciação ao direito do trabalho*. 2. ed. Lisboa: Verbo, 1999.

Índice remissivo